LE
LIVRE SACRÉ
DE L'ANCIENNE
ÉGYPTE

Papyrus d'Ani
B.M. 10470

LE
LIVRE SACRÉ
DE L'ANCIENNE
ÉGYPTE

Commenté
par Edmund Dondelinger

Palimpseste de Florence Delay

Philippe Lebaud

Tous droits de traduction, de reproduction et d'adaptation
réservés pour tous les pays.
© Philippe Lebaud Éditeur, 1987.

Note de l'éditeur

Ce texte sacré improprement appelé *Livre des Morts*
fut comme *la bible de l'Ancienne Égypte*.
Son titre exact est *Sortie au Jour*.

Pour les Égyptiens, la mort était une naissance. Chaque jour le soleil se levait, chaque année la nature reverdissait : c'était là le signe indiscutable d'une nouvelle vie pour l'homme. Dans l'au-delà, le mort ne pouvait que renaître en changeant de nature et, participant de la divinité, prendre toutes les formes possibles à l'endroit désiré.

Mais, avant d'arriver à cette extrême félicité, il avait un long et dangereux voyage à accomplir. Sa meilleure protection était un texte sacré : un recueil de formules magiques qui, lui donnant la connaissance du monde inférieur, du monde de la nuit, la *Douat*, lui donnait pouvoir de justifier son existence, d'écarter les démons et de franchir les portes qui jalonnaient son chemin.

Ce texte figurait dans ses premières versions sur les parois internes des pyramides. Vers 1500 avant Jésus-Christ, les formules furent réunies sur des rouleaux de papyrus placés dans les sarcophages ou parfois dans des statuettes creuses à l'effigie d'Osiris, le dieu de la Vie, de la Mort et de la Vie nouvelle.

Au cours de la XXVIe dynastie (664-525 av. J.-C.), il connut sa version définitive. Devenu canonique par la numérotation de ses chapitres, on lui attribua une haute origine. Ainsi Thot, dieu de la Sagesse et du Salut, était-il considéré comme un de ses auteurs.

Les papyrus commandés aux scribes réunissaient non pas le texte complet, mais un choix de « chapitres ». Écrit vers 1300 avant Jésus-Christ, sous le règne de Ramsès II, le *Papyrus d'Ani* est d'une longueur peu commune : près de 24 mètres. L'ampleur du rituel qu'il révèle et sa richesse picturale le rendent exceptionnel. Acquis par le British Museum en 1881, il est exposé en permanence dans son département d'égyptologie.

Comme les formules inscrites, les peintures qui accompagnent le texte, d'une insolite beauté, avaient valeur magique. En contemplant la représentation de son futur *voyage*, le possesseur du papyrus acquérait la certitude de le réaliser et de continuer à vivre après sa mort. Les dieux ne pouvaient que partager cette conviction.

Les peintures sont reproduites ici en fac-similé véritable, dans leur dimension originelle, fidélité qui restitue à la fois la vigueur du graphisme, les nuances des teintes et la matière du papyrus dans ses états divers.

En présentant le *Papyrus d'Ani*, en livrant son histoire et en nous invitant à suivre d'image en image un parcours initiatique, l'égyptologue allemand, Edmund Dondelinger, étudie l'aspect majeur de la religion égyptienne : la croyance en l'Au-Delà.

Reprenant la démarche d'un scribe de l'Ancienne Égypte, Florence Delay a composé son propre choix dans divers livres des sarcophages. Conçue à l'origine comme livret pour un oratorio de Pierre Henry, sa « partition » privilégie l'idée — synonyme ici de beauté — d'une parole vivante dans l'Au-Delà.

Devant ces formules irrationnelles, dont le sens magique est souvent demeuré indéchiffrable, elle n'a cherché ni à transcrire ni à expliquer mais à recevoir, laissant agir *l'inconnu* dans ce qu'il offre d'essentiel. Ainsi, fondé sur la valeur incantatoire du rythme, se propose un nouveau dispositif de mots et images dans la stratégie d'une aventure de l'Autre Monde.

Chaque séquence de la première partie amplifie une formule du livre, résonne autour d'elle et découvre — cherchant, en fait, à introduire auprès des dieux. Dans la deuxième partie, les formules sont liées à l'action, le parcours initiatique est vécu. La troisième partie est pure résonance : libéré du rituel, le rythme s'évanouit dans la lumière.

Edmund Dondelinger

Papyrus d'Ani

Traduit de l'allemand par
Marcelle Rognon

UNE NOUVELLE NAISSANCE

La pensée de la régénération, du rajeunissement après la vieillesse, de la nouvelle naissance, est au centre des représentations égyptiennes de l'au-delà. Ce renouveau s'accomplit en ce monde même, ou dans un monde supérieur. En ce monde, le soleil qui chaque jour brille à nouveau et la nature qui chaque année reverdit témoignent de ce processus de régénération. Dans l'au-delà, le mort se renouvelle pour devenir un dieu. Comme tel, il peut prendre toutes les formes qu'il veut et il participe ainsi à tous les degrés de la divinité.

L'Égyptien était fasciné par le spectacle magnifique de la course quotidienne du soleil dans le ciel. A la fin du Nouvel Empire, il a multiplié dans les tombes les représentations de cet événement cosmique. Il percevait une analogie secrète entre la course du soleil et son propre destin. Comme, au soir, le coucher du soleil annonce sa réapparition matinale, l'homme de l'ancienne Égypte voulait voir dans sa propre mort la certitude de sa résurrection.

Mais, à l'origine, les concepts de nouvelle naissance s'attachaient à l'image de la Grande Mère, qui donne et protège la vie, puis la reprend en elle pour permettre l'apparition d'une vie nouvelle. L'expérience originelle de l'homme, qui a marqué de son empreinte l'inconscient collectif, est celle de l'enfantement et de la naissance. Dans l'inconscient collectif, la Grande Mère est donc la source originelle de toute création, de la naissance comme de la nouvelle naissance. Comme Bonne Mère, elle donne la vie à l'être, mais comme Mère Terrifiante, elle reprend la vie qui est sortie d'elle et l'engloutit dans son être de mort. Le surnom de la déesse du Ciel, Nout, désignée comme « la truie qui dévore ses petits » — Grapow, ZÄS 71, 45 — témoigne de ce vécu inconscient dans la religion égyptienne.

Les notions de Bonne Mère et de Mère Terrifiante sont vécues comme les aspects opposés de la Grande Mère. « Dans leurs extrêmes, les contraires se rejoignent, ou peuvent, tout au moins, se transformer l'un en l'autre » — Neumann 84. A son paroxysme, l'angoisse de la vie se transforme en espoir de vie, l'horreur devant la mort et la décomposition en certitude du renouveau et de la nouvelle naissance. La représentation libératrice de l'acte de l'engloutissement naît, par ailleurs, de la nostalgie de la mort que ressentait l'homme d'alors, encore privé de sécurité, de son désir du retour dans l'asile maternel du sein originel. C'est aussi par une transposition « en positif » que l'homme égyptien domine son angoisse primitive devant la « deuxième mort », c'est-à-dire le second anéantissement qu'il subit lorsqu'il est devenu cadavre. Les chacals dévoraient les cadavres enfouis dans le sable du désert, ils détruisaient le squelette et dispersaient les os. De la transposition de cette angoisse, surgit l'image du dieu des Morts à tête de chien, Anubis, qui protégeait les morts des atteintes des chacals, de « l'Embaumeur » qui prenait soin du cadavre, qui l'enveloppait de bandelettes pour le garder de toute détérioration. L'Égyptien connaissait non pas l'angoisse de la mort, mais l'angoisse de la décomposition physique — Neumann 162.

Les représentations du ciel de l'ancienne Égypte évoquent aussi l'archétype de la Grande Mère. Le ciel, que l'Égyptien considérait comme féminin, était la déesse mère qui enfante et qui dévore. Plus précisément le ciel nocturne constellé d'étoiles : dans son obscurité aqueuse et secrète, se décidaient la mort et la nouvelle naissance.

A l'origine, le ciel est présenté comme le chat-panthère, dont la peau est le ciel nocturne et ses étoiles, et qui chaque soir dévore le soleil, le laisse traverser son corps pour redonner naissance au jeune soleil du matin. Cette notion a subsisté de façon latente à travers toute l'histoire de la pensée égyptienne de l'au-delà. Ainsi, la civière du chat ravisseur, sur lequel le mort était déposé, n'est rien d'autre que le ciel, qui le fait naître à une vie nouvelle — Westendorf 54.

Fig. 1 : Le ciel sous forme de chat ravisseur debout sur les colonnes qui, dans une autre représentation, portent le « toit du ciel » (Westendorf, MÄS 10, ill. 2).

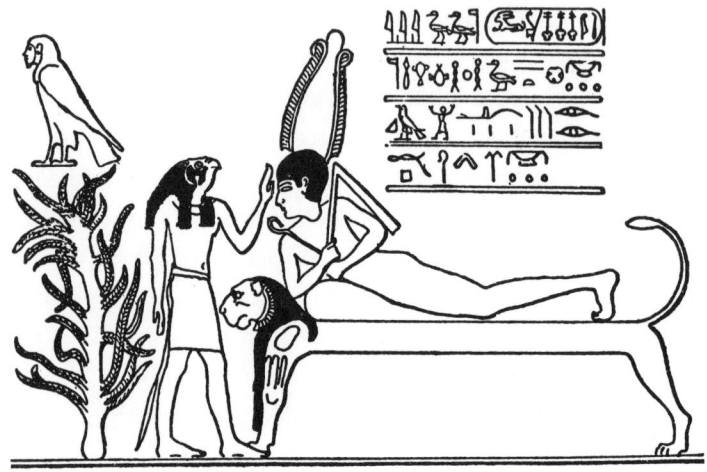

Fig. 2 : Osiris, allongé sur la civière du chat ravisseur, est éveillé à sa nouvelle vie par son fils Horus. Derrière Horus, l'arbre Isched, arbre du ciel et de la vie, et, au-dessus, l'âme *Ba* d'Osiris représentée comme un faucon à tête humaine (Budge, Fetish 289).

Dans une autre conception, le ciel était une vache qui avait emporté dans les hauteurs le dieu du Soleil; sous son ventre, le soleil, au long du jour, conduisait sa barque d'est en ouest. Les pattes de la vache étaient les piliers du ciel. En s'élevant, elle avait créé l'espace, sans lequel la vie n'existerait pas. La vache s'appelait Methyer 𓈗𓊛𓏤𓃒 *mḥt wrt* = « le grand flot ». Ce nom contient l'idée que le ciel est une partie de l'océan originel, d'où naquit le monde. Il est donc normal que le dieu du Soleil puisse avancer dans sa barque sous le ventre de la vache. La nuit, il refait le même trajet en sens inverse, après être entré le soir dans la gueule de la vache. Le dieu du Soleil regarde vers l'ouest, qui est le but de son voyage diurne. Mais la proue des deux barques est tournée vers l'est, but du voyage nocturne. Dans le culte des morts, la barque en forme de vache jouait le même rôle que la civière du chat ravisseur que nous mentionnons plus loin (voir p. 118).

Fig. 3 : La vache du ciel, soutenue par Schu, le dieu de l'Espace intermédiaire, du « Vide » et de la Lumière, et par 8 autres divinités (d'après Maspéro I 169).

Le moyen par lequel le soleil se régénère peut aussi être une femme, la déesse du Ciel, Nout.

Nout est le ciel personnifié; la transcription de son nom par l'hiéroglyphe 𓇯 « ciel » montre cependant qu'il y avait aussi une autre notion du ciel : le toit reposant sur quatre piliers.

Déjà la transcription hiéroglyphique 𓇯 « ciel », 𓏺𓏺𓇯 « Nout » et 𓏺𓏺𓏺𓈗 « Nun = Eau originelle », met en évidence le lien entre le ciel, la déesse du Ciel, Nout, et le flot originel. Les lignes d'eau sur le vêtement de Nout de Denderah expriment cette analogie, qui

15

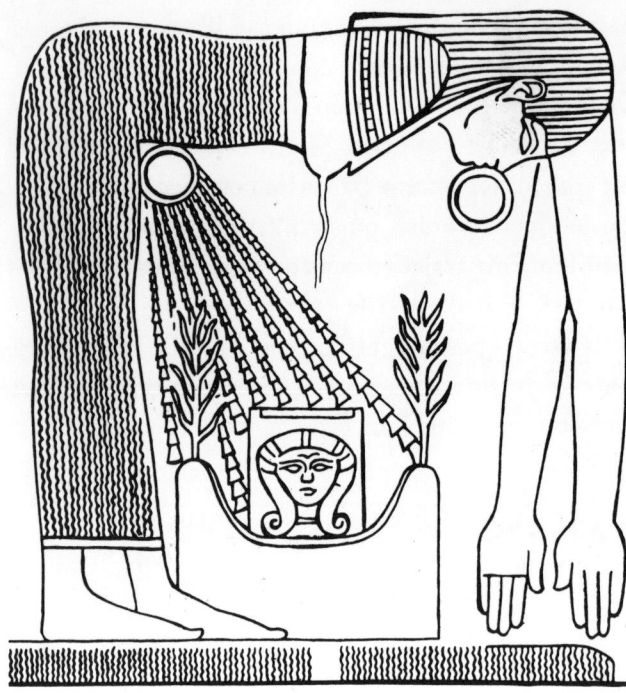

Fig. 4 : La déesse du Ciel, Nout, courbée sur la terre, dans le temple de la nouvelle année de Dendérah (d'après Keel 34). La déesse se courbe au-dessus de la terre. La base du dessin est striée de lignes d'eau, de même que le vêtement de la déesse. Il est dit par là que le ciel aussi fait partie de l'océan des origines d'où la terre est sortie. La déesse avale le soleil du soir ; de son sein, surgit le soleil du matin dont les rayons éclairent le temple de Dendérah. Celui-ci est figuré par une stèle de la déesse Hathor, à qui le temple était consacré. Cette stèle est posée sur l'hiéroglyphe signifiant « montagne », d'où s'élèvent, aux deux dômes des extrémités, les sycomores d'Hathor, arbres du ciel.

était très profondément ressentie. Il est dit par là que le ciel n'est rien d'autre que la partie supérieure du chaos liquide originel, d'où la terre est sortie.

Déesse du Ciel, Nout est la Grande Mère, qui « enfante les dieux ». C'est elle qui « donne naissance chaque jour » à Râ, le dieu du Soleil ; elle a aussi pour enfants les étoiles qui brillent sur son corps. « Elles lui entrent dans la bouche et ressortent par le vagin » — Cf. les formulations de Grapow, dans ZÄS 71, 45 et suiv. « Truie qui mange ses petits », elle apparaît sous son aspect de mort comme le ciel nocturne ; certes, elle enfante la vie, mais elle la reprend aussi en elle. L'entrée dans la bouche de la déesse et l'engloutissement dans son corps est le passage nécessaire, mais dangereux, vers la nouvelle naissance.

Ainsi, dans le culte des morts, le sarcophage, la chambre funéraire et la tombe sont assimilés à Nout, la mère originelle. C'est ce que disent les Textes des Pyramides, § 616 d-f : « et tu as été livré à ta mère Nout en son nom « tombe », elle t'a enfermé en son nom « cercueil », et tu lui as été apporté en son nom « tombe » — Trad. Pyr. III 129. Le corps de la déesse est en principe le moyen de la nouvelle naissance, pourtant le cercueil est enfoncé dans la terre. Mais le but du mort est le ciel, où il veut devenir étoile, pour le traverser avec Râ dans la barque solaire. C'est la grande Nout qui doit le recevoir dans le ciel, après avoir dénudé, à son salut, le haut de son bras — Pyr. § 459 c.

Le séjour dans la terre est ici encore considéré comme d'une durée limitée, comme un simple passage pour la montée vers le ciel. La terre, représentée par le dieu masculin Geb, n'est pas pour l'Égyptien « la Mère ». En ce type de pensée matriarcal, le dieu de la Terre, Geb, ne peut régénérer le mort comme une mère. La Mère était seule la dispensatrice de la vie, sans l'aide d'un géniteur masculin. Aujourd'hui encore, chez nombre de peuples primitifs, le lien entre l'acte de l'engendrement et celui de la conception est sublimé :

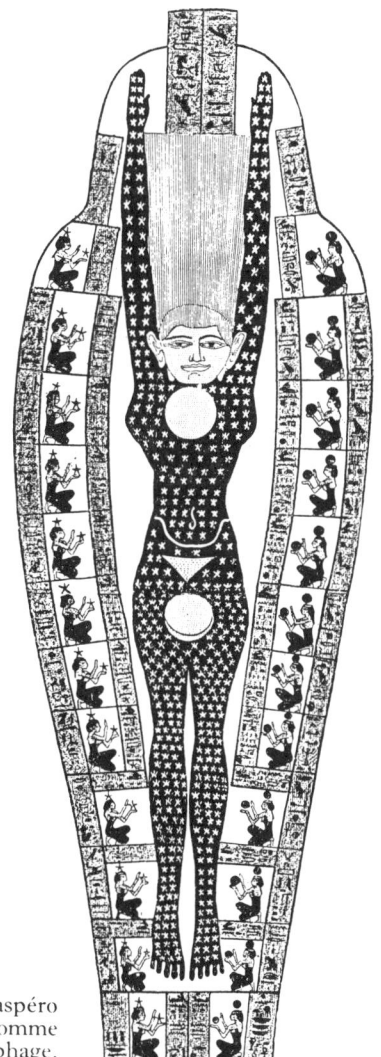

Fig. 5 : La déesse Nout formant le couvercle d'un cercueil (d'après Maspéro I 86). La déesse du Ciel apparaît sous la forme d'un sarcophage. Comme sur la civière du chat ravisseur, le mort doit se régénérer dans le sarcophage, en entrant dans Nout qui est étendue sur lui.

l'enfant est engendré par l'esprit de la source, du fleuve ou de l'arbre. Le conte égyptien de Bata dit expressément que la conception s'effectue par la bouche. La reine du conte est enceinte parce qu'elle a reçu dans la bouche un éclat de l'arbre sacré de Perse.

Mais dès le début de son histoire, la société égyptienne a été de structure patriarcale, tout en ayant conservé des traces nombreuses du matriarcat, dont les aspects que nous avons mentionnés ne sont qu'un exemple parmi d'autres. Dans le mode de pensée patriarcal ayant remplacé le matriarcal, c'est le principe masculin qui, sans l'aide du principe féminin, produisait et renouvelait la vie. Le scarabée qui pousse devant lui et enterre la petite boule de fumier contenant ses œufs, d'où naîtra un nouvel insecte, symbolisait le passage d'une étape de l'existence à une autre, de la mort à la vie. La boule de fumier, qui évoque la pourriture et la décomposition, représente les domaines chaotiques de l'origine qui faisaient partie de l'image du monde de l'ancienne Égypte, domaines d'où naquit le cosmos et dans lesquels il doit constamment se renouveler.

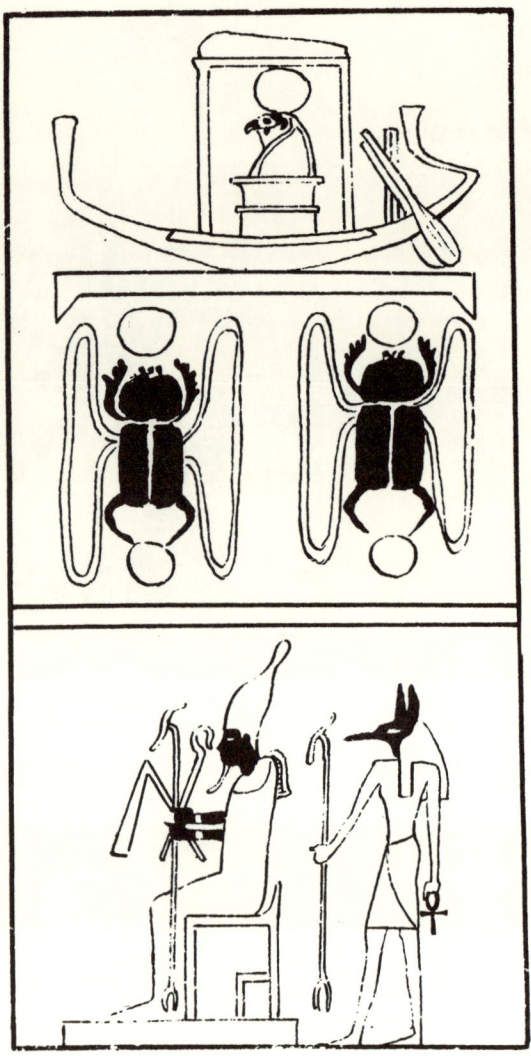

Fig. 6 : Deux scarabées avec la boule du soleil (d'après Naville I 133). Le scarabée de droite reçoit avec les pattes arrière le soleil venant du monde inférieur où habitent le juge des morts, Osiris, et l'embaumeur de cadavres, Anubis, et il le pousse avec les pattes avant vers le ciel ⌐, au-dessus duquel le dieu du Soleil vogue d'est en ouest dans sa barque tout au long du jour. Le scarabée de gauche reçoit le disque du soleil au ciel du couchant et le repousse avec les pattes arrière dans le monde inférieur.

Le scarabée est l'un des symboles les plus populaires, et aussi les plus anciens et les plus profonds de la pensée égyptienne. En égyptien, il se nomme *Cheper*; or « devenir » se dit aussi *Cheper*, et le scarabée est donc le symbole naturel du constant renouvellement de la vie.

Le pluriel de *Cheper* est *Cheperu*. Les *Cheperu* sont les « formes » des métamorphoses successives de l'être.

Porphyre et d'autres écrivains grecs disent que les Égyptiens considéraient le scarabée comme un animal de sexe masculin, qui introduit sa semence dans la matière à laquelle il donne la forme d'une boule. Puisque ainsi, par sa semence, le scarabée pouvait créer une vie nouvelle sans la contribution d'un partenaire féminin, il était pour l'Égyptien le symbole décisif de l'engendrement.

Dans la boule que l'insecte roule devant lui, l'Égyptien voyait l'image du soleil qui se lève. Déjà, à une époque plus ancienne, le scarabée était une manifestation du créateur du monde qui « s'était engendré lui-même ». Comme tel, il était considéré comme le

Fig. 7 : Le dieu du Soleil, créateur de la vie (d'après Lanzone, pl. CCCXXIX). Il a pour tête le scarabée, et ses genoux sont formés par le faucon momifié — autre forme du seigneur du ciel. La tête du faucon sort de l'enveloppe de la momie, elle est donc de nouveau vivante, comme l'indique le signe de vie « Anch » ♀ au-dessus de la tête de faucon.

« Père des dieux ». L'insecte du soleil était posé sur le cœur du mort pour l'aider à renaître.

Mais la conception égyptienne de la mort et du devenir trouvait son expression achevée dans le personnage d'Osiris, le roi divin, qui fut tué, revint à la vie et put engendrer un fils. Nous connaissons la légende d'Osiris de Plutarque, mais il existe aussi d'autres sources qui complètent le thème et lui apportent des variantes. Ainsi, selon une autre version, Osiris n'aurait pas été tué, mais se serait noyé dans le Nil, dans « son eau ». Il faut donc essayer de retracer dans ses grandes lignes le mythe d'Osiris.

Osiris était roi des Égyptiens auxquels il apprit à cultiver la terre. Mais son frère, Seth, lui enviait son bonheur de souverain, et il ourdit un complot contre lui avec soixante-douze complices. Osiris fut tué et son cercueil jeté dans le Nil. Le fleuve conduisit le cercueil jusqu'à son embouchure sur la mer, d'où il atteignit Byblos (au nord de Beyrouth) et s'arrêta contre un cèdre. Le cèdre prit aussitôt de la hauteur, poussa avec force autour du cercueil et l'enveloppa complètement de ses branches. Lorsque le roi de Byblos vit ce cèdre qui avait poussé dans la nuit, il le fit abattre et déposer dans son palais. Mais Isis, l'épouse d'Osiris, se hâta de se rendre à Byblos et elle obtint du roi qu'il lui donnât le cèdre contenant le cercueil; elle le rapporta en Égypte et le planta dans un marais du delta. Mais Seth, qui chassait la nuit à la clarté de la lune, trouva le cercueil, en sortit le cadavre et le déchira en quatorze morceaux qu'il dispersa dans toute l'Égypte.

Isis retrouva les morceaux et rebâtit le corps. Mais elle ne put retrouver le phallus qui avait été mangé par les poissons. Elle en fit alors une copie, et elle conçut d'Osiris ressuscité son fils Horus. Devenu adulte, Horus provoqua Seth au combat. Au cours de la lutte, Seth blessa Horus à l'œil, et Horus arracha les testicules de Seth. Mais Thot, le guérisseur, guérit les blessures des deux adversaires. Un second combat ne put les départager, et l'on décida alors de faire intervenir un tribunal des dieux. Seth reprochait à Horus une naissance illégitime, mais Thot apporta la preuve qu'il était le fils d'Osiris et qu'il pouvait donc prétendre au trône. Le tribunal des dieux décida qu'Osiris serait roi du royaume des morts et que l'Égypte serait divisée entre les deux adversaires, la Haute-Égypte revenant à Seth et la Basse-Égypte à Horus. Plus tard, ce jugement fut annulé, et Horus devint le souverain de toute l'Égypte, alors que Seth devait se contenter du désert.

Du point de vue psychologique, la religion d'Osiris eut une influence surprenante, profonde et vaste. Toute l'Égypte prit parti pour l'enfant abandonné que l'on avait dû cacher dans les fourrés du marécage aux regards de l'ennemi qui le poursuivait. Chacun souhaitait après sa mort s'unir à Osiris pour devenir un « Osiris Un tel » : dans cette union avec le juge des morts, il trouverait sa justification dans l'au-delà et serait protégé des terribles dangers qui le guettaient dans le monde inférieur. Devenir un Osiris lui conférerait le privilège jusque-là royal de se transformer en dieu dans sa nouvelle vie, de prendre tous les *Cheperu* de l'être et, comme il est dit dans le Livre des Morts, « d'apparaître sous toutes les formes qu'il souhaite prendre ». D'un point de vue théologique, la foi en Osiris a représenté l'entrée de l'ancien dieu du Monde, Horus, dans le nouveau système. Né d'Isis, Horus s'appelle Harsiese = *Hr s3 Jst* = « Horus, fils d'Isis »; lorsqu'il combat pour Osiris, il est appelé Harendotes, c'est-à-dire *Hr nd jt.f* = « Horus, le vengeur de son père », et lorsqu'on fait allusion à l'enfant misérable que l'on dut cacher dans les marais du delta, il porte le nom d'Harpokrates = *Hr p3 hrd* = « Horus, l'enfant ». L'ancien dieu du Roi et du Monde devint Haroeris = *Hr wr* = « Horus l'Ancien » ou « Horus le Grand ». Comme tel, il était devenu le *deus otiosus* fantomatique qui ne pouvait plus avoir aucun rôle défini. Selon la dogmatique royale, le roi vivant était toujours Horus, et il devenait en mourant Osiris, pour faire place sur le trône à un jeune Horus, son successeur.

Osiris était le devenir qui suivait la disparition. Il était le Nil, dispensateur de vie, dans les eaux duquel il fut noyé, il était la végétation verdissante qui renaît à une vie nouvelle après la sécheresse de l'été grâce au débordement du fleuve, il était la lune qui, périodiquement, décroît et s'arrondit à nouveau. Mais avant tout, il était la résurrection après la mort. C'est ce que dit le Texte des Pyramides 219 : « Aussi vrai qu'Osiris vit, tu vis aussi, aussi vrai qu'il ne meurt pas, tu ne meurs pas, aussi vrai qu'il ne disparaît pas, tu ne disparais pas » — Trad. Kees 155. L'existence ultérieure dans l'au-delà, la résurrection, était garantie par l'analogie entre le destin humain et celui du modèle divin.

LE LIVRE SACRÉ

Depuis la XVIIIe Dynastie (XVIe siècle av. J.-C.), un rouleau de papyrus était remis au mort dans sa tombe pour le protéger des dangers de l'au-delà. Ce texte sacré, recueil de formules magiques, fut à la fin de notre XIXe siècle improprement dénommé Livre des Morts. Une appellation que nous conservons ici parce qu'elle est devenue usuelle.

Il était important pour le mort de connaître en toute circonstance « la bonne formule ». Ici-bas, déjà, la connaissance de l'être des choses donne puissance sur elles. L'homme des temps anciens le ressentait tout particulièrement, lui qui devait d'abord trouver sa place dans un monde nouveau pour lui. Selon sa nature même, la connaissance des lois du monde est le fait d'une élite; elle a toujours été, à toute époque, le privilège d'une caste intellectuelle. Des milliers d'années avant toute fixation écrite, un savoir secret s'est transmis de l'élite d'une génération à celle de la génération suivante; les hommes qui possédaient ce savoir étaient de grands magiciens.

Il fallait tout apprendre et tout pouvait s'apprendre : cette assertion est particulièrement vraie pour l'ancienne Égypte. La connaissance des noms, surtout, était essentielle, car le nom contient l'essence même des choses. Dans la littérature égyptienne de l'au-delà, on trouve donc d'innombrables textes qui expriment le désir de la connaissance du nom, qui permettait d'entrer dans certains domaines, et qui, par ailleurs, représentait le moyen de conjurer un ennemi démoniaque. Il est certain que dans les rites funéraires des temps très anciens, où l'écrit n'existait pas, on récitait sur les morts des formules de « transfiguration » qui étaient censées garantir son existence après la mort. Mais il fallut encore beaucoup de temps pour que l'écrit s'ajoutât à la parole.

LES TEXTES PRÉCURSEURS

Les textes les plus anciens sont ceux des Pyramides, découverts en 1881 et publiés par l'égyptologue Gaston Maspéro. Depuis Ounas (2310-2290), dernier roi de la Ve Dynastie, ils étaient placés dans la chambre funéraire, dans ses antichambres et le passage qui y conduisait. Il avait fallu vaincre une très grande crainte avant d'oser apporter les textes sacrés dans la proximité immédiate du cadavre. Grâce aux rites de l'embaumement, le cadavre était devenu « un corps orné », mais il s'attachait encore mystérieusement à lui quelque chose d'impur, et l'on semblait s'interdire de mettre près de lui les textes sacrés. Par ailleurs, les signes mêmes de l'écriture pouvaient constituer un danger pour le mort, car ils avaient tous une grande efficacité magique. On prévenait le danger qui venait d'eux en modifiant parmi eux les signes néfastes : les hommes ainsi que les bras portant des armes étaient tout simplement supprimés, les serpents étaient représentés la tête coupée et un peu éloignée du corps, ou bien avec un couteau planté dans le corps. Ces images gardaient ainsi leur valeur phonétique, mais ne pouvaient plus tourner contre le mort le pouvoir maléfique qu'elles contenaient. Ci-dessous quelques exemples tirés de Lexa III, planche 71.

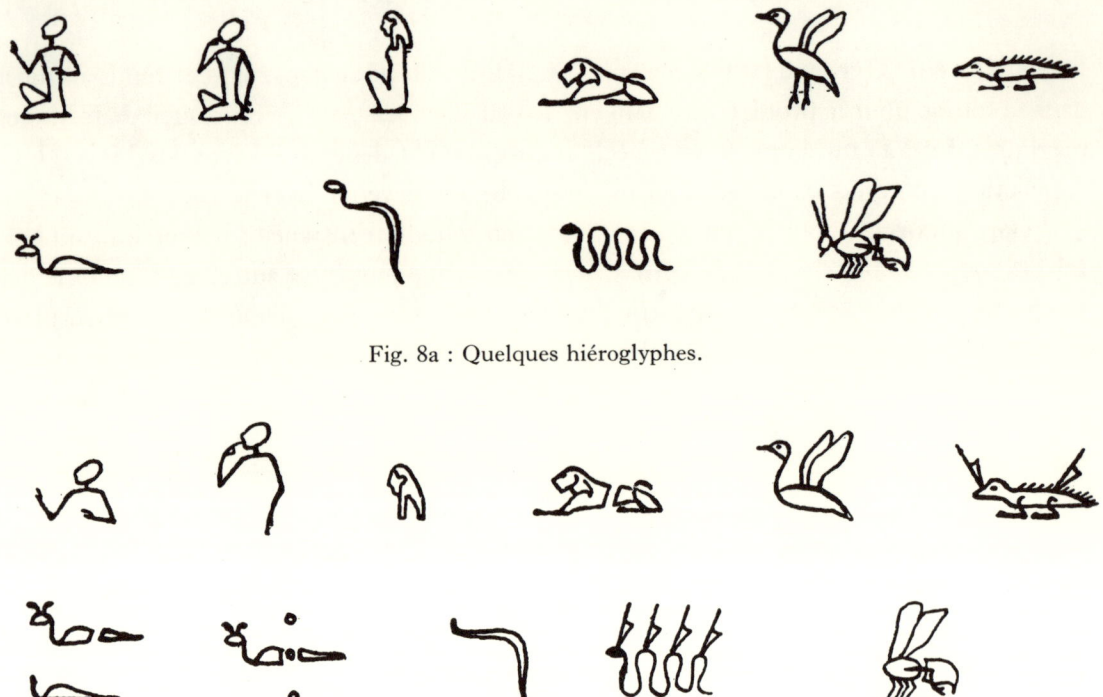

Fig. 8a : Quelques hiéroglyphes.

Fig. 8b : Les mêmes hiéroglyphes mutilés et donc inoffensifs.

Les Textes des Pyramides ne représentent pas un ensemble clos. Il s'agit plutôt d'un recueil de sentences qui viennent en partie de la haute Antiquité égyptienne et en partie de l'époque où ils furent écrits. Gravés en colonnes verticales sur les parois des tombes, ils avaient pour rôle de fixer sous différentes formes le voyage du roi dans le ciel et d'assurer en outre que le roi serait accueilli par les dieux comme leur semblable, pour instaurer sa souveraineté sur l'univers. A côté, se trouvaient des hymnes que les dieux devaient réciter en guise de bénédiction, des chants de triomphe qui glorifiaient la victoire du roi sur ses ennemis, des formules magiques contre les serpents et les bêtes féroces, des sentences pour la purification cultuelle du roi défunt, et des indications pour le rituel funéraire et le nombre des offrandes dont on le pourvoyait pour assurer sa subsistance dans l'au-delà.

Ces textes s'opposent parfois les uns aux autres ; ainsi, le roi peut se présenter comme un humble suppliant qui s'efforce de se justifier, ou bien il exige comme un maître et menace d'anéantir les dieux s'ils ne reconnaissent pas son droit à la souveraineté. Les nombreux éléments purement humains que contiennent ces textes (indications concernant la nourriture, la protection contre les bêtes féroces et les profanateurs de tombes) ont une valeur générale et ils ont pu être utilisés plus tard sans problèmes par des personnages autres que les rois.

Avant d'être gravés dans les murs des Pyramides, ces textes furent soigneusement remaniés par les prêtres d'Héliopolis, la capitale du culte du soleil, ce qui explique leur caractère largement solaire, bien que quelques formules annoncent, dès Ounas (2310-2290), la religion d'Osiris. Mais malgré ces remaniements perceptibles, ces textes sont pourtant loin de posséder une unité interne, même lorsqu'il s'agit de textes assez longs.

Les premiers travaux et les premiers commentaires sur les Textes des Pyramides — qui gardent encore aujourd'hui toute leur valeur — ont été effectués par l'égyptologue allemand Kurt Sethe (cité Pyr. ou trad. Pyr.); la traduction la plus récente a été publiée en 1951 par l'égyptologue anglais Raymond Faulkner. Alors que chez Sethe, la masse du texte se compose de 714 chapitres, divisés en 2 217 paragraphes, le nombre de chapitres est porté à 759 chez Faulkner, et le nombre de paragraphes à 2 291. Quelques formules des Textes des Pyramides se retrouvent dans le Livre des Morts.

Lorsque à la fin du troisième millénaire, l'Ancien Empire fut détruit, les Textes royaux des Pyramides devinrent accessibles à tous ceux qui étaient capables de les lire. Ainsi des groupes entiers de formules des Textes des Pyramides de la IXe à la XVIIe Dynastie (2134-1550) se retrouvent sur les parois internes peintes à la chaux des cercueils des notables. C'est un fait nouveau que ces « Textes des Sarcophages » aient été écrits pour des personnages autres que des rois, et qu'ils comportent des notes placées à la fin du texte, qui par la suite devenaient parfois des suscriptions. C'est aussi un fait nouveau qu'ils reflètent la foi en Osiris, qui commence à remplacer l'ancienne religion du soleil.

Des groupes entiers de formules de ces Textes des Sarcophages sont passés ultérieurement dans le Livre des Morts et ils apportent souvent une aide précieuse pour sa traduction. Il est évident que ces textes voulaient être compris comme une unité; leur titre même l'indique : « Livre pour la justification d'un homme dans le monde inférieur. » Pourtant, pas plus que les Textes des Pyramides et plus tard le Livre des Morts, ils ne constituent un ensemble clos. Toutefois, ils présentent un certain ordre, en ce sens que certaines formules apparaissent toujours aux mêmes endroits.

Ainsi, sur la face interne du couvercle du cercueil, se trouvent ce qu'on appelle les « formules de Nout », qui reprennent le texte de Pyr. § 778 : « Nout, étends-toi sur ton fils Osiris Un tel. » La déesse du Ciel, Nout, devait s'étendre sur le mort, qui voulait s'unir à elle pour renaître d'elle à une vie éternelle. Par la suite, Nout fut assimilée au couvercle même du cercueil. C'est aussi à cet endroit que se trouvent souvent les formules placées plus tard au chapitre 17 du Livre des Morts — Grapow, 50. Près de la tête sont les textes de l'onction, et près des jambes les textes qui doivent provoquer la résurrection du mort. La paroi interne, située à l'est, est en général consacrée aux prières au soleil, alors que la paroi ouest contient des prières à Osiris.

Les Textes des Sarcophages ont été publiés entre 1935 et 1961 par l'égyptologue hollandais Adriaan de Buck (cité CT = Coffin Texts). L'ouvrage, en sept volumes, contient 1 185 formules; de Buck n'a cependant repris que les formules qui ne se trouvent ni dans les Textes des Pyramides ni dans le Livre des Morts. L'égyptologue belge Louis Speelers a publié en 1946 une traduction française des Textes des Sarcophages. En langue anglaise, on dispose de la traduction de Faulkner, dont le premier volume, paru en 1973, contient les formules 1 à 354.

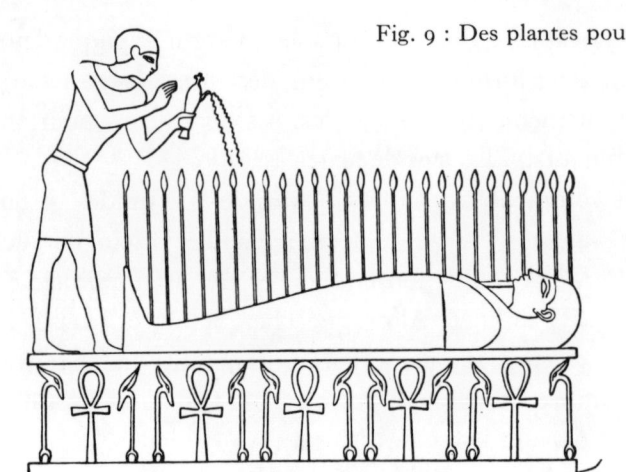

Fig. 9 : Des plantes poussent sur le cadavre d'Osiris (Atlas, ill. 155).

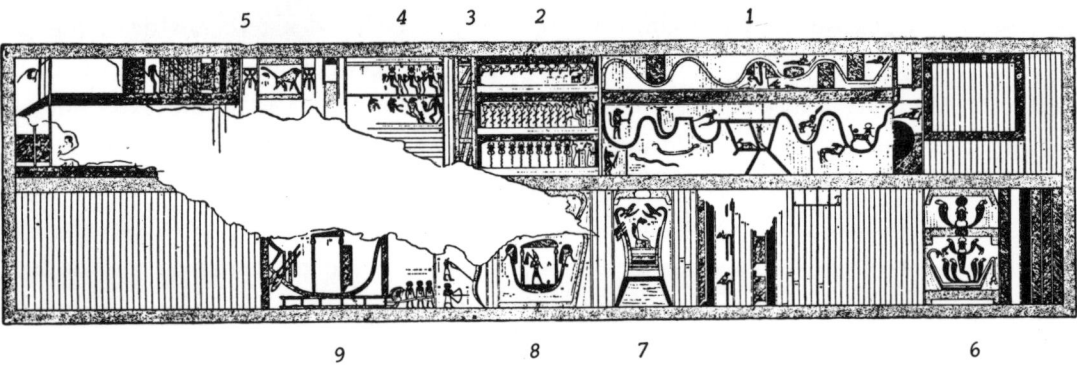

Fig. 10 : (d'après Kees, ill. 7) Plan du Livre des Deux Chemins sur le fond du cercueil du Général Sepi, Le Caire 28 083). — Un paysage mythique, entouré d'un rempart de feu, est divisé en deux bandes longitudinales par une « mer de feu »; dans ces bandes sont présentés les domaines de l'au-delà gardés par des démons :
1. Un fleuve de feu sépare la terre en deux moitiés, parcourues chacune par un chemin sinueux : en haut, c'est une voie d'eau, et en bas un chemin de terre dessiné en noir. Une porte de feu ferme l'entrée supérieure; un crocodile à tête de bélier, armé d'un couteau, garde l'entrée inférieure. La voie d'eau trace ses courbes autour de deux régions mystérieuses. Puis vient une bifurcation que le mort doit éviter, et qui est gardée par un serpent de feu. Le dernier endroit est le Champ des Offrandes désiré par le mort; ici, il semble se perdre vers la voie d'eau. Le sentier ne mène en tout cas à aucun endroit reconnaissable, à moins que le mort ne puisse vaincre les bandes de feu et, par la voie d'eau, atteindre de nouveau le Champ des Offrandes. Deux démons armés de couteaux veillent.
2. Un lieu en trois parties, empli de démons; chacune des trois parties est séparée de l'autre par un rempart de feu.
3. Un paysage traversé par un canal oblique.
4. Deux espaces où s'accroupissent des êtres de forme humaine, qui ont des scarabées pour têtes, et portent à la main des serpents ou des reptiles.
5. Un babouin, un homme sans tête et un faucon accroupi.
6. Une barque mystérieuse, dans laquelle quatre serpents se cabrent. Entre eux, se tient un être énigmatique, qui a pour bras des serpents et pour tête un scarabée. Au-dessus, un scarabée flanqué de deux serpents, qui élève vers le ciel le disque solaire.
7. Une barque avec des étraves haut placées qui se terminent par des oiseaux armés de couteaux. Sur le siège, dont le dossier est formé par un serpent dressé, trône une silhouette de dieu avec une tête de grenouille ou de souris — Kees 300. Le ciel avec le disque solaire ferme l'image vers le haut.
8. La barque d'Osiris, dont les étraves se terminent par des têtes de dieux, se trouve en un lieu entouré d'un cours d'eau sinueux. Osiris se tient dans un cercueil qui a la forme d'une chapelle de la Haute-Égypte.
9. La barque du dieu du Soleil, Râ, avec sa cabine en forme de chapelle de la Haute-Égypte. Le bateau est posé sur un traîneau qui débouche dans une tête de faucon et est tiré par trois êtres de forme humaine — le chiffre trois représente ici la multiplicité. Devant la barque, deux êtres à forme humaine combattent avec la lance, l'arc et la flèche, le serpent Apophis, ennemi originel du dieu du Soleil, qui cherche à empêcher son trajet nocturne dans le monde inférieur.

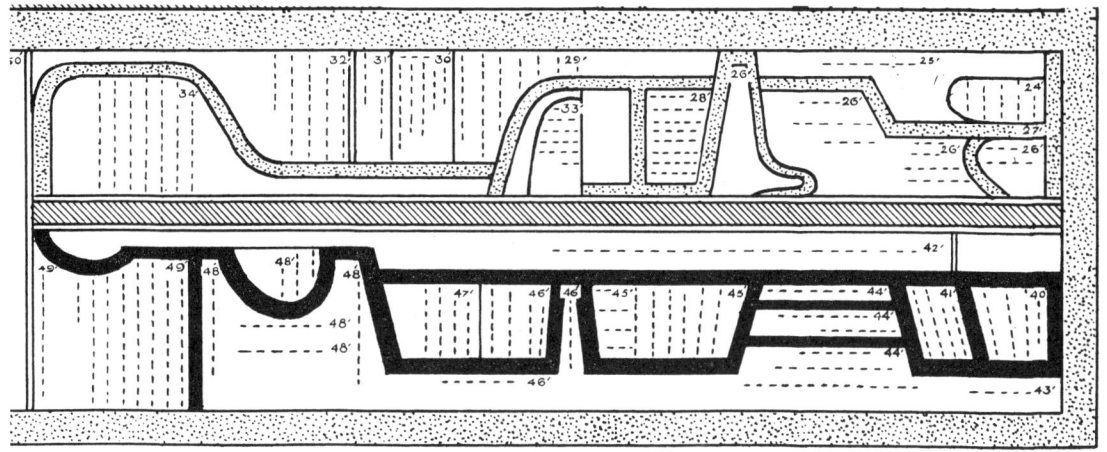

Fig. 11 : La carte du Texte des Sarcophages (CT VII, plan 13). Elle redonne la partie 1 de l'illustration 10.

D'un point de vue thématique, ces textes sont beaucoup plus tendus que les Textes des Pyramides. Le mort ne demande pas seulement sa résurrection « comme graine » — document précurseur de la résurrection d'Osiris « comme graine » —, il veut aussi, dans l'au-delà, être gardé de la faim et de la soif, rejoindre sa famille, et ne veut pas aller dans le monde inférieur la tête en bas. Il existe en outre des textes qui apportent des éclaircissements sur la mythologie de l'ancienne Égypte : ainsi, le récit de la naissance d'Horus et de son triomphe sur Seth, et les textes qui renseignent sur Schu, le dieu qui sépara le ciel et la terre, et qui est donc le dieu de l'Air, du Vide, de l'Espace. La formule 335, qui fournit plus tard la base du chapitre 17 du Livre des Morts, contient tout un ensemble de détails mythologiques. Le Livre des Morts reprend aussi les indications qui expliquent dans quelle mesure une formule peut être utile également aux vivants. De même, quelques « chapitres de métamorphose », dont la formule pour la transformation en crocodile.

Les vignettes, qui jouèrent plus tard un rôle si important dans le Livre des Morts, illustrent aussi quelques-uns des Textes des Sarcophages. Comme le Livre des Morts, les Textes des Sarcophages étaient écrits en hiéroglyphes cursifs, et comme dans le Livre des Morts, les formules sont écrites à la première personne. Elles sont donc mises dans la bouche même du mort, alors que dans les Textes des Pyramides, elles sont le plus souvent à la troisième personne. A El Bersche, dans la région d'Hermopolis, on a trouvé aussi des cercueils dont le fond était garni d'inscriptions très différentes. Les formules sont accompagnées de dessins qui prennent parfois beaucoup de place. Il s'agit pour l'essentiel de cartes de l'au-delà : à partir d'une mer de feu, ou le long d'un fleuve de feu, se dessinent deux chemins, dont l'un conduit à l'eau, l'autre à la terre. De ce tracé, les textes ont tiré leur nom : *Livre des Deux Chemins*.

Le mort doit parcourir ces chemins pour gagner dans l'au-delà, à travers maints dangers, le lieu des Bienheureux. Il doit franchir des portes de feu, dépasser des gardiens effrayants qui ne lui permettront de poursuivre son chemin que s'il connaît la bonne formule. Surtout, il ne doit pas s'égarer sur les chemins secondaires qui le conduiraient vers le feu. Mais il est aidé constamment au cours de son voyage par les sentences portées au bon endroit de la « carte ».

Dans les Textes des Pyramides, le *lieu des Bienheureux* était le Champ des Roseaux et le Champ des Offrandes. Sur ces régions, régnait Râ, le dieu du Soleil. Dans le Champ des Roseaux, le Champ Earu, le roi défunt se lavait, pour paraître pur devant Râ et les autres dieux. Ces deux champs ne sont pas mentionnés uniquement dans le Livre des Deux Chemins, mais aussi dans le Livre des Morts; ils étaient localisés à l'est, où se lève le soleil. Mais les chemins du Livre des Deux Chemins ne conduisent pas à ces champs, mais au Ro-Sétaou, domaine sur lequel règne Osiris. Au temps des Pyramides, le Ro-Sétaou était le domaine du dieu des Morts de Memphis, Sokaris; il est dit, dans Pyr. § 445 a, que le roi Ounas est le « Sokaris du Ro-Sétaou », donc le souverain du royaume des morts. Le nom peut signifier aussi bien « début du traînage », faisant allusion au traîneau sur lequel on tirait le cercueil, que « débouché des passages », ce qui signifierait que les fosses et les cavités des tombes étaient considérées comme l'entrée vers le monde inférieur. Mais, en tout cas depuis l'époque des Pyramides, celui-ci était localisé à l'ouest, où régnait Osiris. Ainsi, dans le Livre des Deux Chemins, le mort demande à vaincre les dangers des chemins qui mènent non pas au royaume de Râ, mais à celui d'Osiris. On peut percevoir ici à quel point Osiris commence à supplanter Râ.

Il est important de noter, pour l'histoire de l'évolution de la pensée, que, dans le Livre des Deux Chemins, la carte prend de plus en plus de place. On peut la rapprocher de la vignette du chapitre 110 du Livre des Morts. On trouve là les mêmes cours d'eau, entre lesquels s'étendent des champs, où le mort laboure, sème, récolte. Là s'efface la différence entre le Ro-Sétaou et les Champs des Roseaux et des Offrandes — voir Papyrus d'Ani, planche 35. Les *Débuts du Livre des Morts* vont jusqu'au Moyen Empire (1991-1650). Le chapitre 17 surtout avait déjà trouvé à cette époque l'essentiel de sa forme. Dans le sarcophage de la reine Mentouhotep, trouvé à Thèbes mais aujourd'hui disparu, qui appartenait à la XIIIe Dynastie (de 1785 à environ 1650), le chapitre 64 du Livre des Morts se présente sous sa forme achevée, dans ses deux variantes, la version longue et la version courte. Ces formules n'apparaissent d'ailleurs pas dans les Textes des Sarcophages. Pourtant, dès la XVIIIe Dynastie (vers 1554-1305), se forme en Haute-Égypte ce que l'on appelle maintenant le Livre des Morts.

On commence alors à écrire sur des rouleaux de papyrus les formules tracées auparavant sur les parois internes des cercueils. Sans doute parce que les cercueils, qui adoptent la forme humaine, n'offrent plus suffisamment de place pour recevoir tous les textes nécessaires qui, auparavant, prenaient place aisément dans les cercueils en forme de boîte. Par ailleurs, on voulait visiblement multiplier les textes donnés au mort. On posa donc les rouleaux de papyrus dans le cercueil, ou on les enroula entre les bandelettes des momies. On écrivit parfois directement sur les bandelettes qui enveloppaient la momie. Certains préféraient les placer dans une statuette d'Osiris creusée à cet effet, ou dans une boîte qui servait de socle à la statuette de Sokaris. En certains cas, assez rares, on écrivait sur du cuir au lieu de papyrus. De nombreux égyptologues pensent que ces écrits sur cuir servaient aux écrivains de documents qu'ils recopiaient ensuite sur du papyrus, sur le cercueil, sur les parois des chambres funéraires ou des annexes de la tombe.

Souvent, ces textes étaient écrits sur commande pour une personne donnée, qui pouvait choisir les chapitres qu'elle tenait pour essentiels pour sa vie ultérieure. Ainsi, le papyrus de Nou (British Museum) contient un des écrits réalisés avec le plus de soin, 137 chapitres sur les quelque 150 habituellement en usage; le papyrus de Jouja n'en contient que 40 et celui de Cha (Turin) que 33. Le plus long Livre des Morts doit être le papyrus Greenfield du British Museum qui mesure 37 m de long. De nombreux Livres des Morts furent écrits d'avance dans ce que l'on appelait « les maisons de la vie », pièces du Temple réservées à l'écriture, puis ils étaient proposés à la vente. On reconnaît ces papyrus aux emplacements vides dans lesquels on pouvait plus tard inscrire le nom et le titre de l'acheteur. Comme on a oublié de le faire pour nombre d'entre eux, ces emplacements sont restés vides ; pour les autres, on reconnaît très distinctement, au tracé des caractères, que le nom et le titre ont été écrits ultérieurement.

Le texte était écrit avec de la teinture noire en écriture hiéroglyphique cursive, en colonnes verticales, limitées par des lignes noires. En certains cas, on a utilisé de la teinture blanche qui ressort bien sur la couleur jaune du papyrus. On constate, et c'est somme toute normal, que certains papyrus paraissent avoir été écrits rapidement, et d'autres avec soin. Sous les XIXe et XXe Dynasties (vers 1305 - 1080), on apporta un soin particulier au tracé des hiéroglyphes. L'emploi de cette écriture, même sous sa forme cursive, devait exprimer une haute déférence vis-à-vis des textes sacrés.

Sous la XXIe Dynastie (vers 1080 - 946), on commença à écrire les textes en hiératique sur des lignes horizontales. Le hiératique est une écriture hiéroglyphique cursive, mais beaucoup plus raccourcie et abstraite que l'écriture employée pour les Textes des Sarcophages et le Livre des Morts. Alors que cette dernière restitue encore très distinctement les dessins des hiéroglyphes, on peut à peine les reconnaître dans l'écriture hiératique. Plus raccourcie encore est l'écriture démotique ultérieure, qui fut utilisée occasionnellement pour les Livres des Morts à l'époque ptolémaïque et romaine. Mais même si l'on ne reconnaît plus les hiéroglyphes originaux dans une écriture qui devient de plus en plus coulante, qui emploie raccourcis et ligatures, l'écrivain d'alors avait cependant conscience que c'étaient toujours les anciens hiéroglyphes qu'il traçait de son pinceau rapide — voir ill. 14, p. 49.

Les passages d'une importance particulière étaient tracés en rouge, par exemple les suscriptions et les notes. Ce sont ce qu'on appelle les « rubriques ». Le rouge était aussi une couleur dangereuse, et les noms des démons étaient donc tracés en rouge. Mais si un nom d'homme ou de dieu devait apparaître sur une ligne tracée en rouge, on écrivait ce nom en noir.

Une grande importance est conférée aux *vignettes*, ces dessins qui accompagnent les différents textes et devaient illustrer leurs affirmations. Sous la XVIIIe Dynastie (vers 1554 - 1305), les dessins étaient tracés en noir comme le texte. Mais grâce à la sûreté du trait de pinceau, ils apparaissent comme de véritables chefs-d'œuvre de l'art du dessin. Dès la XIXe Dynastie (1305 - 1196), on passe aux vignettes colorées, qui utilisaient toute la gamme des couleurs de l'époque : le rouge, le jaune, le vert, le blanc, le noir et le violet. La couleur est parfois rehaussée par des incrustations d'or qui ajoutent à sa luminosité. Sous la XVIIIe Dynastie, l'essentiel était le texte, et les vignettes n'avaient pour rôle que de le mettre en valeur ; texte et vignettes étaient faits généralement d'un seul jet, et tracés de la même main. La XIXe Dynastie attacha une plus grande importance aux vignettes qui, peintes par des artistes spécialisés, se parèrent de plus en plus de couleurs prestigieuses, et occupèrent une place de plus en plus grande. Le texte devint souvent trop court, à tel point, parfois, qu'on ne pouvait plus le comprendre. Il fallait l'insérer dans le peu d'espace qui restait, et si l'écrivain n'y parvenait pas, il n'hésitait pas, arrivé à la dernière colonne, à le couper au milieu d'une phrase.

Car les grandes images des vignettes avaient une aussi grande valeur magique — si ce n'est plus grande — que le texte écrit en hiéroglyphes et accompagné de petites images. Grâce aux vignettes qui, de plus, parlaient au regard, le futur défunt pouvait estimer qu'il était suffisamment assuré de continuer à vivre après sa mort. On considéra de plus en plus le texte comme d'importance moindre. La compréhension du texte par les écrivains devenant de plus en plus réduite, il arriva souvent qu'il n'eût plus rien à voir avec les vignettes.

Les Livres des Morts de la XVIIIe à la XXe Dynastie ne présentent pas encore de succession définie des différents chapitres. Dans ces groupes de sentences que l'on désigne sous le nom de *rédaction thébaine* — même si l'expression n'est pas très heureuse — il s'agit de formules rassemblées à dessein, qui présentent parfois deux variantes, une version longue et une version courte. Parfois, la même formule revient deux fois dans le même papyrus, ce qui autorise des doutes sur la compréhension du texte par les écrivains, qui devenait en fait de plus en plus réduite, abstraction faite des erreurs orthographiques. La succession des formules était de plus sans importance ; il suffisait que le mort les ait à sa disposition chaque fois qu'il en avait besoin.

On peut cependant discerner dans ces textes un certain ordre, en ce sens que quelques chapitres apparaissent toujours en tête, ou tout au moins parmi les premiers, par exemple les chapitres 1, 17 et 64. Puis viennent presque toujours les sentences du cœur (chap. 26-30) ou quelques-unes d'entre elles, les formules magiques destinées à protéger le mort contre les serpents et les bêtes féroces, les formules pour les métamorphoses dans toutes les formes que le mort veut prendre (chap. 77-88) et celles de sa justification (chap. 18-20).

Au cours de la XXVIe Dynastie (664 - 525), celle des rois de Saïs dans le Delta, on assiste, après le déclin politique et culturel de l'Égypte, à une grande « Renaissance » qui trouve entre autres son expression dans le Livre des Morts. Cette époque, qui avait vu s'éteindre ses forces créatrices, se tourna vers l'antiquité égyptienne pour en recevoir l'impulsion qui lui ferait retrouver son style propre. On imita partout l'Ancien Empire, on lui reprit des titres de fonctionnaires oubliés depuis longtemps, on copia les anciennes statues et les bas-reliefs, on alla en pèlerinage aux pyramides de Gizeh et de Saqqarah, et l'on reprit le culte des morts des anciens Pharaons. L'intérêt de cette époque pour l'Antiquité conduisit à des productions du genre de celles de notre XIXe siècle, avec ses églises « gothiques » et ses gares « romanes ».

Pour le culte des morts, on reprit des passages entiers des Textes des Pyramides, et le Livre des Morts connut son organisation définitive. C'est à partir de cette époque que la succession des chapitres ne varie plus, et que l'on peut parler vraiment d'un « livre ». On nomme cette organisation et cette succession de chapitres la *rédaction saïtique*. L'égyptologie a adopté cette rédaction. Si, dans une édition du Livre des Morts, un chapitre provient d'un papyrus plus ancien parce que celui-ci est moins endommagé que d'autres, on ne lui donne pas dans la publication le numéro qu'il pouvait avoir dans le papyrus original, mais celui qui correspond à la *rédaction saïtique*.

Ce livre, devenu canonique par la numérotation définitive de ses chapitres, a de tout temps prétendu à une haute origine et à un âge vénérable. Ainsi, Thot, dieu de la Sagesse, dieu du Salut et écrivain des dieux, doit avoir écrit lui-même le chapitre 30 B, dans lequel le mort implore son cœur de ne pas témoigner contre lui devant le tribunal de l'au-delà. Il fut trouvé à Hermopolis sous le règne du roi Mykérinos (vers 2485-2456), avec les chapitres 64 et 148 par le prince Djedef-Hor, fils de Chéops. Le chapitre 64 est un des plus importants dans la mesure où il forme le début des formules de transfiguration du mort. A cause de cela, il prétend dans ses notes (et également le chapitre 130 à l'époque saïtique) qu'il provient de l'époque du roi Den (= Ousaphaïs, vers 2870-2820), donc de la première Dynastie. Le significatif chapitre 148 traite des nombres qui régissent l'univers : de l'*unique* taureau, des rames des *quatre* régions du ciel et des *sept* vaches, dans lesquelles on peut voir les sept Hathor du destin — voir Papyrus d'Ani, planche 35.

Même si ces notes ont été créées de toutes pièces pour des cas particuliers, et dans leurs détails, cela cependant ne s'oppose pas à la haute ancienneté des différentes formules. On ne peut dire à priori qu'une formule du Livre des Morts qui n'apparaît pas dans les Textes des Sarcophages, est plus récente que ceux-ci. Il ne faut pas oublier qu'à côté des textes fixés par l'écriture, il y eut aussi une tradition orale qui peut remonter jusqu'aux périodes les plus primitives et qui peut être aussi persistante que le texte écrit.

Le livre qui présente un ordre définitif à la fin de la civilisation égyptienne porte un titre qui apparaît déjà dans la *rédaction thébaine* „pr.t m hrw" dont les traductions dans les langues modernes sont contradictoires. Les uns traduisent « sortir au jour », les autres « sortir du jour ». Naville (I 23) traduit « sortir du jour », évoquant par là la fin de la vie terrestre, puisque « jour » en égyptien peut signifier aussi « durée de la vie » : « Sortir du jour », ou « de son jour », ne signifie pas à proprement parler quitter la vie et perdre pour toujours l'existence. Car la vie existe aussi au-delà de la tombe; cela signifie seulement être libéré de la durée limitée de la vie terrestre, n'avoir plus ni commencement ni fin, entrer dans une existence sans limites temporelles ni spatiales; l'expression « sortir du jour » est donc souvent complétée par les mots : « sous toutes les formes que veut prendre le défunt ». En bref, devenir un être délivré des contraintes du temps et de l'espace... ce n'est ni une nouvelle naissance, ni une réapparition, ni une résurrection, même si chacun de ces mots a quelque chose de juste, plus même que les traductions littérales que les uns et les autres ont proposées.

Pour Barguet (Tb 16), en revanche, la traduction opposée est évidente; ce n'est pas « sortir du jour », mais « sortir au jour ». C'est au jour que le mort veut parvenir, car la nuit lui est hostile. Pendant la nuit, il repose dans son tombeau. Selon la conception égyptienne, le soleil, pendant la nuit, traversait le monde inférieur d'ouest en est, et ne dispensait au mort, dans sa course, qu'une faible lumière, pendant un court moment. Le mort éprouvait ainsi un désir d'autant plus vif d'abandonner sa tombe pendant le jour, de prendre toutes les formes qu'il souhaitait, de vivre dans la lumière et près du soleil. Il s'agissait donc d'une nouvelle naissance et d'une résurrection quotidienne du mort.

C'est aussi la traduction du Dictionnaire de la Langue égyptienne (Wörterbuch der ägyptischen Sprache, cité Wb) : « sortir le jour (du royaume des morts) » et rentrer la nuit — Wb I 520, 12-13. La difficulté réside en ce qu'il faut bien lire *prj* « sortir » — Wb I 519 — mais que la préposition *m* peut signifier aussi bien « entrer dans quelque chose » — Wb II 1, 3 — que « sortir de quelque chose » — Wb II 1, 6. Les difficultés qui s'opposent à la traduction du texte dans d'autres langues apparaissent dès le titre du livre.

De plus, le livre n'est pas construit systématiquement. Chacun des notables de l'époque « thébaine » avait ses propres conceptions et adoptait donc une succession spéciale des chapitres. On peut se demander si une construction thématique était possible et nécessaire, puisque le Livre des Morts est essentiellement un recueil de formules magiques et ne restitue qu'un aspect très particulier de la religiosité égyptienne, qu'il ne faut pas étendre à l'ensemble de celle-ci.

Dans son contenu, le Livre des Morts se préoccupe des états du défunt après la cessation de sa vie. Déjà le Livre des Deux Chemins lui avait fourni les formules magiques qui lui permettaient d'éviter les dangers qui le guettaient dans l'au-delà. Le Livre des Morts développe et diversifie ce thème.

Avec les amulettes qui sont remises à la momie, le mort dispose des formules magiques qui le protègeront des serpents, des crocodiles et autres bêtes dangereuses. Il lui faudra rendre inoffensifs les démons qui le menacent en les nommant de leurs noms, traverser des marécages où des singes le guettent pour le prendre dans leur filet, franchir des portes gardées par des démons terrifiants.

Il s'identifie avec les dieux, il a la faculté d'adopter toutes les formes qu'il veut, il apparaît sous celles de l'hirondelle, du faucon, du phénix, du crocodile. Il prend place dans la barque de Râ. Dès le début, il est considéré comme justifié, comme « vrai en voix », et pourtant ce n'est qu'au chapitre 125 qu'il doit se justifier devant le tribunal d'Osiris. Dans notre logique occidentale, nous placerions la scène du tribunal au début ou à la fin du livre, puisque dans notre perspective il dépend de la décision du tribunal que le mort soit ou non « vrai en voix ». Que le mort, justifié au chapitre 125, doive encore, aux chapitres 145-147, franchir des portes hostiles et subir de nouvelles épreuves, cela nous laisse quelque peu perplexes, d'autant plus qu'au chapitre 110, c'est-à-dire avant le jugement, il séjournait déjà dans les Champs des Bienheureux.

Mais, s'il faut prendre les choses comme elles se présentent, Barguet a cependant tenté de donner un sens à la succession saïtique des chapitres; en partant des chapitres 1, 17, 64 et 130, il divise la masse des textes en quatre parties — Tb 17 et 35-36, 55-56, 57-101, 169-170.

PRÉSENTATION SYSTÉMATIQUE DU LIVRE
D'APRÈS BARGUET

I. Chapitres 1-16 : « la sortie au jour ». Le cortège funéraire se dirige vers la nécropole, accompagné des prières des prêtres qui implorent pour le mort un accueil favorable dans l'au-delà (chap. 1-3). Le chapitre 4 est prononcé par le mort lui-même, qui s'identifie à Thot. Le chapitre 5 est obscur; le chapitre 6 conjure les Uschebtis (figurines magiques) de remplir à la place du mort les tâches auxquelles il peut être convié dans l'au-delà. Au chapitre 7, il parvient dans sa tombe, sans prêter attention aux spirales du « pauvre Apophis »; la connaissance des chapitres 8 et 9 lui viendra alors en aide. Les chapitres 10 et 11 rendent libre son chemin et lui donnent la victoire sur ses ennemis.

Il peut alors franchir les portes dangereuses (chap. 12-13); toutefois il a à craindre encore la malveillance de quelque dieu qu'il apaisera par une offrande (chap. 14). Des hymnes au soleil levant, au soleil couchant et à Osiris terminent ce groupe de textes au chapitre 15, qui est aussi parfois placé au début. Le chapitre 16 se compose d'une vignette qui représente le mort prenant part à la course quotidienne du soleil.

II. Chapitres 17-63 : « la sortie au jour ». Le second grand groupe de textes traite de la nouvelle naissance du mort, qui apparaît au lever du jour comme un soleil triomphant. Il est introduit par le chapitre 17, riche en indications mythologiques, dans lequel le mort s'identifie au dieu créateur Atoum, lorsqu'il était encore seul dans l'océan primitif avant la création du monde. Les chapitres 18-20 traitent du lever du soleil, qui triomphe des puissances des ténèbres. Il faut donc les réciter au lever du jour, au moment où s'accomplit la nouvelle naissance du défunt. Celui-ci subit alors « l'ouverture de la bouche » qui lui rend la parole (chap. 21-23); il est revêtu de forces magiques (chap. 24) et il retrouve son nom (chap. 25) qui lui garantit son identité. Son cœur aussi lui est rendu, qui doit témoigner pour lui au tribunal de l'au-delà (chap. 26-30).

Ainsi pourvu, il peut se défendre contre ses ennemis, qui apparaissent sous forme de bêtes féroces (chap. 31-36), il est délivré des tentations (chap. 37-40), il est pur et par là inattaquable (chap. 41-42). Impérissable, il vit à jamais (chap. 43-46) et prend place sur son trône comme seigneur des dieux (chap. 47) et vainqueur de ses ennemis (chap. 48-50). Il marche la tête haute et n'a pas besoin de se nourrir de ses excréments. Sa nourriture est celle des dieux, puisqu'il est lui-même un dieu (chap. 51-53). Dans les derniers chapitres, il reçoit la puissance sur les éléments, sur l'air (chap. 54-56), sur l'eau (chap. 56-62) et sur le feu (chap. 63).

III. Chapitres 64-129 : « la sortie au jour ». Le mort, maintenant transfiguré, peut apparaître sous toutes les formes qu'il souhaite. Mais son but est de prendre place, comme être spirituel, dans la barque solaire de Râ. Au soir, il revient à son cadre — lui, c'est-à-dire son âme en forme d'oiseau, son *Ba* — avec le soleil couchant dans le royaume des morts d'Osiris.

Le troisième groupe de textes traite donc de la transfiguration du mort, après sa résurrection, qui a eu lieu aux chapitres précédents. Jusque-là, il avait fallu pourvoir le mort de tous les moyens qui lui permettraient son ascension vers Râ, le dieu du Soleil. Maintenant, la « sortie au jour » devient réalité.

Le chapitre 64 introduit ce développement et résume les « formules pour la sortie au jour » en « une seule formule ». Ces chapitres de la transfiguration sont parmi les plus difficiles du livre. Bien que le mort s'identifie avec le soleil, il garde pourtant son individualité. Grâce aux forces magiques que lui a communiquées sa transfiguration, il peut vaincre les frontières du temps. Hier, il était Osiris, aujourd'hui, il est Râ. Il se présente donc comme l'Hier et le Demain.

Après une prière dans laquelle il demande à être délivré de ses bandelettes de momie (chap. 65-66), la tombe s'ouvre pour le laisser sortir. Il s'éveille (chap. 67-68) et il s'élève comme Osiris (chap. 69-70). Libéré des bandelettes, de ses liens, il a retrouvé sa pureté originelle et son incorruptibilité (chap. 71) grâce aux sept formules magiques de la déesse du Ciel, Methyer, qui a donné naissance à Râ, le dieu du Soleil. Il peut sortir de la terre en être de lumière et apparaître au ciel du levant (chap. 72-75). Il se rend alors à Héliopolis, la ville sainte de Râ, le dieu du Soleil (chap. 75).

Suivent ici les « chapitres des métamorphoses » (chap. 76-88), dans lesquels le mort apparaît sous les formes que prend Râ dans sa course quotidienne. Il doit s'assurer, surtout, que son âme et son ombre restent avec lui et n'errent pas de leur côté (chap. 89-92). Comme Râ, le mort se dirige d'est en ouest ; en aucun cas il ne va vers l'est où les ennemis de Râ sont massacrés, car il pourrait provoquer une catastrophe cosmique (chap. 93). Le garant de l'ordre cosmique est Thot, dieu de la Lune et seigneur de la science ; le mort veut être à ses côtés pour s'assurer la puissance magique de son écritoire (chap 94-97).

Ainsi pourvu d'un outil magique, le mort transfiguré fait approcher la barque de Râ, il oblige le conducteur rebelle à la lui amener (chap. 98-99). Il connaît les formules qui adoucissent le récalcitrant, et il prend place dans la barque pour traverser le ciel (chap. 100-102). Entre l'entrée du mort dans la barque de Râ et son arrivée dans le Ro-Sétaou souterrain, donc entre le lever et le coucher du soleil, se placent quelques chapitres (103-106) qu'il paraît difficile d'intégrer dans la course solaire du mort. Celui-ci doit d'abord être « chez Hathor » et « s'asseoir entre les grands dieux » (chap. 103-104). Puisque son être est devenu solaire, il peut goûter aux mets de Râ, ou plus exactement de Ptah d'Héliopolis (chap. 105-106). Puis viennent les chapitres 107 à 116 « pour la connaissance des âmes », dont trois sont doubles, les autres se groupant par deux autour du chapitre 110, qui a pour objet le séjour du mort dans le « Champ des Bienheureux ». Ce Champ était à l'origine un domaine de Râ, situé à l'est, mais par la suite il passa sous la domination d'Osiris et se déplaça à l'ouest.

Avec le chapitre 117, commence un deuxième sous-groupe de textes qui se termine avec le chapitre 129 ; le mort devenu soleil se rend dans le monde inférieur et paraît devant le tribunal d'Osiris. Les deux premiers chapitres reprennent les chapitres 12-13, ce qui est normal puisqu'ils répètent la situation du début du jour précédent. La « sortie au jour » est terminée ; il s'agit maintenant, dans le chapitre 122, de « la rentrée après la sortie au jour ». Au chapitre 123, le mort se trouve dans la « Grande Maison ». C'est ainsi qu'est désigné

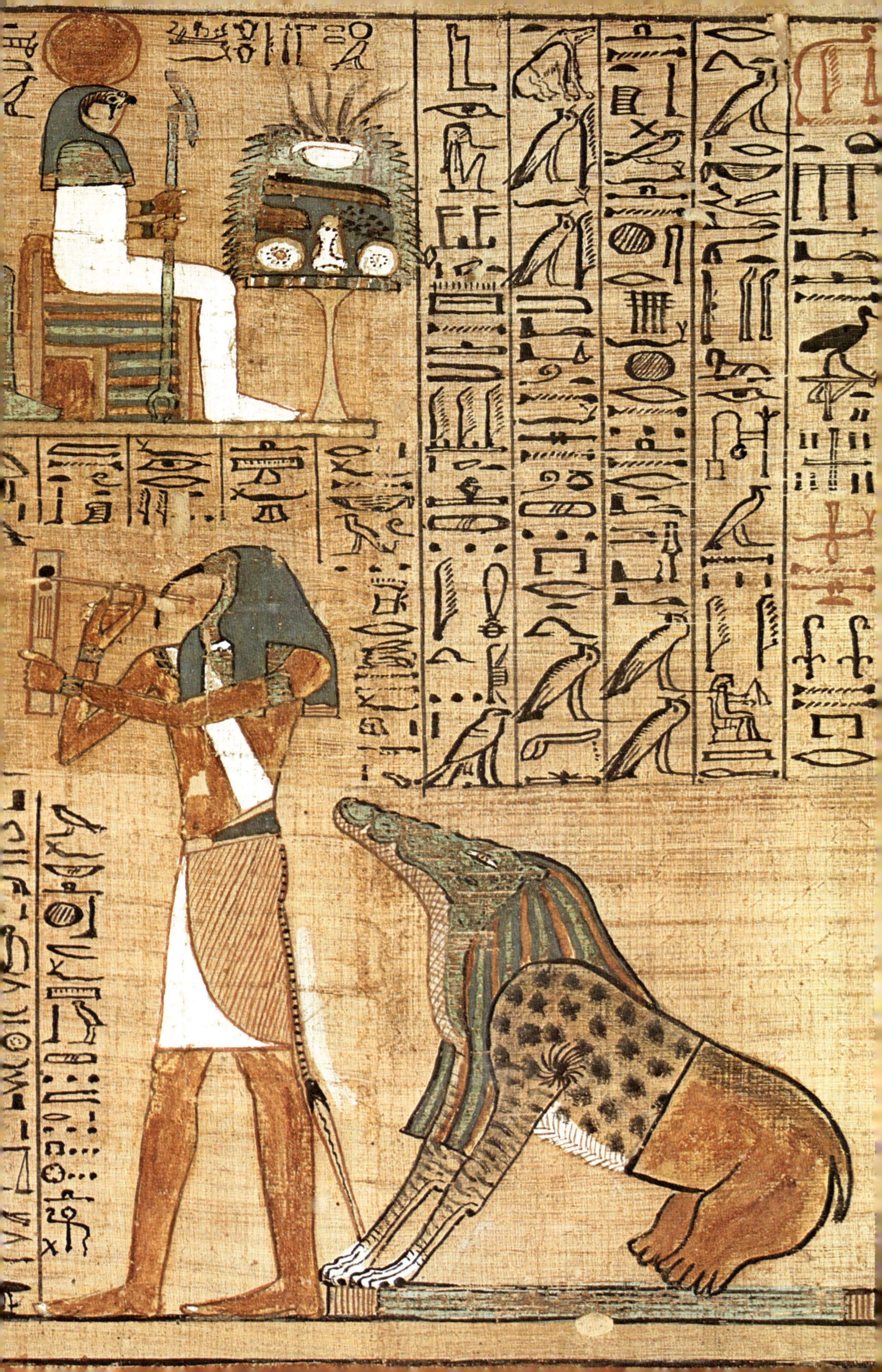

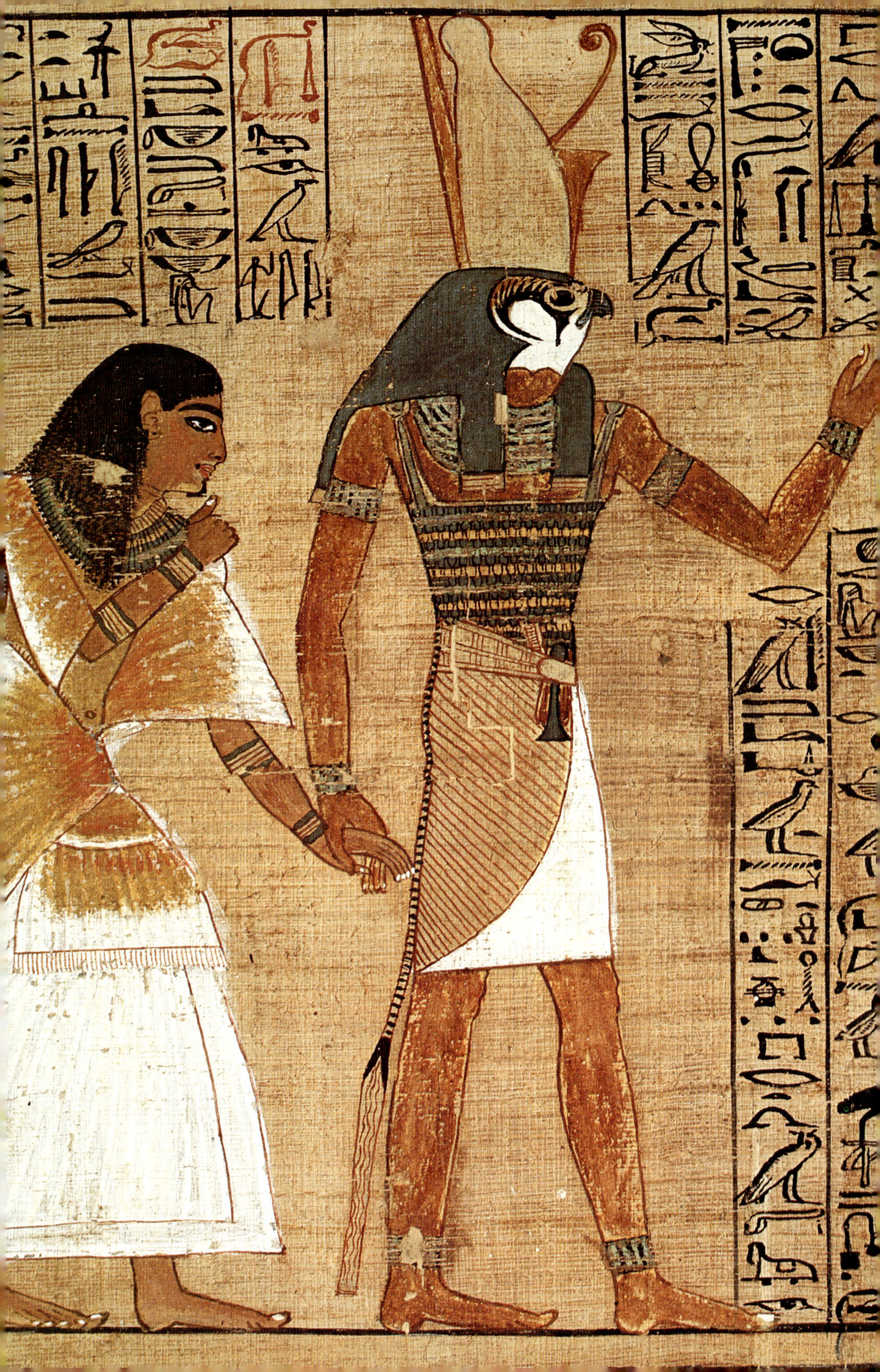

le temple d'Atoum à Héliopolis, mais ici il s'agit de la chambre funéraire du mort. Au chapitre 124, le mort se rend au tribunal de l'au-delà d'Osiris, et le jugement a lieu au chapitre 125. Les chapitres suivants contiennent une prière aux babouins (chap. 126) qui surveillent le feu, ainsi qu'un hymne d'adoration aux dieux du monde inférieur et à Osiris (chap. 127-128). Le chapitre 129 correspond au chapitre 100.

IV. Chapitres 130-162 : La quatrième et dernière partie du Livre des Morts ne porte pas la suscription « la sortie au jour ». On peut la diviser en deux groupes de sentences : le premier traite du voyage en barque du mort transfiguré, solaire, dans le monde inférieur et de son culte des morts, en particulier à l'occasion de certaines solennités. Le deuxième décrit la géographie du royaume des morts et les indispensables amulettes.

a) Les chapitres 130-136 ne sont bien que des variantes d'un seul chapitre et ils apparaissent déjà dans le Livre des Deux Chemins. Ils décrivent le voyage du mort, qui s'est identifié à Râ, dans la barque solaire. Ces formules doivent être récitées certains jours de fête, le jour de la naissance d'Osiris (chap. 130), le premier jour du mois (chap. 133), pour la nouvelle lune (chap. 135) et le sixième jour du mois (chap. 126). Râ apparaît ici à la fois comme le soleil et comme la lune, toujours victorieux de ses ennemis et des forces des ténèbres. Un cercle de flammes étincelant l'entoure et le protège comme un mur (chap. 131 et 136 B).

Aux chapitres 137 A et B, le mort reçoit la protection des quatre torches de la transfiguration, qui sont tenues et en même temps représentées par les quatre fils d'Horus. Elles brûleront toute la nuit, pour éloigner l'obscurité et ses dangers du mort et de la tombe. La lumière qui vient d'elles, qui est la lumière de l'œil d'Horus, renforce l'efficacité des amulettes que l'on a placées dans les quatre murs de la tombe pour la protéger. L'œil de Râ-Atoum, qui se matérialise en un œil de lapis-lazuli ou de jaspe rouge, a pris sa place dans le visage du dieu. Au dernier jour du deuxième mois d'hiver, des offrandes doivent lui être apportées (chap. 140).

b) Lors de son entrée dans la géographie de l'au-delà, le mort, qui se présente comme Horus, fils d'Osiris, montre qu'il connaît les noms de tous les dieux, en particulier les noms de son père Osiris (chap. 141-142), les noms des sept portes et de leurs gardiens, qui mènent à son royaume (chap. 144), et ceux des 21 forteresses du domaine d'Osiris dans le Champ Earu (chap. 145-146). Parce qu'il est un Horus solaire qui pénètre avec Râ dans le monde inférieur, il doit connaître intimement tous les coins et recoins du domaine d'Osiris.

Pour son approvisionnement en nourriture, il le reçoit aux fêtes des morts grâce à sa connaissance du chapitre 148 qui parle des sept vaches laitières. Pour compléter cette géographie de l'au-delà, les chapitres 149-150 dénombrent les 14 collines du Champ Earu, où les dieux se reposent et près desquelles le mort doit passer.

La sécurité du mort est renforcée par les chapitres 150-152 et par les vignettes qui présentent l'aménagement intérieur de sa tombe protégée par différentes amulettes. Si elle ne suffit pas, le défunt peut encore, grâce à sa connaissance du chapitre 153, éviter les filets dangereux qui saisissent les âmes errantes des pêcheurs. Il est gardé de la décomposition par des formules appropriées (chap. 154) et par les amulettes (chap. 155-162).

A partir de cette construction systématique, on constate que la métamorphose du défunt s'accomplit en quatre phases :

Phase 1 : Pour parvenir à la tombe et au monde inférieur, le mort doit vaincre de nombreux dangers, et les chapitres 1-16 lui fournissent les formules magiques nécessaires.

Phase 2 : Dans la nuit de la tombe, grâce aux chapitres 17-63, a lieu la renaissance du mort, qui ressuscite le jour suivant en jeune soleil du matin.

Phase 3 : Dans la barque solaire, le mort transfiguré parcourt le ciel diurne, et rentre le soir dans le monde inférieur pour se présenter la nuit, déjà transfiguré, devant le tribunal d'Osiris.

Phase 4 : Après sa justification devant le tribunal de l'au-delà, il obtient sa souveraineté sur l'univers.

Cette division systématique du Livre des Morts par Barguet est un chef-d'œuvre d'analyse cartésienne, s'appliquant à une masse de textes rebelles et remplis de contradictions. Il était inévitable que les grandes lignes qu'il trace nivellent de nombreux détails, car la masse de textes qu'il a traitée, loin de constituer une œuvre d'un seul jet, est composée de passages hétérogènes assemblés au cours de milliers d'années. Même si l'on veut remarquer quelques-uns de ces détails, le travail de réflexion de Barguet n'en est nullement ruiné. Ainsi, dans la première phase, le mort doit s'efforcer de parvenir dans le monde inférieur ; or, les chapitres 10 et 16 présument certes qu'il y entre, mais aussi qu'il en ressort. Mais une bonne exégèse passe sur ce point comme aussi sur d'autres détails ; le plan de Barguet reste jusqu'ici l'unique tentative de donner aux multiples formules du Livre des Morts une construction systématique.

LE TRIBUNAL DE L'AU-DELÀ

On peut se demander si une mise en forme systématique du texte a somme toute été voulue, puisque le Livre des Morts est un livre magique. Ceci apparaît très clairement dans la scène du tribunal de l'au-delà, dont maints égyptologues ont débattu. Barguet remarque lui aussi qu'il ne peut s'agir d'un tribunal habituel, puisque le mort a été déjà trouvé digne de prendre place dans la barque de Râ. D'après lui, le jugement doit avoir déjà eu lieu sur la terre avant les funérailles.

Il renvoie sur ce point aux notes des chapitres 64 et 148, qui disent que le mort est déjà justifié sur la terre par la connaissance de ces chapitres. Les notes du chapitre 64 ne sont pas très convaincantes, mais celles du chapitre 148 disent : « Celui qui connaît cette formule est justifié sur la terre et dans le monde inférieur. » Mais si la seule connaissance d'une formule magique suffisait pour obtenir la justification, pourquoi donc un tribunal de l'au-delà était-il encore nécessaire ? Barguet renvoie alors (Tb 100) au chapitre 1, dans lequel il est dit : « Je suis mort sans que l'on trouve une faute en moi ; la balance, de mon côté, était vide d'actes condamnables. » Mais ce n'est qu'une prétention du mort, et qui n'a pas reçu de preuves. Même s'il est dit dans de nombreuses notes que celui qui connaît la formule magique ou l'emporte avec lui dans la tombe sortira au jour et retournera au monde inférieur sous les formes qu'il souhaite, il s'agit à nouveau uniquement de l'affirmation que la connaissance de la formule provoque la justification. Mais ces textes ne confirment pas l'idée d'un tribunal qui déciderait de la valeur de la vie.

On trouve chez Diodore de Sicile (I, 92, 1-6) la célèbre description des funérailles égyptiennes au Ier siècle avant Jésus-Christ. Il est dit là que, lors de la proclamation de la mort, un collège de 42 juges se rassemblait pour recevoir les plaintes éventuelles contre le défunt. S'il n'y en avait pas, le mort avait libre accès à la nécropole. Si des plaintes émises s'avéraient sans fondement, le plaignant était frappé d'une dure punition. Mais s'il apportait à ses dires des preuves convaincantes, le mort était privé du rituel funéraire — le plus dur châtiment qu'un Égyptien pût connaître. Barguet renvoie à ce texte pour appuyer son point de vue selon lequel le tribunal de l'au-delà a déjà eu lieu sur la terre, avant l'enterrement; mais en réalité, le 125e chapitre contenant la célèbre scène du tribunal de l'au-delà, de la « pesée du cœur », n'a pas sa place, pour d'autres raisons, dans le Livre des Morts.

L'idée de ce tribunal existe depuis des temps très reculés. Mais c'était alors le roi défunt qui faisait fonction de juge; autour de sa tombe s'assemblaient celles des grands du royaume. Le monde était encore intact, le particulier était inclus dans la généralité et y avait sa place déterminée. L'au-delà était le miroir de ce monde; et dans l'au-delà, le mort devait revêtir la « dignité » qu'il avait détenue dans ce monde. Seul était poursuivi par ce tribunal celui qui avait porté atteinte à cette dignité, par exemple en profanant la tombe qui devait éterniser le contenu de la vie du mort, « la somme de tous les résultats de sa vie » — Spiegel, LÄS II 5. L'éthique de ce temps n'était rien d'autre que le *savoir vivre*[1] de l'homme riche. Cela suffisait à une société qui se contentait d'un degré primitif de la conscience humaine. L'homme d'alors était intégré à la nature et à la société, il n'était pas une « individualité ». Cette intégration perçue par la conscience égyptienne rendait impensable « qu'un Moi connaissant se détache du monde qui l'entoure et le considère comme objet de connaissance, comme le fait la pensée grecque » — Wolf, LÄS I 24.

L'existence dans l'au-delà était garantie par le culte des morts et par l'équipement de la tombe. Il est dit dans l'enseignement de Hardjedef, fils de Chéops (vers 2545-2520), qui s'adaptait parfaitement à l'époque : « Rends parfait ton lieu de séjour à l'ouest, équipe ta maison dans la nécropole » — Brunner, Lit. 13.

Chéops était encore l'incarnation du dieu du Monde, Horus, l'incarnation de Dieu sur la terre. Mais déjà sous le règne de ses successeurs, cette immanence de Dieu devint peu à peu transcendance, se sublima dans un lointain de plus en plus distant et finalement inaccessible : le roi n'était plus dieu, mais seulement fils de dieu, fils de Râ, le dieu du Soleil. Mais la fille de Râ était Maât, qui établit l'ordre cosmique et terrestre de la création.

---

1. En français dans le texte.

Nous traduisons le concept de Maât par « le droit, le vrai » — Wb II 18, 12, ou par « droit, innocence, justice, action juste, vertu » — Wb II 19, 1-4.

Au cours du culte, le roi offre Maât à Râ; le dieu « vit » d'elle. Cela signifie que le roi était désormais le garant de la justice. Lorsqu'il paraissait après sa mort devant son père, Râ, il devait rendre compte de sa conduite sur la terre. Il devait se justifier. L'au-delà n'était plus désormais le miroir de ce monde. La « dignité » vécue sur la terre ne faisait plus autorité pour la vie dans l'au-delà. A sa place, apparaissait la justification de la conduite terrestre; c'était la « loyauté » sur la terre qui décidait de la vie dans l'au-delà. Pendant la Ve Dynastie, le juge des morts fut Râ, et, dès la VIe, il devint de plus en plus Osiris, seigneur du monde inférieur.

L'enseignement de Hardjedef avait exprimé le mode de pensée de l'Ancien Empire; il y eut ensuite un bond dans l'évolution de la conscience humaine. De son intégration à la généralité, à la nature et à la société, l'élément particulier devint peu à peu individu conscient, personnalité qui prit en main la propre responsabilité de ses actes. Ce bond dans l'évolution de la conscience s'accomplit d'abord uniquement parmi l'élite spirituelle, mais, au cours des années, il atteignit des cercles de plus en plus larges. La nouvelle notion qu'une éthique était indispensable pour l'au-delà trouva sa première expression écrite cinq cents ans plus tard dans les instructions pour le roi Merikare, vers 2040. On y trouve, en allusion évidente à Hardjedef : « Rends parfait ton lieu de séjour à l'ouest, équipe ta maison dans la nécropole, *par ta loyauté et l'accomplissement de l'ordre divin* » — Brunner, Lit. 38.

D'autres phrases suivent, comme celles-ci : « La vertu de l'homme au cœur droit est plus appréciée (par Dieu) que le bœuf de celui qui agit injustement » — Erman 118. Ou : « Tu sais que les juges ne sont pas tendres le jour où l'on atteint le monde inférieur »... « L'homme subsiste après sa mort, et ses actes s'entassent auprès de lui » — Erman 112. Il avait fallu d'énormes bouleversements politiques et sociaux pour que ces conceptions soient partagées par tous. L'Ancien Empire était détruit, les Pyramides et les tombes des grands du royaume avaient été pillées, et le culte des morts avait disparu. Mais, comme le roi ne pouvait plus garantir la continuité de la vie dans l'au-delà, chaque homme prit conscience qu'elle dépendait de lui-même. Il fallait maintenant « trouver une nouvelle base, formée par la valeur acquise par une vie juste, qui pourrait fixer la position dans l'au-delà de tout homme, même de l'homme ordinaire » — Spiegel, LÄS II 17.

Ce n'était pas la foi en Osiris apparaissant dans la seconde moitié de l'Ancien Empire qui avait amené ce tournant. Au contraire : la foi en Osiris reposait d'abord sur l'appropriation par chacun de privilèges royaux de plus en plus mis en doute; elle devait donc « dès le début, et selon sa nature même, s'opposer très fortement à l'idée d'un tribunal des morts » — Spiegel, LÄS II 19-20. La nouvelle conception d'un tribunal éthique de l'au-delà trouva son fondement dans l'évolution de la conscience humaine. L'idée qu'Osiris, lui aussi, avait été reconnu comme « vrai en voix » devant le tribunal de Râ, offrit un lien purement extérieur avec la religion d'Osiris.

Le mort qui, après sa disparition, était devenu, grâce à une identification magique, un « Osiris Un tel », voulait répéter le destin de ce dieu mythique mort et ressuscité. Il avait toujours eu conscience qu'il devrait paraître devant un juge de l'au-delà pour se justifier ; c'était le seul aspect éthique de la religiosité égyptienne. Mais l'identification magique avec Osiris tournait cette notion en son contraire. C'était l'aspect magique dont toute religion porte plus ou moins l'empreinte.

L'idée du tribunal de l'au-delà était vivante dans la conscience égyptienne, et elle trouva donc sa place dans le Livre des Morts. Mais comme le mort, grâce à une identification magique, était devenu un « Osiris Un tel », donc « vrai en voix », le tribunal de l'au-delà devint dans le Livre des Morts une pure question de forme. Les plateaux de la balance sur laquelle est pesé le cœur en regard de la plume, symbole de Maât, se trouvaient toujours en équilibre — contrairement à nos représentations de saint Michel ou de la balance de la justice, dont l'un des plateaux s'élève et dont l'autre s'abaisse. L'équilibre des deux plateaux dans le Livre des Morts confirme simplement le fait que le mort était déjà devenu un « Osiris Un tel », et l'influence magique de cette image devait assurer ce résultat pour l'éternité.

Puisque l'image de la pesée du cœur ne se différencie pas des autres vignettes du Livre des Morts, la place du jugement de l'au-delà dans la succession des chapitres est aussi sans importance. Il suffisait que le mort ait le chapitre à sa disposition. Il est vain de revenir à Diodore pour dire que, d'après la conception égyptienne, le jugement de l'au-delà avait effectivement lieu au moment de la mort. Il est encore plus vain d'invoquer les 70 jours du processus de momification pour dire que, pendant ce temps de la transfiguration physique, le *Ba* du mort, son âme spirituelle, a parcouru les étapes de l'être décrites dans le Livre des Morts, qui le mèneraient à la purification sur les sentiers de l'au-delà. Comme Hornung le remarque avec pertinence, le concept de « purification », sous cette forme, est étranger à la pensée égyptienne — BiOr XXXII, 1975, 143, Anm. 3.

Le juge supérieur du tribunal de l'au-delà fut d'abord le roi mort, dont la fonction garantissait la continuation de ce monde dans l'au-delà. Sous la Ve Dynastie (2450-2290), la Dynastie du soleil, ce fut Râ qui personnifia Maât et donna au tribunal de l'au-delà ses premiers aspects éthiques. Lorsque l'époque de la religion solaire prit fin, Osiris prit peu à peu la place de Râ. Dans le Livre des Morts, cette étape est terminée, et chez Naville, le dieu du Soleil n'apparaît donc qu'une seule fois comme juge de l'au-delà, et, de plus, sous la forme de momie d'Osiris.

Fig. 12 : Le dieu du Soleil, Râ, en forme de momie, seigneur du tribunal de l'au-delà (d'après Naville II 196, chap. 125).

Le « papyrus d'Ani permet un lien entre les deux idées : le mort doit d'abord paraître devant Râ et ses neuf juges et il est ensuite conduit à Osiris » — Grieshammer, ÄA 20 (1970) 72.

Le juge du tribunal était Râ, garant de l'ordre éthique. Mais puisque le roi mort devenait Osiris, ce dernier put s'arroger l'ancienne prétention royale à la fonction de juge. Mais le dieu du Soleil ne fut jamais entièrement supplanté par le maître du monde inférieur, et nous voyons donc, en particulier à l'époque ultérieure, les deux dieux exercer la fonction de juge.

Dans le papyrus d'Ani, cette fonction se répartit entre les deux. A la planche 3, le collège des juges se compose des neufs dieux de Râ, et Osiris apparaît à la planche 4 comme seigneur du monde inférieur. En revanche, sur la planche 32, Osiris est juge de l'au-delà. La pesée du cœur, c'est-à-dire la scène du jugement, est alors parfois abandonnée, surtout dans les représentations tardives. C'est la parution du mort devant la plus haute instance qui est décisive — et qui présuppose le résultat de la pesée du cœur. Cela est sans doute exprimé dans le papyrus d'Ani, à la planche 35. Ani y apparaît en adoration devant un être mixte, qui présente, dans la partie supérieure du corps, Râ comme le seigneur de ce monde et Osiris comme celui de l'au-delà — voir aussi fig. 39, p. 120.

Lors de la pesée, la balance est en équilibre. Peut-être pour anticiper sur le résultat, ou bien pour l'assurer pour l'éternité. « On ne trouve qu'à l'époque romaine un net déséquilibre des plateaux de la balance... le plateau contenant un poids en forme de boule s'élève au-dessus de celui qui contient le mort. Mais cette époque connaît aussi d'autres changements... D'éventuels déséquilibres de la balance, dans des temps plus anciens, devaient être considérés comme des " erreurs de signe " sans conséquences puisque la justification du mort restait assurée par nombre d'autres moyens » — Seeber, MÄS 35 (1976) 77, Anm. 250.

Fig. 13 : La balance en déséquilibre (d'après Seeber, *loc. cit.*).

On a parfois dit ou insinué que le Livre des Morts était un *livre d'initiation* pour des adeptes de cercles secrets. Mais le fait que les papyrus énumèrent les titres du mort, sans mentionner en aucun cas de ligue secrète dont le mort aurait été adepte, s'élève contre cette thèse. On ne retrouve d'ailleurs aucune trace de société secrète dans l'ancienne Égypte. Il est certes dit dans quelques notes de papyrus que la connaissance de la formule est également utile sur la terre. Mais on ne peut en conclure à une « initiation » — Barguet Tb 24. Les notes du chapitre 148 pourraient tout au plus indiquer au passage que la connaissance de ces sentences ne devait être accessible qu'à des initiés : « Ce livre est vraiment un très profond mystère, que les profanes (?) ne doivent pas voir dans l'éternité », sur quoi la version saïtique poursuit : « ce ne doit pas être dit à n'importe qui, ni répété aux gens ; aucune oreille ne doit l'entendre, et personne ne doit le voir, à part lui (l'initié) et celui qui l'a enseigné. Ne multiplie pas (?) les formules, sauf pour toi-même et pour tes proches » — Trad. Roeder 288. Mais on ne peut non plus conclure de ces textes à l'existence de cercles d'initiés. Qu'on ait voulu maintenir secrète la connaissance religieuse est hors de doute, mais l'initiation à ces secrets et à leur préservation concernait les prêtres — Barguet, Tb 25, Anm. 47.

DÉRAISON OU PENSÉE PROFONDE ?

A sa mort, le défunt a quitté le monde organisé et est entré dans les domaines chaotiques d'où le monde est issu. Là, il vit les dangers mais aussi les possibilités inhérentes à ce domaine. Lors de la création, un choix nécessairement limité est issu du nombre infini de potentialités, et ce choix du hasard a été vécu par le défunt comme le monde et sa normalité. Mais il n'y a plus de normalité ; le disparu vit bien davantage l'infinie multiplicité des possibles que seul le chaos de la création pouvait offrir. Avec sa connaissance des secrets de l'être et avec ses formules magiques, il peut agir sur le cosmos tout entier, sur le visible et sur l'invisible. Il peut — pour garder le langage du Livre des Morts — paraître sous toutes les formes et prendre tous les aspects qu'il veut.

Tout est différent, tout est inversé dans l'autre monde. Le Livre des Morts l'exprime déjà graphiquement, puisqu'il faut lire son écriture en sens inverse. Le mort peut faire usage de toutes les nouvelles possibilités qui s'offrent à lui, mais il ne veut pas pour autant renoncer à la normalité qui lui est familière. Alors qu'il parcourt le cycle des métamorphoses, qu'il se transforme en faucon, phénix ou crocodile, il persiste à retrouver dans les Champs des Bienheureux la terre qu'il connaissait, où il peut semer et récolter comme il en avait l'habitude. Il est devenu dieu en créant et transformant comme il le souhaite son nouvel être.

Toutes les dimensions de ce monde sont transformées. On ne sait jamais, dans le Livre des Morts, d'où parle le mort. Il est partout et nulle part, à la fois dans le ciel et dans le monde inférieur. Pour le positivisme du XIXe siècle, le Livre des Morts relève de la schizophrénie. Mais s'il y a folie, combien créatrice est cette folie ! Il faut bien que ce livre soit irrationnel, puisqu'il traite, déjà thématiquement, des régions de l'au-delà qui ne sont pas accessibles à la raison. De plus, il fut écrit, au cours de millénaires, par des hommes qui n'étaient pas encore aussi « abstraits » que nous, et à qui l'on peut attribuer, en dépit de tout scepticisme, une plus grande clairvoyance naturelle qu'aux intellectuels du XIXe siècle. Ils puisaient dans une tradition millénaire, nourrie du substrat culturel primitif, qui avait été repoussé par la sélection sévère de la haute religion, et qui réapparut sous forme de formules magiques. On ne peut considérer les écrivains du Livre des Morts simplement comme des malades mentaux, car ils travaillaient avec des concepts de l'essence la plus noble, qui a de tout temps produit une réflexion théologique.

Existe-t-il un concept au sens plus profond que celui du dieu de la Création, Atoum ?

Introduit par le verbe négatif *tm* = « ne pas être, être accompli », « il est celui qui n'est pas encore et qui déjà se crée lui-même ». Cette notion du démiurge est-elle folie ou pensée profonde ? Existe-t-il une vision plus sublime que celle du chaos créatif, tel que l'imaginaient les hommes de l'ancienne Égypte ? Des profondeurs chaotiques de l'océan primitif, naît le Nil qui dispense la vie et la fertilité. Le caractère « inversé » de l'au-delà par rapport à l'ici-bas signifie aussi l'inversion de l'axe du temps. Chaque jour, le dieu du Soleil doit traverser les domaines chaotiques pour se régénérer. « Vieillard », il entre le soir dans l'ouest, et « petit enfant », il apparaît le matin au ciel du levant. Le mort connaissait angoisse et horreur devant la multiplicité infinie des possibilités qui s'offraient à lui, avec tous leurs dangers. Et il éprouvait aussi une fierté indicible à mettre en œuvre ces possibilités grâce à la puissance infinie de son être. Il est le démiurge, il se sent le dieu de la Création, il s'identifie à lui. Le XIXe siècle fut marqué par le concept de surhomme. Le mort de l'ancienne Égypte était le surhomme, il était, sans emphase excessive, Prométhée et Faust.

PUBLICATIONS

C'est en 1842 que Lepsius publia le premier texte hiéroglyphique du Livre des Morts, d'après un papyrus turinois datant de l'époque ptolémaïque, donc de l'un des trois siècles précédant l'ère chrétienne. Ce fut aussi Lepsius qui imposa le titre de « Livre des Morts » en égyptologie, bien qu'il corresponde peu aux conceptions égyptiennes. Le papyrus publié par Lepsius compte 165 chapitres. En 1881, l'égyptologue hollandais Pleyte ajouta à ce texte 9 autres chapitres, qui eurent peu de retentissement.

En 1886, l'égyptologue suisse Naville publia le texte en hiéroglyphes du Livre des Morts de la XVIIIe à la XXe Dynastie, sur la base de documents provenant de divers musées. Naville garda le titre de « Livre des Morts » imposé par Lepsius, et également sa numérotation. Dans l'édition de Naville, le nombre de chapitres passe de 165 à 186, mais il faut noter que les chapitres 166 à 174 de Naville n'ont rien à voir avec les 9 chapitres publiés par Pleyte. Naville ne put prendre aucun papyrus bien défini pour sa publication car il n'en existait pas sous cette forme. Il tira de différents documents les textes les meilleurs et les classa dans le plan des chapitres qu'avait donné Lepsius. Il se limita aux papyrus de la XVIIIe à la XXe Dynastie, comme l'indique le titre de sa publication.

Mais le lecteur s'intéresse sans doute davantage aux traductions. En langue anglaise, nous disposons de la traduction de Budge (1899) qui garde le titre de « Livre des Morts », en ajoutant le titre égyptien : « chapitres de la sortie au jour ». Budge voulait publier l'ensemble des textes de la XVIIIe Dynastie à l'époque ptolémaïque. Il y ajouta quelques textes du papyrus de Nou, si bien que sa publication compte 190 chapitres. Nous avons, de plus, en langue anglaise, la traduction d'Allen, qui parut à Chicago en 1974.

En langue française, nous avons la remarquable traduction de Barguet, parue à Paris en 1967. Kolpaktchy en a publié une adaptation en langue allemande en 1955, sous le titre « Ägyptisches Totenbuch ». En 1969 parut aussi au Caire la traduction de Thausing et

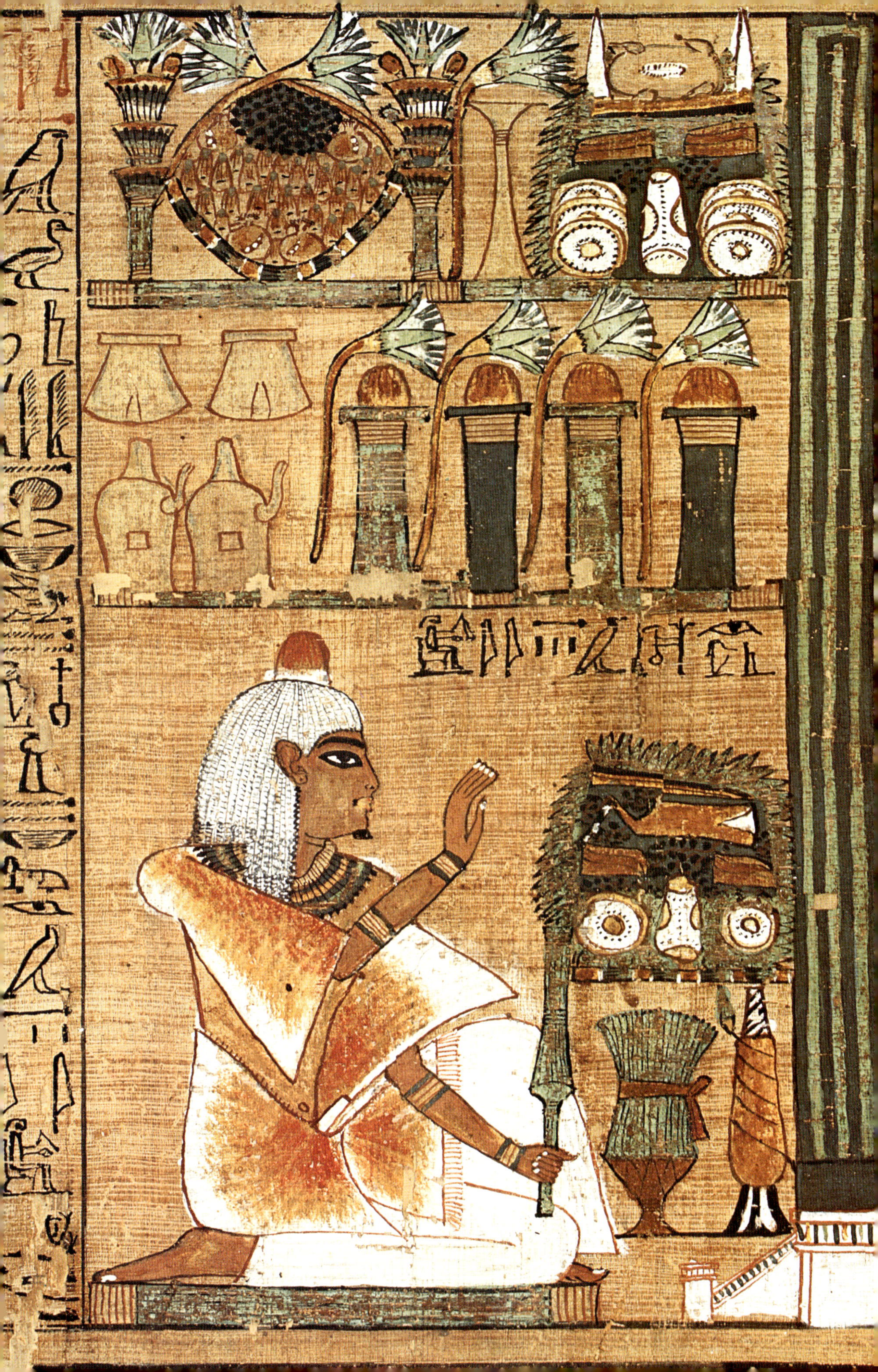

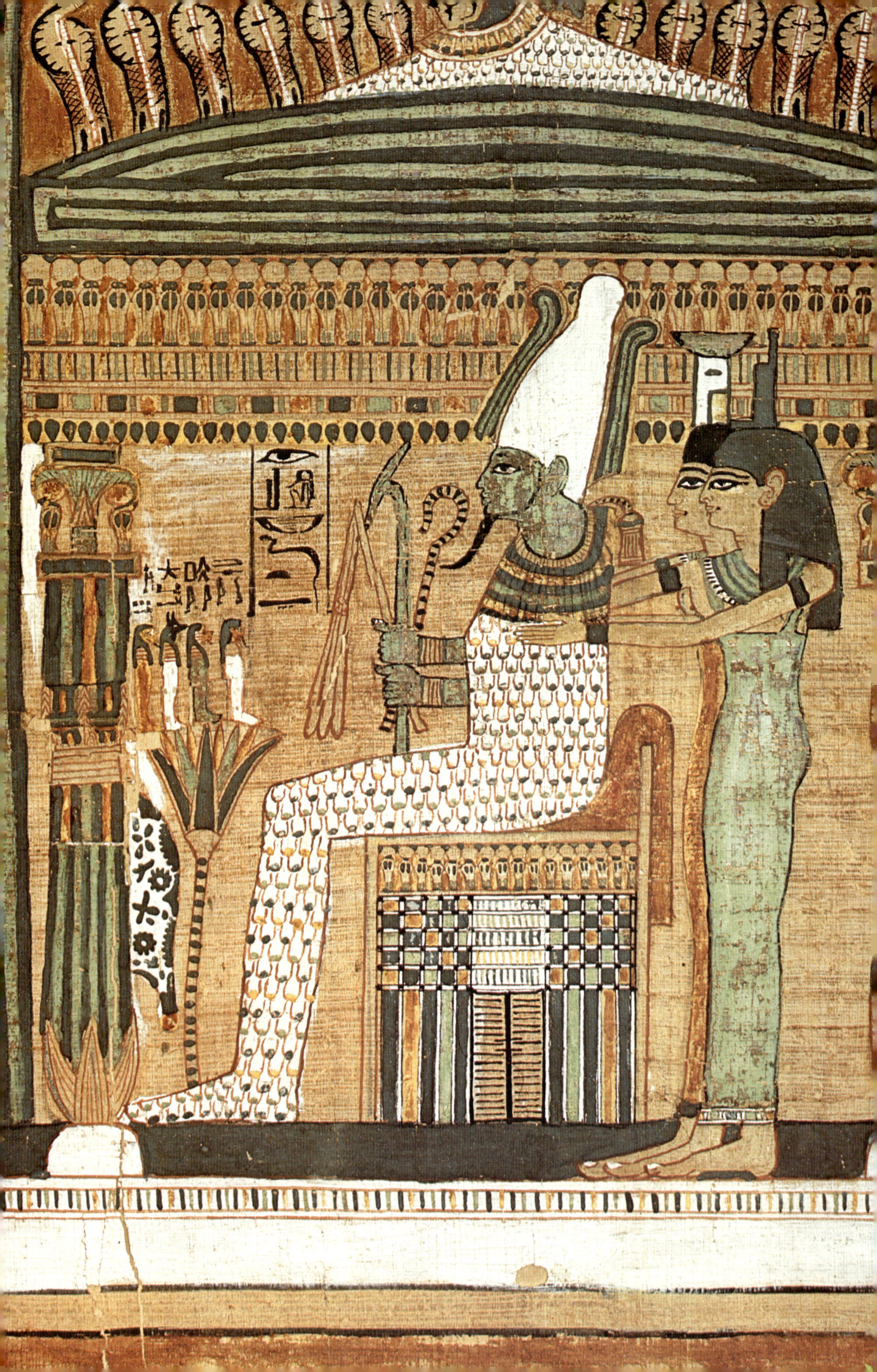

Kerszt-Kratschmann, qui ne compte que 25 chapitres, commençant au chapitre 43 du Livre des Morts, où il manque donc d'importants chapitres. En 1978 devait paraître chez Artemis, à Zürich, une traduction allemande de Hornung. D. Jankuhn donne une première vue générale des sources utilisées et des papyrus jusqu'ici publiés dans son ouvrage : Bibliographie des papyrus hiératiques et hiéroglyphiques. GOF IV/2, 1974, p. 95-96, en colonne 3 de chaque page.

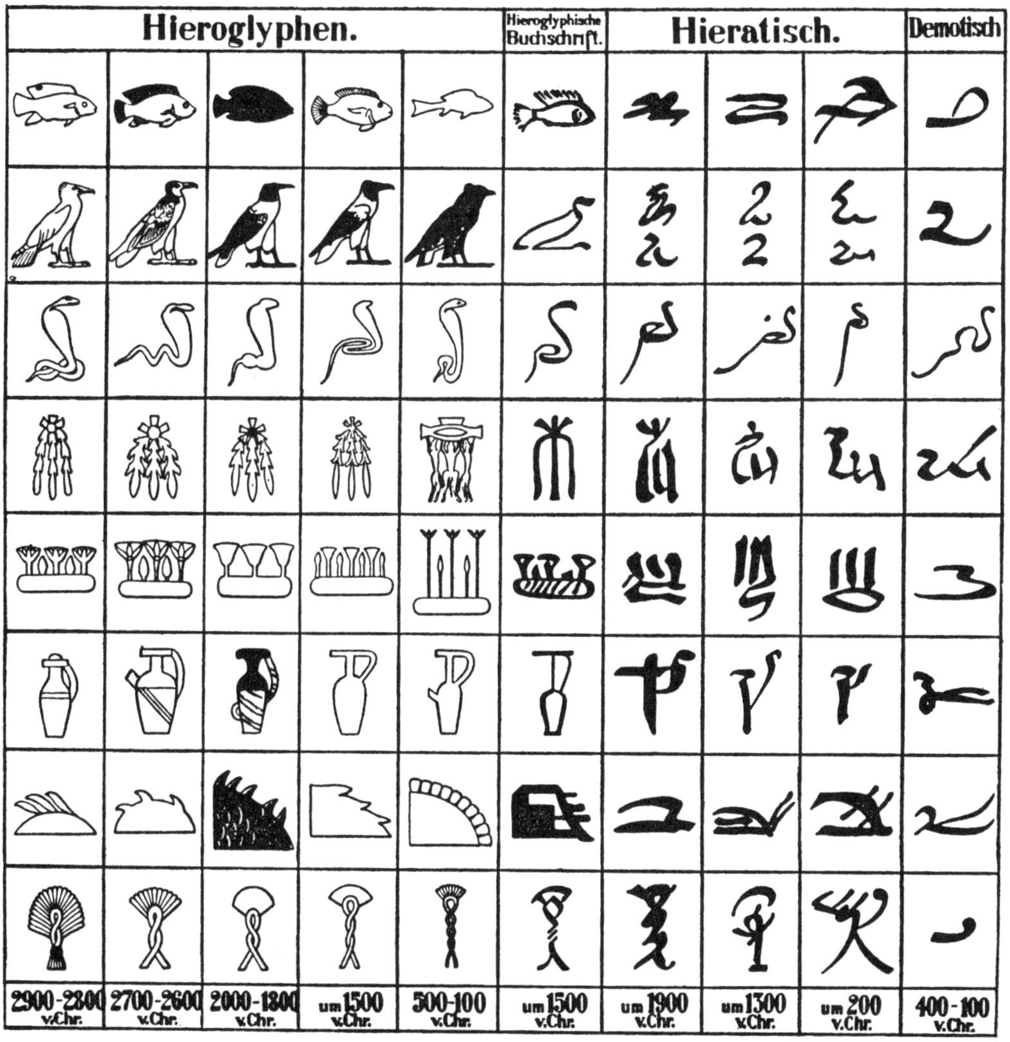

Fig. 14 : Tableau comparatif de l'évolution des hiéroglyphes depuis les temps les plus reculés jusqu'à l'écriture démotique (d'après Jensen).

D'UN ÊTRE A L'AUTRE

Les images souvent obscures du Livre des Morts décrivent les démêlés de l'homme avec les forces de l'univers auxquelles il est confronté dans sa nouvelle situation. La mort n'était pas une fin pour les anciens Égyptiens, mais le passage d'une forme de l'être à une autre. Seule la « deuxième mort » dans l'au-delà, qu'ils craignaient tant, représentait une fin après la disparition terrestre. Par cette deuxième mort, le mort cessait d'appartenir au domaine de l'être. Il devenait non-être, néant.

Le concept effrayant de non-être ne faisait pas l'objet de spéculations particulières. Il suffisait à l'Égyptien d'opposer en pensée le non-être à l'être dans le temps et dans l'espace. Il ne pouvait concevoir l'idée d'une antimatière. Pourtant le concept de non-être était couramment utilisé dans le langage quotidien. Il y avait le verbe négatif *tm* = « ne pas être », et l'adjectif négatif *jwtt* = « ce qui n'est pas ». Pour le mot « tout », on utilisait la périphrase « ce qui est et ce qui n'est pas ».

La question ne se pose pas de savoir comment l'être originel, la forme primitive et élémentaire de l'être, peut être sortie du non-être — ou tout au moins, on ne répond pas à cette question. La notion d'une création ou d'une naissance du monde à partir du non-être, donc d'une *creatio ex nihilo*, est aussi peu familière à l'ancienne Égypte que, plus tard, à la Genèse. L'être originel est simplement postulé dans la cosmogonie, présupposé par l'esprit.

Fig. 15 : (D'après Badawy, Misc. Wilb. I, 1972, 16). La course du soleil dans le monde supérieur et inférieur. A l'est (à gauche) il s'élève entre les deux dômes de l'hiéroglyphe ⌒ signifiant « horizon », il est alors Chepry (Khepry), il traverse le zénith comme Râ-Horakhty et il descend à l'ouest (à droite) comme Atoum entre les dômes du signe horizon. De la même façon, il traverse la nuit le contre-ciel (le monde inférieur), se transformant de Chepri en Atoum, en passant par Râ-Horakhty. Sur les dômes de l'horizon, sont placées 4 colonnes Y qui soutiennent le ciel ▭ . Badawy a effectué cette esquisse pour expliquer la signification cosmologique et mythologique d'un modèle de temple sur lequel il avait travaillé. Mais nous savons maintenant par d'autres sources que, si le dieu du Soleil entre bien dans le ciel de l'ouest comme Atoum, il parcourt le monde inférieur (le contre-ciel) dans sa barque, sous la forme d'un être à tête de bélier. A la sixième heure de l'AMDOUAT, la « chair » du Chepri repose avec le scarabée sur la tête dans les profondeurs du monde inférieur, à la onzième heure se prépare la « naissance du Chepri », et ce n'est qu'à la douzième heure que le Chepri est de nouveau le soleil du matin.

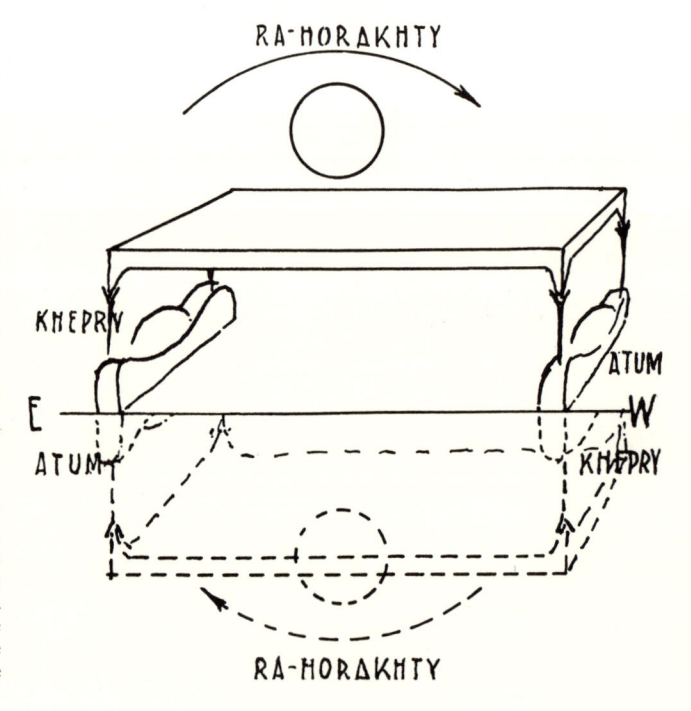

Mais comme l'Égyptien attribue à l'être originel certaines qualités, qui ne sont pas encore actualisées à cet état primitif mais reposent, inertes, les unes à côté des autres, il ne se serait pas opposé à ce que l'on désignât le non-être comme l'absence absolue de qualités. Ainsi, sa conception du non-être correspondrait à celle d'une « existence sans événements » (Morens, 175).

L'être originel est l'Un indifférencié, qui contient en lui potentiellement toutes les pluralités. La pluralité apparaît parce que l'Un originel se différencie en les deux formes diamétralement opposées de l'actif et du passif. Selon la conception égyptienne, cela se produisait, soit parce que l'Un originel se divisait par un processus spontané en ses contraires, soit parce qu'un dieu créateur présent dans la matière originelle provoquait le début du devenir. Les théologiens de l'Ancien Empire s'attachèrent à ces problèmes. Ces notions ont été reprises par le Livre des Morts, alors que la création du monde par l'esprit divin et la parole divine y trouve à peine un écho.

L'accomplissement du devenir était garanti par la constante régénération de l'être actif dans l'être passif, en une suppression périodique de la différenciation. Ces notions passèrent de plus en plus au premier plan pendant la première Période Intermédiaire. Au cours de l'évolution, les thèmes précédemment en vigueur se résumèrent alors en un seul : l'être n'a pas toujours été. Il ne fut pas non plus créé, il est apparu dans le dieu créateur. Avant son apparition, il n'y avait que le non-être. Tout ce qui est sort de lui, seul « il s'est produit lui-même » — Livre des Morts, chapitre 17. Ces conceptions correspondent à la théologie d'Héliopolis et de Memphis. Par contre, la théologie d'Hermopolis présupposait un être originel défini négativement dans le flot primitif inerte.

Le créateur du monde est encore l'Un indifférencié. Il n'est donc pas défini sexuellement, il unit au contraire en lui la polarité des deux sexes. Il est « père des pères et mère des mères » — Philae II 29 9. Son action commence par la création de la dualité et finalement par sa différenciation en « millions » de formes, il est le dieu « qui s'est fait millions » — Sethe, Amon § 200. « On pense, de façon évidente, que le dieu Amon, apparu à l'origine dans le monde comme être unique, est devenu une infinité d'êtres, ou — ce qui revient au même — qu'il s'est manifesté en une infinité d'êtres » — Sethe, *loc. cit.*

Pour le Nouvel Empire, le dieu créateur était Amon. Mais les affirmations des théologiens égyptiens concernant son être ne changent pas lorsqu'ils donnent un autre nom au dieu créateur. Ce que l'on disait d'Amon sous le Nouvel Empire était valable sous l'Ancien Empire d'Atoum et de Ptah. Tout dieu, quelle que soit son origine ou sa forme, était en puissance le dieu suprême, qu'il fût faucon (Horus), soleil (Râ) ou vent (Amon). Qu'il devienne le seul seigneur, et les moyens et le moment pour le devenir dépendaient de la politique, car chaque dieu devait lutter pour sa souveraineté. Mais lorsqu'il en était décidé, le nouveau dieu suprême s'intégrait aux dieux qui lui étaient soumis, ou se liait à eux, par exemple en « triades », ou bien il les prenait dans sa suite. Cela se produisit à toutes les époques et sur tous les plans de l'évolution politique.

Ce qui existait n'était pas en effet supprimé, mais repris et interprété, ou, à la rigueur, ignoré. On ne dérogea à cette règle qu'une seule fois : à l'époque d'Amarna, il n'y avait qu'Aton. Les autres dieux furent chassés, et c'est pourquoi Amarna n'est aussi resté qu'un simple épisode. Ce qui n'était pas accueilli dans le culte officiel d'alors continua à vivre dans la foi populaire, et réapparut comme magie lorsque la religion officielle perdit sa force créatrice. C'est important pour les images du Livre des Morts, car elles expriment des représentations anciennes qui n'avaient plus trouvé leur place dans le culte officiel.

Le remplacement du dieu suprême qui n'était plus valable s'effectuait de cette façon : le dieu qui le remplaçait prétendait qu'il était plus âgé, qu'il était son père, ou bien il se désignait simplement comme le dieu des origines. Cette démarche supprime les contradictions que nous rencontrons maintenant, les différents dieux nous apparaissant tous comme le dieu suprême, avec une succession généalogique qui ne coïncide pas. La logique de la pensée égyptienne n'en était pas affectée, à l'intérieur du système valable à une époque et en un lieu donnés.

Le Livre des Morts suppose constamment la connaissance de l'enseignement sur la création ou le devenir du monde qui s'est développé sous l'Ancien Empire. Il semble donc opportun de l'esquisser brièvement :

Héliopolis : la création est l'œuvre du dieu des origines.

Hermopolis : le monde a surgi de la division de la matière originelle en ses qualités négatives.

Memphis : le monde a été créé par l'esprit divin et la parole divine; nous ne mentionnons ici brièvement cet enseignement que pour être complets.

Héliopolis : d'après l'enseignement théogonique de la création d'Héliopolis, le dieu de l'origine, Atoum, a « engendré » par autofécondation l'air ou le « vide » (Schu) et l'« humidité » Tefnout). Il est dit dans les textes des Pyramides au § 1248 : « Atoum est celui qui est né de lui-même, qui s'est accouplé à lui-même à Héliopolis; il a pris son phallus dans sa main, il en a joui, et deux enfants de sexe différent lui sont nés, Schu et Tefnout » — Pyr. V 147.

C'est ainsi que s'est effectuée la différenciation de l'être originel en deux formes, les deux premières. Avec ces deux êtres, Schu et Tefnout, il s'agit encore de la personnification d'éléments cosmiques. Mais c'est avec eux que le premier couple est créé, pour que les différenciations ultérieures puissent advenir « normalement » par accouplement. Du premier couple, sont issus le dieu de la Terre, Geb, et la déesse du Ciel, Nout. Nous sommes encore ici sur le plan d'une dualité cosmique. Le second couple donna naissance à deux autres couples de dieux : Osiris (fertilité, débordement du fleuve) et Isis (« le trône ») d'une part, et Seth (désert, sécheresse, temps hostile) et son insignifiante sœur-épouse Nephtys (la « dame de la maison »). Rassemblés, ces dieux forment la divinité en neuf personnes d'Héliopolis :

1. Atum
2. Schu
3. Tefnout
4. Geb
5. Naut
6. Osiris
7. Isis
8. Seth
9. Nephthys

Les deux premiers couples proviennent encore du cosmos (terre-ciel), et sont aussi en partie des personnifications d'éléments cosmiques (terre fertile-désert), mais ils mènent déjà bien au-delà dans la mythologie. Pourtant, Osiris doit avoir été le roi mythique de l'ancienne Égypte, que son frère Seth tua pour conquérir son royaume.

Ce groupe de neuf dieux forme aussi le tribunal de Râ, à la planche 3 du papyrus d'Ani. Seuls Osiris et Seth sont éliminés et remplacés par le couple Sia — connaissance — et Hou — jugement.

Hermopolis : la cosmogonie d'Hermopolis semble de date plus récente que celle d'Héliopolis. Cette hypothèse repose sur le fait qu'elle utilise des concepts d'Héliopolis, comme celui du « vide » (Schu), même si elle lui donne d'autres noms. De plus, la pensée d'Hermopolis se caractérise par sa structure plus abstraite et une théorie de la nature que ne comporte pas celle d'Héliopolis. A Hermopolis, nous rencontrons la première mythologie de la nature. L'être originel est défini par ses qualités, qui sont négatives, et dont pourtant les forces tendues provoquent le devenir du monde lorsqu'elles sont activées par un souffle d'air agissant comme un catalyseur. L'enseignement d'Hermopolis se distingue de toutes les autres orientations de pensée par l'idée d'un devenir du monde, au lieu d'une création du monde. Les forces latentes qui provoqueront le devenir du monde sont rassemblées dans le groupe de huit dieux héliopolitains, dont la ville *Chemnu* « ville des Huit » a tiré son nom. Il s'agit de quatre couples de deux qui se groupent de la façon suivante :

1. Noun   Eau originelle
2.   Naunet
3. Heh   Infini
4.   Hehut
5. Keku   Ténèbres
6.   Kekujt
7. Gereh   Absence
8.   Gerhet

Le dernier couple apparaît rarement. On trouve à sa place *Niaou*, le vide, et *Niaout*, ou aussi *Tenemou*, la disparition, et *Tenemouit*. Dans les zones d'influence thébaine, on voit à cette place *Amon*, le secret, et *Amaounet*. Sethe a publié, dans Amon, planche 1, une liste complète de la présentation effectuée dans les Textes des Sarcophages (CT 76). Les membres féminins du groupe des Huit sont des représentations féminines de concepts masculins et se présentent déjà comme des constructions purement imaginaires. Il est possible que dans ces compléments féminins subsiste un reste des conceptions héliopolitaines de l'engendrement, qui ne pouvaient renoncer à la présence d'un partenaire féminin. Le premier couple (Noun-Naounet) est l'être originel, dans sa démarcation d'avec le non-être. L'être féminin Naounet peut aussi être compris comme le « contre-ciel », dont nous reparlerons.

Noun est la matière originelle, l'eau, l'océan des origines. Il est la première matérialisation de l'être « parue aux temps les plus reculés » et « devenue au commencement ». Sa qualité (négative) est l'inertie ; les textes des époques ultérieures accompagnent souvent son nom du verbe *nnj* (primitivement *njnj*) = « être fatigué », « être inerte », « rester inactif » — Sethe, Amon § 145. Océan original présent avant la création ou l'apparition du monde,

53

il est l'aspect négatif du cosmos. « Jouant un rôle de concept cosmique dans la cosmogonie d'Héliopolis, certainement bien avant la formation de la théologie d'Hermopolis, il devrait être le germe d'où sortit le groupe des Huit avec sa prétention d'être le précurseur et le créateur du soleil, et aussi en particulier d'Atoum d'Héliopolis. Avec sa partenaire féminine Naounet — qui est le ciel placé sous la terre, qui se courbe au-dessus de lui dans les profondeurs — il forme un couple qui peut saisir l'espace du monde qui existait avant la création » — Sethe, Amon § 145.

Noun, l'océan des origines, est masculin; de lui, naît le cosmos, limité en haut par le ciel féminin ⸺ . Féminin est aussi le contre-ciel, Naounet, en qui se régénère la vie usée. Le contre-ciel s'écrit avec l'hiéroglyphe du ciel retourné : ⸺ . Ciel et contre-ciel séparent l'être du non-être; entre ces deux signes est enfermé le Tout, chaos des premiers temps et cosmos organisé. Si l'on essaie de représenter graphiquement cette image du monde, on obtient le dessin suivant :

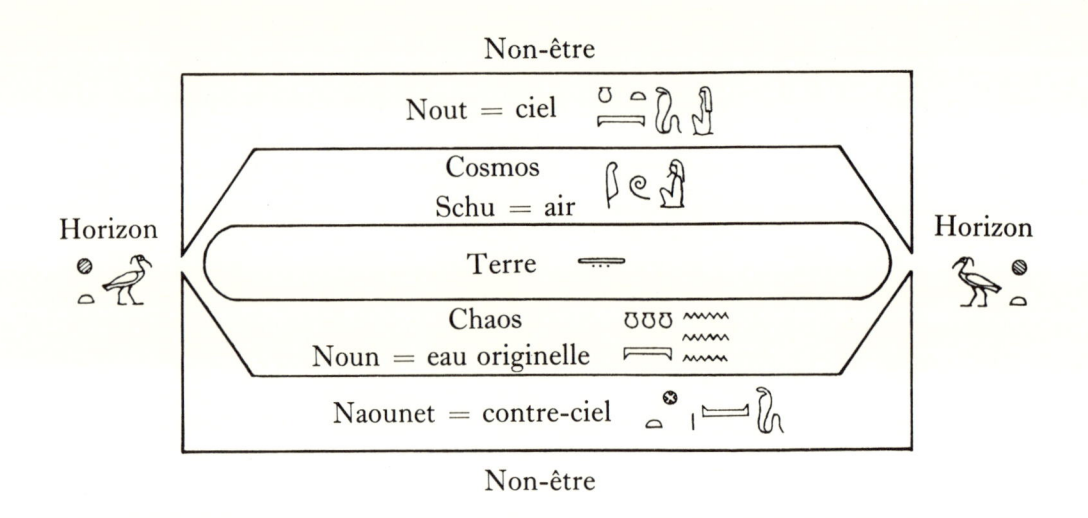

L'hiéroglyphe signifiant la terre représente une bande de terre plate avec des grains de sable ⸺ ; à l'horizon, la terre rejoint le ciel et le contre-ciel. Comme on pouvait s'y attendre, le nom de la déesse du Ciel, Nout, utilise l'hiéroglyphe du ciel ⸺ , il comporte aussi le dessin d'un vase (eau) ○ , qu'on appelle le vase de Nou, et la terminaison féminine t ○ — voir le dessin précédent.

Un lien secret relie l'élément aqueux originel à la déesse du Ciel, dont la transcription du nom évoque distinctement de l'eau. Le nom de Noun, l'océan primitif, s'écrit aussi avec une triple ligne évoquant l'eau, 〰〰 , trois signes du vase de Nou ○○○ et l'hiéroglyphe du ciel ⸺ .

L'horizon est le point de jonction entre le monde inférieur et le monde supérieur, entre le cosmos et le chaos, entre l'être et le non-être. Le soleil doit parcourir quotidiennement cette zone dangereuse à son lever et à son coucher. La nuit, il traverse, en se rajeunissant, les régions chaotiques de l'océan primitif ou du contre-ciel. Le mort, qui veut effectuer à son tour le trajet du soleil, doit, en tout cas à l'ouest où il est enterré, traverser ces zones

54

hostiles où de terribles dangers le menacent, comme ils menacent aussi le dieu du Soleil. Or, Maât est l'être même du soleil, qui « vit » d'elle. Mais si le garant même de la vérité et de la justice ne peut frayer son chemin qu'avec peine et à l'aide de forces magiques à travers ces régions obscures, on comprend que le mort justifié ne puisse compter sur sa seule justification au tribunal de l'au-delà. Il lui fallait faire appel à la magie, dont même le dieu du Soleil ne pouvait se passer. En dépit de sa justification devant le tribunal, il fallait lui donner les formules magiques pour qu'il puisse affronter les dangers de l'au-delà. Le Livre des Morts était donc nécessairement, selon son vœu et sa destination, un recueil de formules magiques. Les puissances magiques étaient offertes à l'homme par Dieu pour le protéger des périls qui menaçaient son être, donc comme des instruments pour dominer les forces naturelles. « Magie » se dit en ancien égyptien « Heka » ḥka 𓎛𓂓 et la partie essentielle de ce mot est le Ka 𓂓, la force de vie.

Le vœu premier du mort était de devenir un « Osiris Un tel », donc de s'unir à Osiris tout en gardant sa propre personnalité. Osiris était le roi des dieux, mis à mort et ressuscité, qui, ne pouvant plus prétendre à un trône terrestre, devint le maître du monde inférieur. Son destin concernait les hommes. « Grâce à son identification avec le dieu, le défunt pouvait lier son sort à celui d'Osiris et, par des moyens magiques, faire sienne sa justification, afin d'être délivré de toute responsabilité dans l'au-delà » — Seeber, MÄS 35 (1976) 123. Si l'on considère que le dieu du Soleil, lui aussi, avait besoin d'auxiliaires magiques dans le monde inférieur, l'idée de l'identification avec Osiris pourrait peut-être se concevoir comme le souhait du mort de se dissimuler magiquement dans la personne du dieu, pour échapper dans sa vie ultérieure aux dangers qui guettent aussi le Justifié dans le monde inférieur.

LE PAPYRUS D'ANI

EXPLICATION DES VIGNETTES

Le papyrus d'Ani, découvert à Thèbes, provient de la XIXᵉ Dynastie, et fut donc écrit vers —1300. Le British Museum en fit l'acquisition en 1881, et lui attribua le numéro 10 470. Il mesure 23,60 m de longueur et 39 cm de largeur. Formé de trois couches de feuilles de papyrus collées les unes aux autres avec une grande précision, il se compose de 6 sections dont la longueur est comprise entre 1,50 et 8 mètres.

Les vignettes colorées sont d'exécution très soignée; en haut et en bas, le papyrus est limité sur toute sa largeur par une ligne d'un rouge jaune. Le texte en hiéroglyphes permet de reconnaître trois écritures différentes; mais les vignettes ont été peintes, de bout en bout du papyrus, par un seul artiste. Il est clair que, tout d'abord, le papyrus tout entier ne fut pas destiné à Ani; car son nom est introduit en une autre écriture, en différents passages où se glissent d'ailleurs des fautes d'inattention. L'écrivain Ani était un haut fonctionnaire du Temple. Son titre entier était le suivant :

njśwt	sš	mȝʿ	sš	ḥśb	ḥtp-nṯr	n	nṯrw nbw	jmj-rȝ
Roi	écrivain	vrai	écrivain	comptable	Offrandes.		Dieu pour dieux tous	directeur

šnwt(j)	n	nbw	ȝbḏw	sš	ḥtp-nṯr	n	nbw	Wȝśt
grenier	des	seigneurs	Abydos	écrivain	offrande dieu	pour	seigneurs	Thèbes

C'est-à-dire : « Véritable écrivain royal, écrivain et comptable des offrandes divines pour tous les dieux, directeur du grenier à blé des seigneurs d'Abydos, écrivain de l'offrande aux dieux pour les seigneurs de Thèbes. » Sa femme Tjutju était

nbt — pr	šmʿ.t	n Jmn
maîtresse-maison	temple chanteuse	d'Amon

C'est-à-dire : « Dame de la Maison et chanteuse du temple d'Amon. » Elle remplissait une fonction importante dans le culte d'Amon; c'est pour cela qu'elle tient souvent à la main le sistre et le ménat, dont nous reparlerons plus loin.

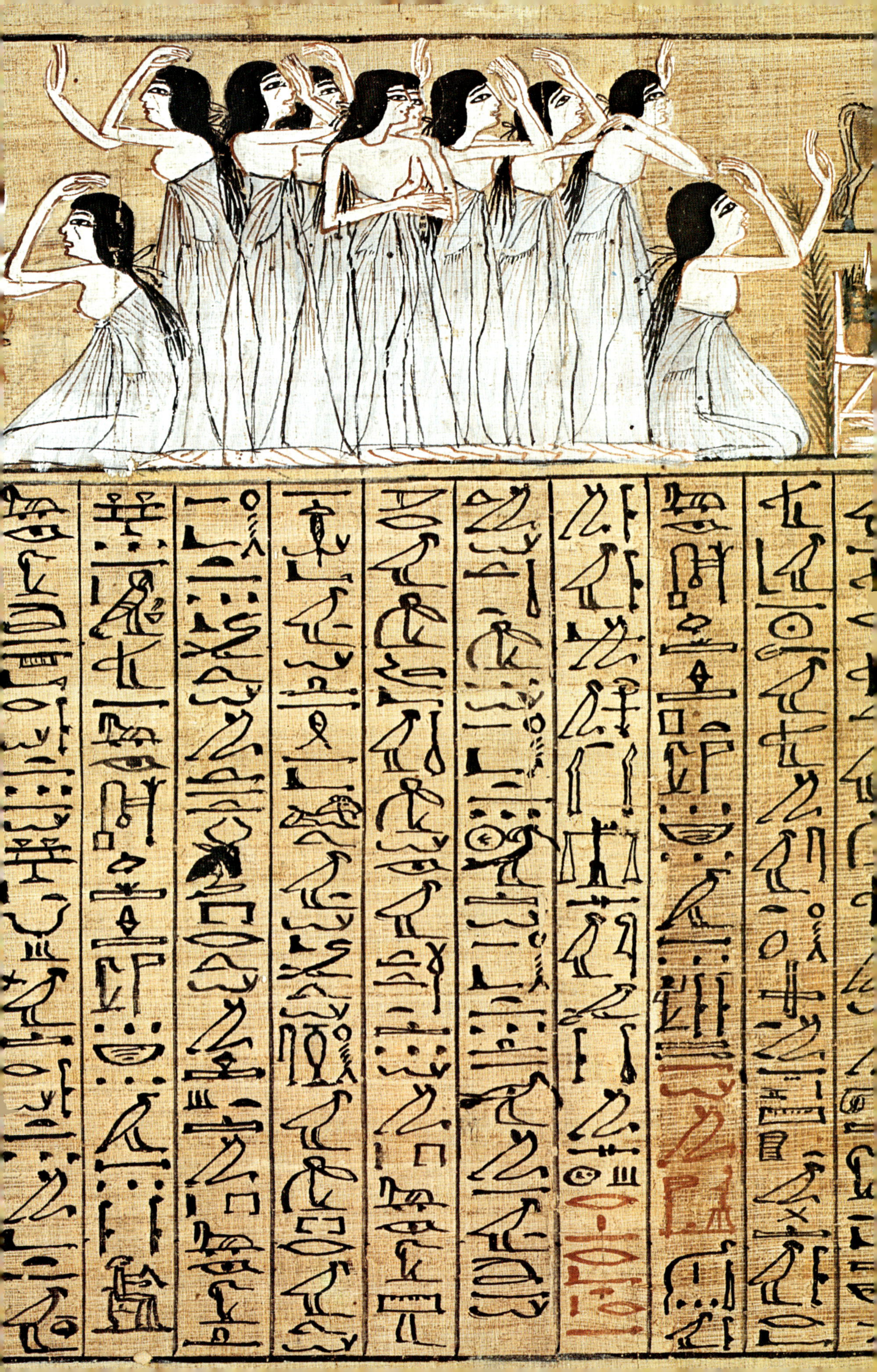

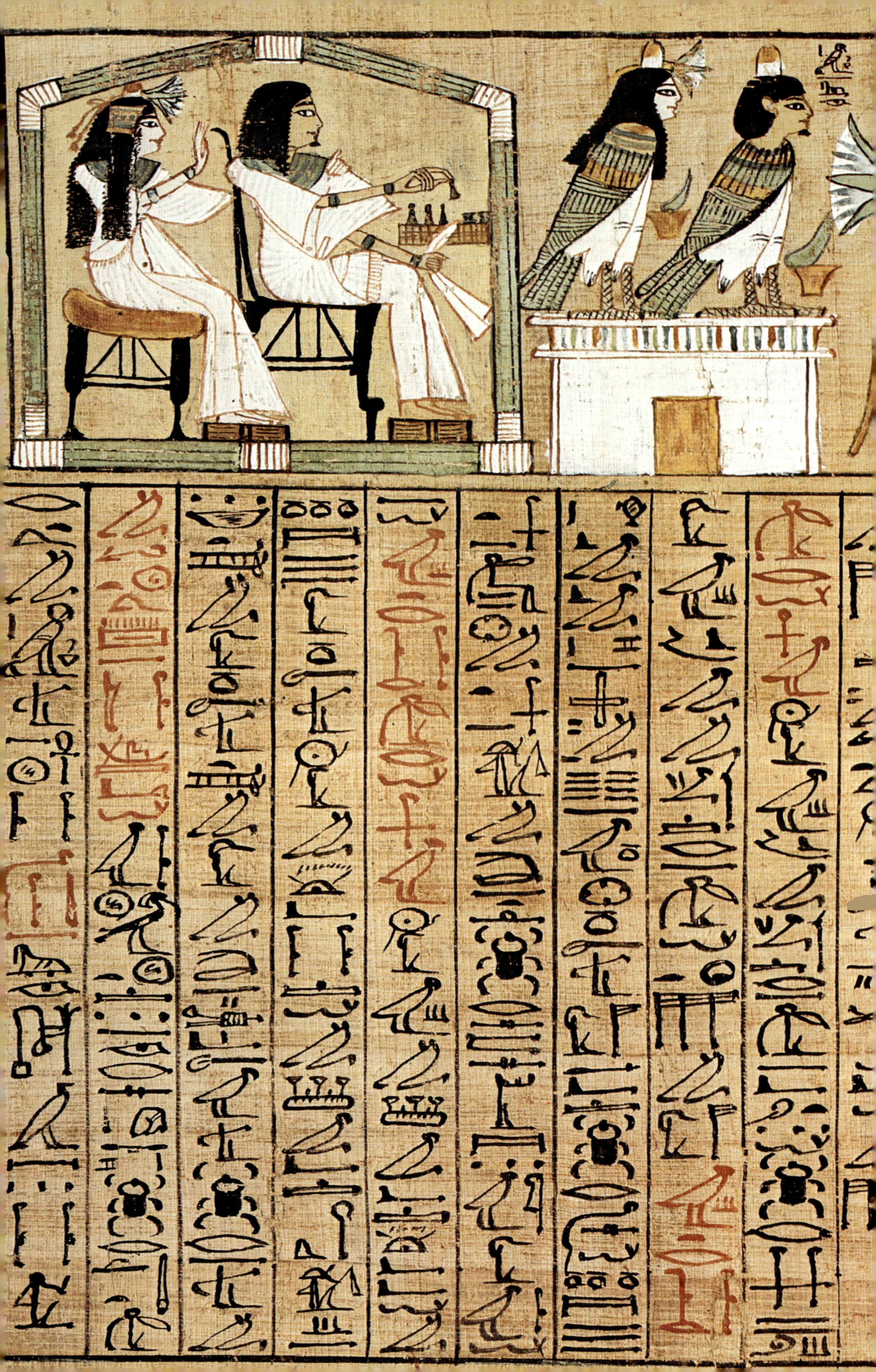

PLANCHE 1

Les mains levées en signe d'adoration, Ani arrive devant l'autel orné de fleurs, recouvert de cuisses de bœuf ⌒, de pains et de gâteaux △, ⬭, ◊ . Des cruches d'huile et de vin ठ, ठ sont prêtes pour les dieux, des fruits et des fleurs de lotus ¥, ⬬ complètent le tout. Ani porte un vêtement de lin blanc-jaune safran, dont le pagne est orné de franges. Une perruque noire recouvre sa tête; il porte aux bras de larges anneaux, et autour du cou le grand col d'améthystes.

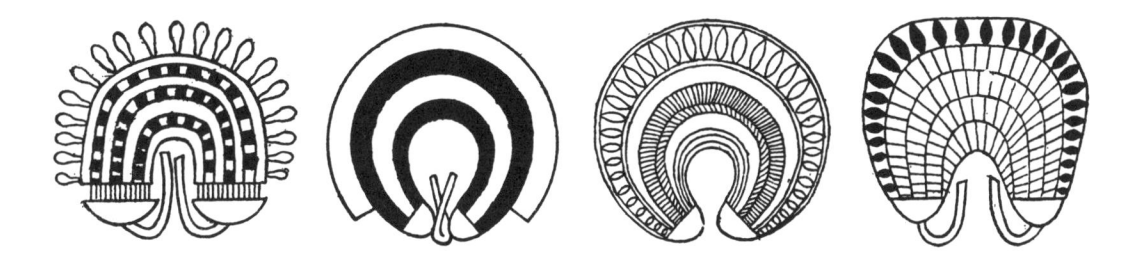

Fig. 16 : Le grand col (d'après Jéquier 63).

Son épouse Tjutju se tient derrière lui, vêtue de la même façon. Dans sa main droite, elle tient un bouquet de fleurs et un sistre, dans sa main gauche un ménat.

59

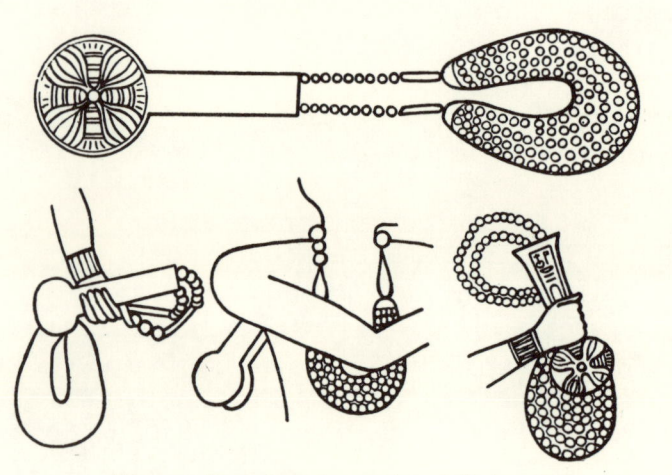

Fig. 17 : Le ménat des tombes thébaines (d'après Jéquier 75).

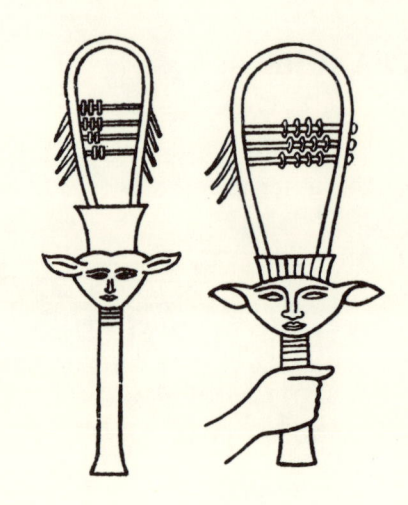

Fig. 18 : Formes du sistre sous le Nouvel Empire (d'après Jéquier 81).

Le sistre était une crécelle, étroitement liée au culte de Hathor. Il se composait d'un étrier et d'une poignée. Dans la boucle de l'étrier, qui avait souvent la forme d'un Naos, d'un « tabernacle », on introduisait des cordes de crécelle en forme de serpent, qui produisaient un cliquetis lorsqu'on agitait le sistre, bruit que l'on pouvait renforcer avec des pièces métalliques glissant le long des cordes. La poignée est souvent ornée de la tête de Hathor avec des oreilles de vache. Hathor 𓉗 ḥt-Ḥrw, « Maison de Horus », était à l'origine la « maison », c'est-à-dire la mère de Horus, du « lointain ». Mais dès l'époque primitive elle fut éliminée de ce rôle par Isis. En louange à Hathor, déesse de l'Amour, on avait l'habitude, lors de ses fêtes, d'agiter en cadence des ombelles de papyrus; plus tard, le sistre métallique remplaça les ombelles.

Fig. 19 : Chanteuses ou prêtresses qui agitent en cadence le sistre et le ménat (d'après Hickmann, Kêmi XIII, 1954, 101).

Fig. 20 : Ménat de bronze, avec images d'Hathor (Budge, Fetish 58).

Le ménat est le contrepoids du grand col pesant ; il se compose d'un disque, d'une poignée et d'un cordon. Au cours des fêtes, il était souvent remis aux hôtes, et lors des cérémonies religieuses, on le présentait aux dieux. Dans les représentations du culte, la déesse le tenait parfois directement sous le nez du roi, où se trouvait normalement le signe de vie ☥, pour lui emprunter l'haleine vitale. Du ménat aussi, sortent des forces de vie. Les musicologues sont d'avis que le ménat n'a pas été un instrument de musique. On trouve toutefois des représentations de danseuses ou de prêtresses qui agitent en cadence le sistre et le ménat.

Le texte en hiéroglyphes de la planche 1 est un hymne à Râ « lorsqu'il se lève à l'horizon est du ciel ». C'est le chapitre 15 du Livre des Morts ; le texte mène directement à la vignette de la planche 2.

PLANCHE 2

Le registre de gauche est limité au sommet par l'hiéroglyphe ▭ *p.t* = « ciel ». Au-dessous se trouve le disque du soleil ☉, qui est élevé par deux bras ⋃. Les bras sortent du signe de vie ☥, qui se tient lui-même sur le pilier de Djed ☥, signe qui signifie « durée », et symbole d'Osiris. Ce dernier est placé à son tour sur l'hiéroglyphe ⌣ qui signifie « montagne ». De chaque côté du disque du soleil, se tiennent trois babouins en adoration,

61

les mains tendues. De chaque côté du pilier de Djed, les pleureuses d'Osiris s'agenouillent sur le signe ⌒ signifiant « or », à gauche Isis 𓇋𓊨𓏏, épouse-sœur d'Osiris, et à droite 𓇯𓊨𓏏 Nephthys, sœur d'Osiris et épouse de son adversaire Seth. On peut les reconnaître à la coiffure utilisée dans la transcription de leur nom. D'après son sens, cette image fait partie de l'hymne au soleil levant de la planche 1. Selon ce contexte, il s'agit d'une image du soleil du matin. D'après l'interprétation de Sethe, dans SPAW 1928, 272, le soleil, dans la montagne de l'est, est emporté par Djed-Osiris, grâce aux bras du « signe de vie », dans les hauteurs du ciel du levant, où l'adorent des singes à tête de chien qui accompagnent toujours de leur chant le lever du soleil. Schäfer, par contre, voudrait voir ici la représentation du « soleil levant et couchant » — ZÄS 71 (1935) 29. On peut « lire » aussi cette image de la façon suivante : le soleil salué à son lever par les babouins est amené par le « vivant » pilier de Djed dans le royaume inférieur d'Osiris. Ces différentes interprétations montrent combien il est difficile de trouver la signification des images souvent obscures et mystérieuses du Livre des Morts, car il faut « lire » les images tout autant que le texte qui se compose d'images.

Le registre suivant est une répétition de la planche 1 : Ani est debout en adoration devant la table des offrandes, et, derrière lui, se tient son épouse, le sistre dans la main droite levée, le bouquet de fleurs et le ménat dans la main gauche. Le texte, qu'il faut lire en commençant à la ligne droite la plus extérieure, de haut en bas et de droite à gauche, est un hymne à « Osiris, l'être accompli qui est à Abydos, le roi de l'éternité, le seigneur de l'infini, qui parcourt en sa vie des millions d'années ».

PLANCHE 3

Ici a lieu la scène du tribunal qui décidera du sort d'Ani dans l'au-delà. Dans le papyrus d'Ani, ce chapitre est placé au début du Livre des Morts, directement à côté des textes de louanges à Râ et à Osiris; dans la succession canonique, il porte le numéro 125. La succession choisie par Ani est satisfaisante pour notre forme de pensée, car c'est tout de suite après la mort qu'il est décidé si le mort est jugé digne d'entrer dans le royaume d'Osiris.

Au registre supérieur, qui représente la « salle des deux justices », les grands dieux sont assis sur leurs trônes, devant une table garnie des offrandes habituelles, fruits, fleurs, etc. Les dieux tiennent à la main le sceptre Ouas qui signifie « puissance » et « seigneurie ». Leurs noms sont, de droite à gauche : *Hr 3ḥtj nṯrc3 ḥrj-jb wj3.f* = Horus de la montagne de lumière, le grand dieu dans sa barque, *Tmw* Atoum (le dieu créateur d'Héliopolis), *Šw* = Schu (le dieu que Atoum a « craché », le dieu du Vide, de l'Espace intermédiaire, qui sépara le ciel de la terre et ainsi créa l'espace), *Tfnwt nb. t p.t* = Tefnout, maîtresse du ciel (déesse de l'« Humide » qu'Atoun a « vomie » lors de la création du monde), *Gb* = Geb (dieu de la Terre, fils de Schu et de Tefnout), *Nwt nb (.t)p.t* = Nout, déesse du Ciel (fille de Schu et de Tefnout), *Jst* = Isis, *Nb (.t)-ḥw.t* = Nephthys (les deux pleureuses sont assises sur le même trône), *Hrw nṯrc3* = Horus, le grand dieu, *Ḥwt-Ḥrw nb.t Jmnt.t* = Hathor, maîtresse de l'ouest, et enfin, sur le même trône *Ḥw* = Hou (sentence) et *Sj3* = Sia (connaissance). Ces deux derniers dieux évoquent l'enseignement sur la création du monde, selon lequel l'esprit divin a « connu » le monde et la parole divine l'a créé. Au-dessous de ces dieux, responsables devant eux, Ani et sa femme entrent dans la salle du tribunal.

Le motif central de ce registre est la balance, sur laquelle est assis le babouin, animal sacré de Thot, dieu de la Sagesse; sur les plateaux, le cœur d'Ani, qui est le siège de son savoir, est pesé vis-à-vis de la plume de Maât. Les plateaux sont en équilibre — Ani est justifié.

Anubis, le dieu à tête de chien, dieu des Morts et des Embaumeurs, vérifie l'aiguille de la balance. Au-dessus de sa tête, une inscription supplie le maître de la pesée de Maât de mettre la balance en équilibre. A droite de la balance, se tient Thot, l'écrivain des dieux, avec son roseau et sa palette contenant en deux cavités de la teinture noire et rouge; il enregistre le résultat de la pesée. Derrière Thot, un monstre de sexe féminin est aux aguets : la partie avant de son corps est un crocodile, le milieu un chat-panthère, et l'arrière un hippopotame. Son nom n'est pas écrit ici; il s'appelle en principe ou *cmmj.t* = Ammit. Le nom vient de *cm* = dévorer et *mwt* = mort; ce monstre est donc la « dévoreuse des morts » — Wb I 186, 17. Celui qui n'a pas été trouvé juste par le tribunal lui est abandonné.

A gauche de la balance, se tient une divinité masculine, dont le nom est = Schai « destin ». Au-dessus de lui, se trouve la brique sur laquelle les femmes avaient l'habitude d'accoucher. C'est une brique portant une tête d'homme, dont le nom est *ms ḫn.t* = Mes'chenet, ce qui signifie « lieu où l'on s'installe — les lieux de la naissance, les deux briques sur lesquelles la parturiente est assise » — Wb II 148, 9. L'image, ici, ne montre qu'une seule des deux briques; parfois, la brique n'est pas représentée; dans un autre papyrus, elle apparaît deux fois. Il existe un lien profond entre l'image des briques qui servent d'appui à la femme qui accouche, et la divinité du destin mentionnée plus haut. « Le destin élève le nouveau-né sur les briques de l'accouchement » — Erman, SPAW, 1917, 43. A gauche de la brique, est placé le *b3*, l'« âme » d'Ani, qui a la forme d'un oiseau avec la tête d'Ani. Les deux déesses qui se tiennent sous l'oiseau *b3* et à gauche de la balance ont aussi un lien avec le destin. Ce sont *msḫn.t* = Mes'chenet et *rnnwt.t* = Renenutet. Mes'chenet est la déesse de l'Accouchement ; elle se tient devant la porte de la chambre où il a lieu ; son nom peut se traduire par « s'installer pour accoucher ». Renenutet est la déesse qui veille sur l'éducation de l'enfant. *Rnn* signifie « élever un enfant » — généralement un enfant des déesses qui élèvent le roi, rarement un enfant des hommes. Renenutet est aussi la nourrice, l'esprit qui protège le nouveau-né lors de la naissance (depuis la XVIIIe Dynastie), et dans la même transcription, le mot signifie « bonheur, richesse », généralement en liaison avec « destin ».

Pour la présentation des trois déesses Mes'chenet, Schai et Renenutet, le papyrus d'Ani est le « document le plus récent et le plus détaillé du point de vue iconographique » — Seeber, MÄS 35 (1976) 83. « Comparé aux autres représentations de ces déesses, le papyrus d'Ani est une exception puisqu'en général, Schai et Renenutet apparaissent ensemble comme couple au tribunal des morts, et la forme féminine de Mes'chenet n'existe que dans ce document » — Seeber, *loc. cit.*

Le papyrus d'Ani présente une autre particularité : la pesée du cœur est représentée deux fois, à la planche 3 et aux planches 31-32. Le seigneur de l'au-delà est bien Osiris, devant qui Ani est amené, à la planche 4. Mais le collège des juges de la planche 3 se compose des neufs grands dieux d'Héliopolis qui, au cours des siècles, furent peu à peu attribués à Râ. Toutefois, dans ce groupe de neuf, manquent Osiris et Seth : Osiris parce qu'il assume, à la planche 4, le rôle de seigneur du monde inférieur, et Seth parce qu'il commence déjà à être proscrit comme adversaire d'Osiris. Dans le collège des juges de la planche 3, ces dieux sont remplacés par « Horus le grand dieu », et par le couple *Sia* — connaissance —, et *Hou* — sentence. Aux planches 31-32, l'étape de la pesée du cœur est accompagnée de la déclaration d'innocence, que l'on appelait « la confession négative », du chapitre 125. Par contre, la planche 3 reprend le texte du chapitre 30 B, dans lequel Ani exhorte son cœur à ne pas prononcer contre lui de faux témoignages devant le tribunal de l'au-delà : « Ô mon cœur de ma mère, mon cœur de ma naissance, puisses-tu ne pas m'être contraire... puisses-tu ne pas prononcer de mensonges contre moi en présence des dieux ! » Mais Thot, le comptable incorruptible, annonce aux dieux siégeant au registre supérieur : « Écoutez le jugement ! Le cœur d'Osiris (Ani) a été pesé en vérité et son « âme » a témoigné en sa faveur. Son cas a été trouvé juste sur la grande balance. Aucune faute n'a été trouvée en lui... »

Ces paroles s'adressent au collège des juges du dieu Soleil, Râ. Ani est donc désigné devant lui comme justifié, avant d'être conduit, à la planche suivante, devant le seigneur de l'au-delà, Osiris. Cette différence est précisée tout au long du papyrus par le fait qu'Anubis, le maître de la pesée, Thot qui enregistre, et la dévoreuse sont tournés vers la gauche, alors que les dieux du collège des juges regardent vers la droite. Du point de vue de la composition, la planche 3 a une unité qui la différencie très nettement de la planche 4 suivante.

PLANCHE 4

Ani justifié est amené à Osiris. Il est représenté en vêtement blanc-jaune à gauche de l'image, incliné en signe de déférence, et la main droite légèrement levée en guise de salut. Devant lui, se tient le dieu Harsiese $Hr\ s3\ 3st$ = Horus, fils d'Isis, qui saisit de sa main gauche la main droite d'Ani pour le conduire au seigneur du royaume des morts. Harsiese à tête de faucon porte la double couronne, qui marque pourtant le retrait de la couronne rouge de la Basse-Égypte devant la couronne blanche de la Haute-Égypte. Son vêtement se compose d'une casaque ornée de raies horizontales vertes et jaunes, d'une courte tunique blanche et d'un pagne jaune. De la ceinture, pend derrière lui la queue de taureau qui fait partie des ornements royaux. Le texte commence à la colonne de droite. Sous le passage écrit en rouge = *paroles à dire par*, est placé le nom de Harsiese, qui annonce en levant la main gauche qu'Ani est justifié, qu'il n'a péché contre aucun dieu ni aucune déesse et que Thot a dirigé la pesée selon les règles.

Sur le registre intermédiaire, Ani s'agenouille sur une natte ; il porte cette fois une perruque blanche et le cône d'onguents sur la tête. Il lève la main droite en signe d'adoration et, dans la gauche, il porte le sceptre de Sechem qui représente la « puissance » et la « suprématie ». Il signifie par là, malgré son attitude respectueuse, qu'en tant que justifié il est devenu un « Osiris Un tel » et qu'il prétend à la souveraineté dans l'au-delà. Le grand col d'améthystes habituel orne son cou. Devant lui, est placée une table d'offrandes portant des pièces de viande, la cuisse avant d'un bœuf ⌒, des pains ⊂⊃ et des fleurs et des fruits. L'inscription, qui se lit de droite à gauche, et qui limite en haut la partie inférieure du registre intermédiaire, est celle de son nom 𓁹 𓊨 𓅓𓏛𓏪𓀁 *Wsjr sš 3njj* = Osiris, l'écrivain Ani. Au-dessus d'Ani agenouillé, se trouvent deux tonneaux munis de becs d'écoulement, vraisemblablement pour l'eau. Ils semblent faire partie de l'équipement d'Ani pour l'au-delà. Au dessus-d'eux, on voit deux supports de cruche, ou cruche « Descheret », qui étaient utilisés lors des funérailles. Les quatre tonneaux placés devant, entourés de fleurs de lotus, ont aussi une signification funéraire. La fleur de lotus 𓆸, 𓆼 était le symbole de la résurrection : c'est du lotus flottant sur l'océan primitif qu'est sorti le soleil, au commencement du devenir du monde.

A la partie supérieure, on voit, à gauche, une guirlande entourée de bouquets de fleurs, et, à sa droite, à nouveau une table d'offrandes avec les pains, les pièces de viande et deux canards qui sont encadrés par deux pains pointus △.

A droite, Osiris trône dans sa salle. Il s'agit en réalité de deux coffres emboîtés l'un dans l'autre, comme on avait l'habitude d'en utiliser pour le cercueil du mort, que l'on enfermait dans un deuxième, et parfois dans un troisième cercueil. L'exemple le plus connu de ce procédé est le cercueil de Tout Ankh Amon, formé de trois coffres emboîtés l'un dans l'autre. Le coffre extérieur est vert et a la forme des cercueils utilisés jusque dans le Moyen Empire. Ses parois élevées et son couvercle courbe correspondent au style des objets sacrés de la Basse-Égypte.

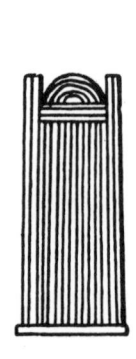

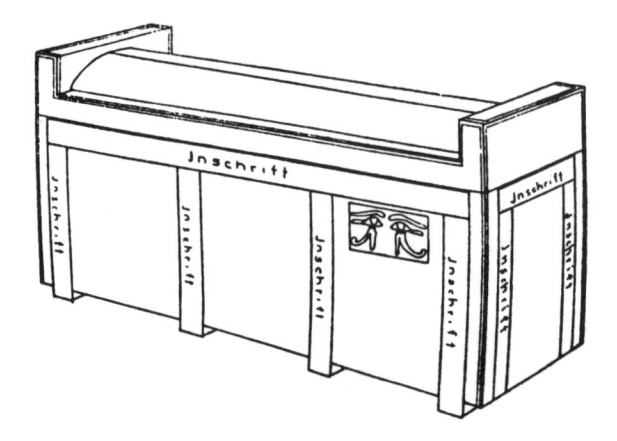

Fig. 21 : « Chapelle » de la Basse-Égypte (d'après RÄRG 631).

Fig. 22 : Cercueil du Moyen Empire (d'après RÄRG 656).

Sur le couvercle courbe du coffre repose le dieu des Morts à tête de faucon, Sokaris, de la ville de Saqqarah (près de Memphis), qui en tire encore son nom. « Sokaris paraît incarner la force de vie du dieu du Monde inférieur, qui prend ses racines dans les profondeurs originelles de la terre, et dans laquelle tout être, constamment, se régénère » — Spiegel, GOF IV, vol. 3 (1975), p. 180. A la quatrième et à la cinquième heure de la nuit, le dieu du Soleil, au cours de son voyage dans le monde inférieur, devait traverser le pays de Sokaris, qui « est sur son sable » comme le décrit un des livres du monde inférieur les

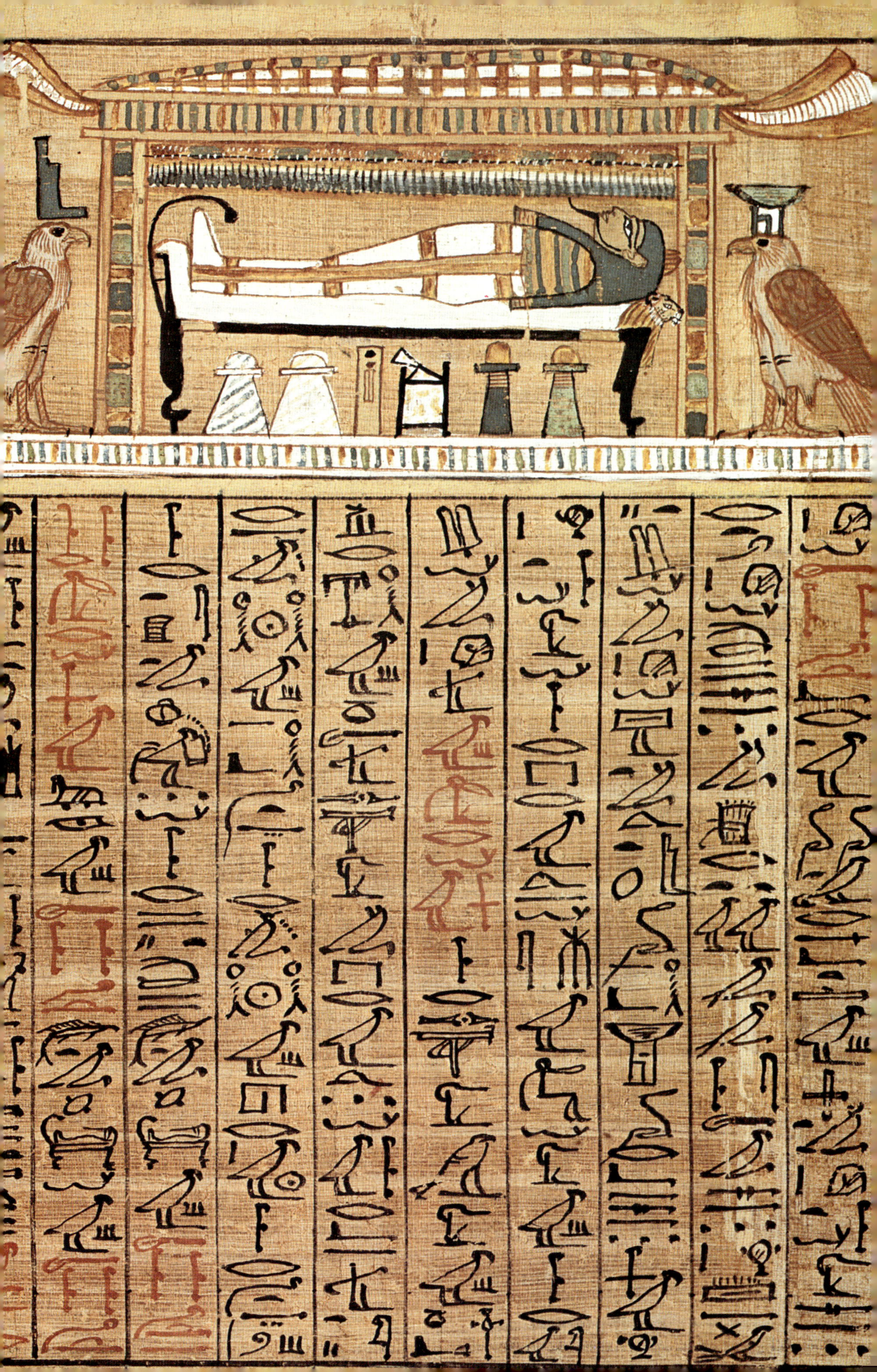

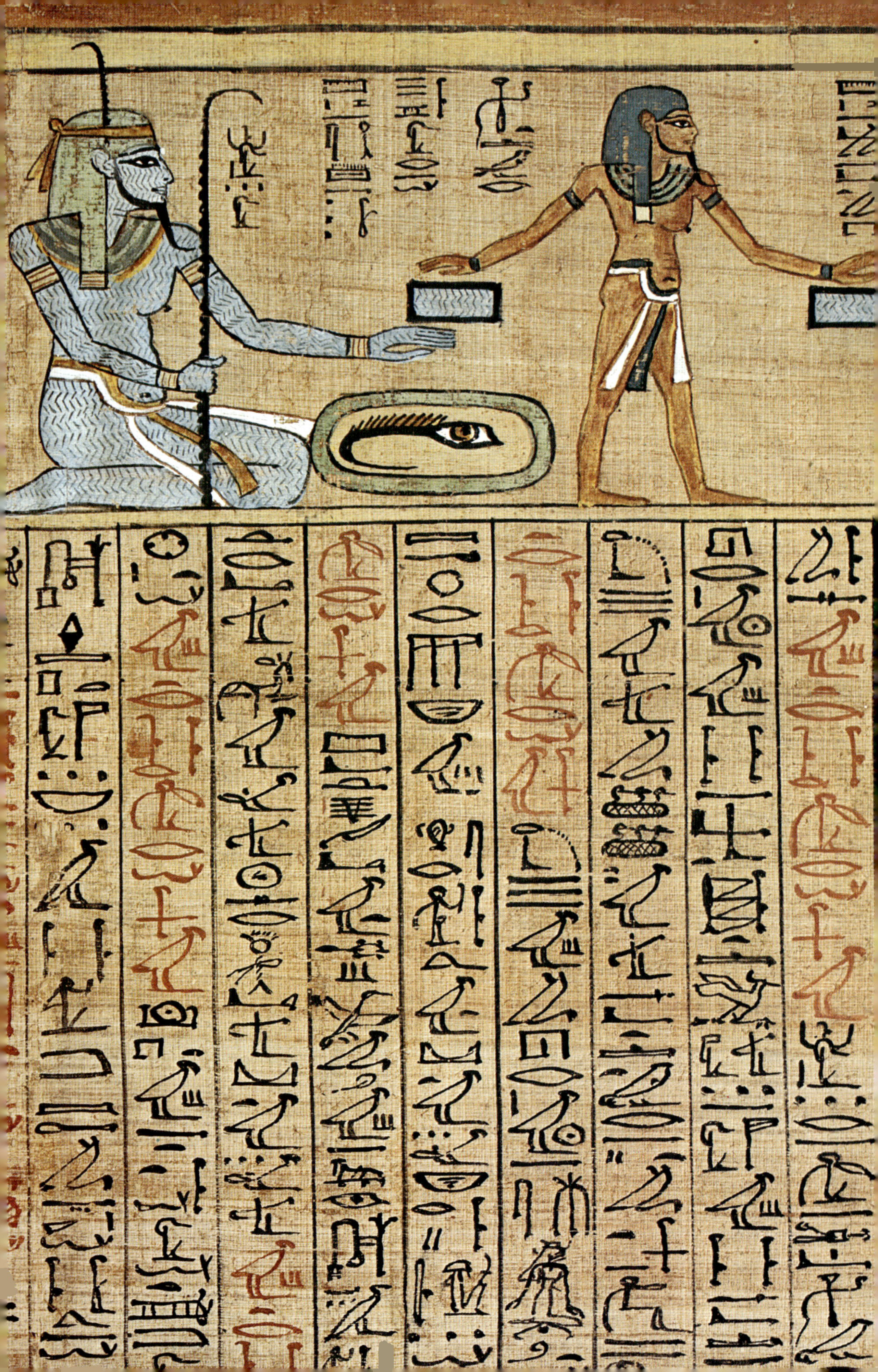

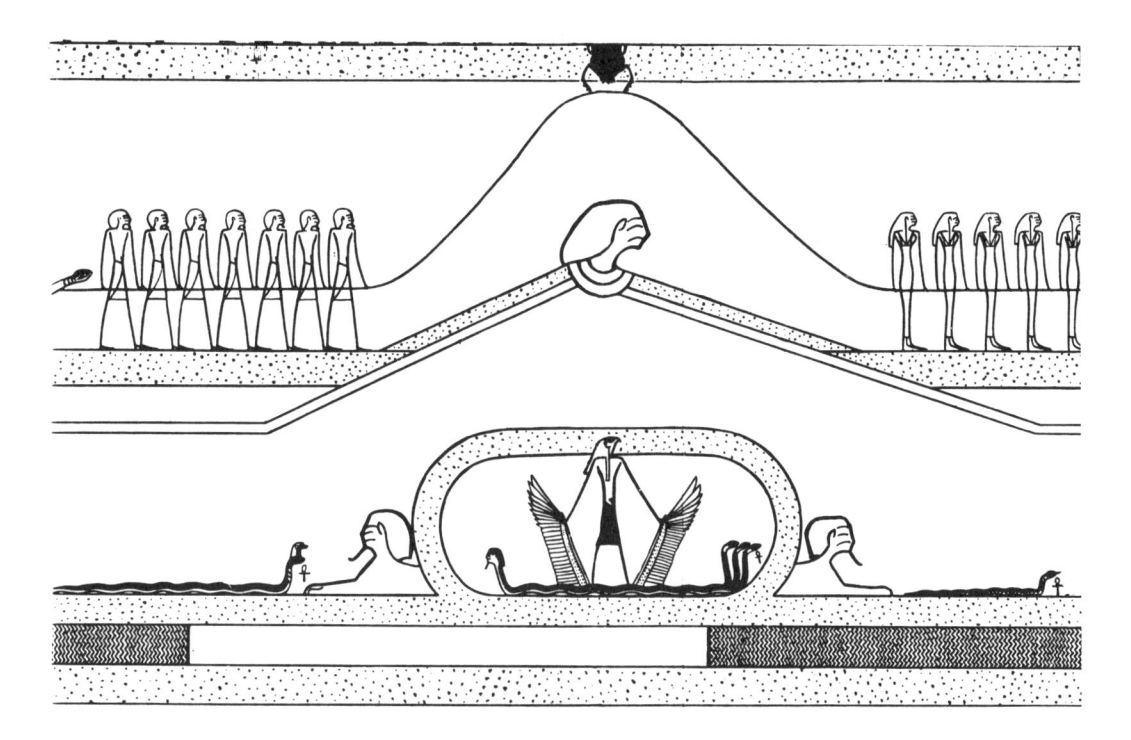

Fig. 23 : Sokaris sur son sable (Hornung, Amdouat, cinquième heure).

plus connus des débuts du Nouvel Empire, l'« Amdouat », c'est-à-dire le livre « de ce qui est dans le monde inférieur ». Osiris a remplacé Sokaris comme dieu des Morts, ou s'est uni à lui. L'unité intime des deux dieux s'exprime par le fait que Sokaris repose sur le cercueil extérieur d'Osiris, comme dans l'Amdouat il repose sur son sable — voir aussi planche 37.

Au-dessus du couvercle extérieur, s'enroulent à droite et à gauche de Sokaris six serpents uræus. Le front du roi s'orne d'uræus dorés. Le cobra venimeux était l'œil du soleil, que Râ s'était placé sur la tête en guise de diadème. Ici, les uræus protègent de leur venin, « flamme ardente », le cercueil extérieur d'Osiris. Le couvercle du cercueil intérieur est supporté par deux colonnes formées par des fagots de papyrus, dont le chapiteau est une fleur de lotus entourée de deux uræus portant le soleil sur la tête. Il est, de plus, orné d'une frise d'uræus portant aussi le soleil. Ainsi, Osiris jouit dans ses deux salles de la protection des serpents du soleil qui crachent le feu. Il faut remarquer que, dans le Livre des Morts, il est toujours question des « deux salles » de la justice, une pour l'est, l'autre pour l'ouest. Le socle des deux salles, qui sont ici emboîtées l'une dans l'autre, a la forme de l'hiéroglyphe de Maât, ⌐, donc de l'ordre cosmique établi lors de la création, qui doit être valable aussi pour le royaume d'Osiris. Le côté gauche oblique du socle est visiblement formé d'un escalier. On retrouve cet escalier dans les barques de la planche 35, présentée en page 113.

Habituellement, le trône du roi est posé sur un socle qui a la forme de l'hiéroglyphe de Maât. L'ordre cosmique se renouvelle lors de chaque accession au trône, et la tâche de le garantir incombe à la royauté. De plus, on peut comprendre la forme de Maât du socle du trône comme la stylisation de la colline de l'origine, première hauteur surgie de l'océan primitif au commencement du monde. De même, l'escalier ◁ △ peut être considéré lui aussi comme la forme stylisée de cette colline. Il implique de plus, en général, l'idée de l'élévation et de l'abaissement ; la pyramide de Saqqarah est un escalier géant, qu'empruntait le roi défunt pour monter vers le ciel. En un certain type d'écriture, le mot signifiant « trône » se caractérise par l'image de l'escalier. Si donc, à la planche 4, ce n'est pas la ligne oblique de l'hiéroglyphe de Maât, mais l'escalier, qui mène au trône, nous nous trouvons là en présence d'une double façon d'exprimer les représentations du commencement du monde.

Maât est par ailleurs la fille du dieu du Soleil, Râ, qui « vit » d'elle. Mais le verbe $m3^c$ ne signifie pas seulement « être juste », mais aussi « guider » — Wb II 23, 1. Ici s'exprime une autre fonction de Maât : elle est aussi « celle qui guide la lumière du soleil » — Westendorf, ZÄS 1971, 143. On peut aussi comprendre l'escalier dans un contexte solaire, puisque le soleil monte chaque jour au zénith, et, de là, redescend sur l'horizon. « Le lien étroit entre Maât (= colline des origines) et le soleil devient clair. Cette colline des origines n'est pas seulement pour le soleil un lieu de repos le soir, mais aussi, d'abord, le lieu d'où il sort le matin : c'est en montant sur la colline qui sert ici de support au soleil, que celui-ci est élevé dans le ciel » —Westendorf, *loc. cit.* Dans l'image du socle du trône de la planche 4, la composante solaire est certes présente, mais elle s'efface devant les éléments chtoniens, liés par leur essence même à Osiris.

Le trône d'Osiris a la forme de la façade d'une maison. On remarque le motif de la fausse porte, qui joua un rôle si important dans la construction des tombeaux de l'ancienne Égypte ; qu'elle soit peinte ou gravée sur le mur longitudinal ouest, c'est la porte qui sépare l'ici-bas de l'au-delà, et que le mort doit franchir pour recevoir les offrandes qui lui sont destinées. La conception de la tombe comme maison venait aussi du fait que les rois de l'Ancien Empire avaient souvent donné à leur sarcophage la forme du palais dans lequel ils avaient exercé leur royauté durant leur vie.

Devant Osiris, se tiennent sur une fleur de lotus les quatre fils d'Horus, que nous retrou-

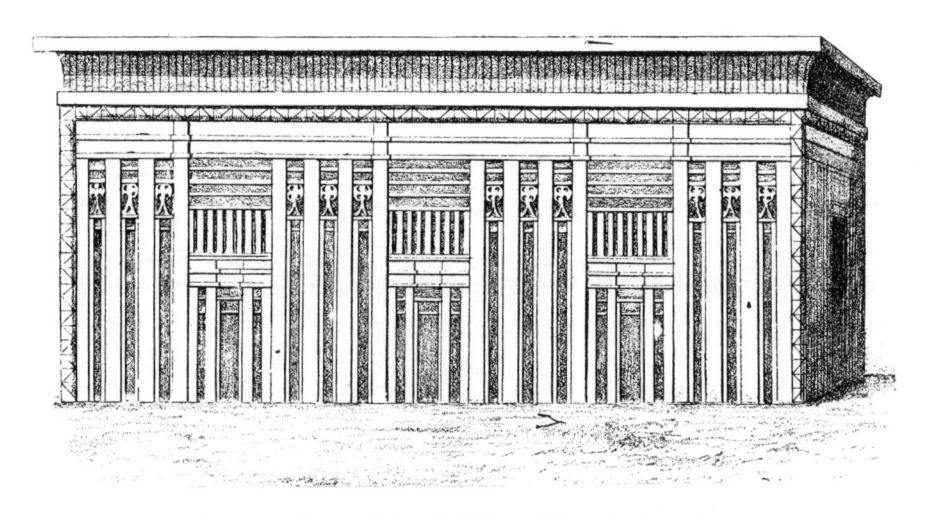

Fig. 24 : Cercueil de Mykérinos (Maspéro I 377).

verons aux planches 8 et 9. Derrière le lotus, est suspendue une tête de vache, nommée Imiout. Il s'agit d'un ancien fétiche, qui était à l'origine une tête de taureau noir avec une tache blanche sur le front. On suppose que, dans les temps très reculés, « le cadavre du roi était mis dans une peau de taureau, et pressé jusqu'à ce qu'il fût entièrement desséché et momifié » — Jankuhn, GM 1 (1972) 15. Le mot Imiout signifie : « ce qui est à l'intérieur d'Out »; mais Out était Anubis, « au début de l'élargissement de ses fonctions à celle de seigneur des funérailles » — Köhler 445; selon Köhler, il devait avoir connu « la signification profonde de la dépouille enveloppant le corps, et insiste sur sa nécessité, de même que sur la représentation d'Anubis-Imiout comme le seul moyen de régénération ». Le passage à travers la peau fut pour beaucoup de peuples primitifs le chemin du renouvellement, de la nouvelle naissance. Mais Anubis était le seigneur de l'embaumement, qui pourvoyait le mort des bandelettes protectrices empêchant la destruction du corps. L'image

Fig. 25 : Quelques images de la dépouille d'Imiout (d'après Köhler, planche VI).

Fig. 26 : La salle du jugement d'Osiris (d'après Naville I 136 A.g.).
Il manque ici la dépouille d'Imiout. Seul le lotus assure de la nouvelle naissance.

de cette peau de vache peut être ici une allusion à la vache du ciel que le dieu du Soleil devait traverser toutes les nuits pour se régénérer et préparer ainsi sa réapparition en jeune soleil matinal.

Derrière Osiris, se tiennent les deux pleureuses que nous avons déjà vues à la planche 3, Isis en vêtement vert, et Nephthys en rouge, reconnaissables l'une et l'autre à leur coiffure. Devant Osiris, est écrit son titre *Wsjr nb dt* 𓊨𓎟𓆓𓏏 « Osiris, seigneur de l'éternité ». Il porte la couronne blanche qui lui est propre, ornée de plumes vertes. Sa peau est verte — la couleur de la végétation. Autour du cou, il porte le grand col d'améthystes, alourdi derrière par le ménat. Dans les deux mains, il tient ses insignes : le sceptre Heka 𓋾 de la « puissance », le sceptre Ouas 𓌀 de la « seigneurie » et le fouet royal 𓌅. Il est représenté sous forme de momie, mais les bandelettes sont recouvertes d'un tissu d'écailles, qui n'apparaît pas sur d'autres vignettes.

On a parfois soutenu qu'Osiris porte un vêtement de plumes ; mais il semble plutôt qu'il s'agisse d'écailles de poisson. C'est un point intéressant dans la mesure où le culte d'Osiris avait un lien très ambigu avec le symbole du poisson. Lors des fêtes d'Osiris, on broyait ou on brûlait des poissons pour vouer à la destruction totale des « ennemis d'Osiris ».

L'oxyrhynque surtout était réprouvé, car on l'accusait d'avoir avalé le phallus d'Osiris lors de sa noyade. Par ailleurs, on disait qu'il était sorti des blessures d'Osiris, et qu'il était donc d'une nature osirienne. Les noyés dévorés par les poissons recevaient ainsi des funérailles du rite d'Osiris. « On ne peut douter que l'on retrouve là la légende d'Osiris : les noyés, justement parce qu'ils partagent le sort d'Osiris et trouvent leur dernier repos non pas dans une tombe, mais dans le Nil, sont des êtres particulièrement bénis, des êtres divins » — Sethe, Dramatische Texte, 119. Osiris pouvait donc être représenté aussi par un poisson.

Desroches-Noblécourt fait remarquer que le défunt peut être représenté sous deux formes de poisson, qui correspondaient à la première et à la dernière métamorphose avant la résurrection — Kêmi 1954, 14. Le poisson Abdju, qui pouvait devenir assez gros, était le premier *Cheperu* du mort, et le petit poisson Inet était le dernier avant la résurrection. Le nom du poisson Abdju *(3bdw)* rappelle par sa sonorité le nom de la ville d'Abydos

Fig. 27 : Le poisson, symbole de l'immortalité, au-dessus de la momie, époque récente (Atlas n° 137).

Fig. 28 : Osiris, à qui Isis tend les mains, est entouré des ailes protectrices de Nephthys (d'après Naville I 153).

(3bdw). Abydos était la grande ville égyptienne des morts, où toute personne qui pouvait se le permettre faisait ériger au moins une stèle, surtout au Moyen Empire, afin de prendre part aux offrandes apportées à Osiris dans la capitale de son culte. Ainsi, dans ces images du Livre des Morts, chaque détail, qui apparaît aujourd'hui comme insignifiant, faisait partie d'une symbolique accessible seulement à celui qui connaissait parfaitement toutes les ramifications des formes de pensée sur la foi égyptienne en l'au-delà.

Si l'on veut voir sur la vignette des plumes au lieu d'écailles de poisson, cette interprétation peut se justifier par l'allusion aux « cercueils de plumes » que les Égyptiens appelaient « cercueils Rischi ». Un couple d'oiseaux s'étend sur le cercueil contenant la momie et le recouvre entièrement comme pour le protéger. L'image diffère parfois, et il semble que le cercueil soit recouvert d'un vêtement de plumes. Le nom du dieu de l'Air est écrit avec une plume, et c'est en l'éventant de ses ailes qu'Isis a ramené Osiris à la vie. On comprend que le mort souhaite la protection des ailes, et le souffle d'air régénérateur dispensé par les plumes. Il est moins évident qu'Osiris en ait eu besoin, lui qui tenait sous sa protection tout le royaume de l'au-delà. Cependant, on trouve des évocations de ce genre, et le vêtement de plumes peut donc aussi se comprendre.

PLANCHE 5

Au tribunal de l'au-delà, Ani avait été reconnu comme « vrai en voix », avant d'avoir eu part à la grâce dispensée par les funérailles selon les rites d'Osiris — condition pour l'Égyptien de la poursuite de la vie dans l'au-delà. Mourir au loin et ne pas être enterré dans la terre égyptienne selon les rites, signifiait la privation de tous les actes rituels et des offrandes nécessaires pour la vie dans l'au-delà. La notion de l'absolue nécessité de funérailles rituelles remonte à des temps très anciens : l'inscription de Sabni, de l'Ancien Empire, dans sa tombe de rocher près d'Assouan, en est une preuve. Lorsqu'il sut que son père était mort en Nubie, il partit avec cent ânes pour le ramener en Égypte et l'y faire enterrer.

Que, dans le papyrus d'Ani, les funérailles n'aient lieu qu'après la scène du tribunal de l'au-delà, montre que pour lui, seul celui qui avait été juste sur la terre avait droit aux funérailles rituelles. C'est une conception que nous pouvons facilement comprendre si nous gardons à l'esprit que, contrairement à nos cérémonies funèbres d'aujourd'hui, le rite égyptien provoquait *ex opere operato* le retour physique à la vie, condition pour la vie ultérieure dans l'au-delà.

Les planches 5 et 6 forment une unité, que leur confère la construction de l'image. La planche 5 représente le cortège funéraire et la planche 6 les rites de la renaissance corporelle. Le texte en hiéroglyphes redonne les chapitres 1 et 22 ainsi que la rubrique du chapitre 72.

Le motif central de la planche 5 est le cercueil, qui repose sur une barque; celle-ci est placée à son tour sur un traîneau tiré par deux bœufs. Ici s'exprime l'idée que le mort devait être transporté dans la barque de l'autre côté du Nil, vers l'ouest. Puis la barque était placée avec le sarcophage sur un traîneau et tirée jusqu'à la tombe par des bœufs. Le sarcophage a la forme d'une chapelle de la Haute-Égypte; le couvercle s'élève lentement dans le sens de la longueur, et se recourbe vers le bas en formant un arrondi.

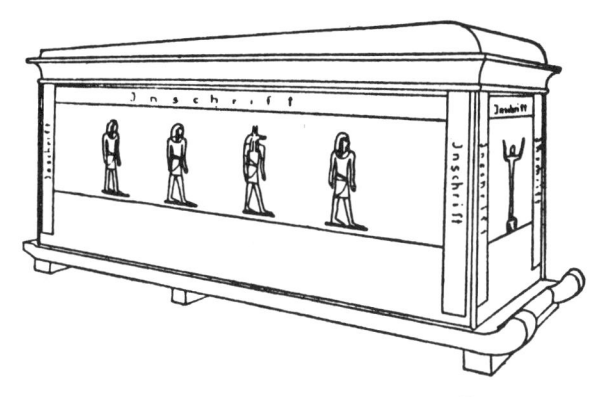

Fig. 29 : Cercueil du Nouvel Empire (RÄRG 659).

Le sarcophage est garni, devant et derrière, de bouquets de fleurs de lotus — symbole du soleil et de la nouvelle naissance. A côté du cercueil, s'agenouille en pleurant la veuve d'Ani, Tjutju. A la proue de la barque est placée une statuette de Nephthys, et à la poupe, devant le gouvernail, une statuette d'Isis. Les bœufs sont conduits par trois serviteurs. Derrière eux et la barque se tient un prêtre de Sem revêtu de la peau de panthère, insigne de sa fonction. De la main droite, il tient un encensoir au-dessus du mort, et de la main gauche il verse de l'eau d'une cruche devant les patins du traîneau. Huit personnages en deuil suivent le sarcophage ; l'un d'eux porte une perruque blanche. Le dieu des Morts, Anubis, les suit sur son coffre 🝃 qui est orné du signe 𓋹 signifiant « sang d'Isis » et « durée ». Le coffre repose lui aussi sur un traîneau, tiré par quatre serviteurs et suivi de deux autres. C'est dans un coffre de ce genre que l'on plaçait les quatre cruches contenant les viscères du mort. A côté de ce groupe, mais représentés au-dessus, marchent quatre autres serviteurs, qui portent l'écritoire d'Ani, des coffres, un siège, un lit de repos et son bâton de fonction.

PLANCHE 6

Le centre de l'image est occupé par dix pleureuses, dont deux sont représentées à genoux. Le cortège funéraire, conduit par deux serviteurs qui portent sur l'épaule, au moyen d'un balancier, des caisses de fleurs et des tonneaux d'onguent, vient à la rencontre de la femme agenouillée tournée vers la gauche ; à droite des pleureuses, on voit une vache et son veau ; au-dessous, deux sièges de bois peint, sur lesquels sont posées des fleurs. Devant, court un serviteur au crâne tondu (candidat à la prêtrise ?), qui tient en ses mains une cuisse de bœuf fraîchement coupée ⌒.

Le groupe de droite accomplit les derniers rites pour la renaissance d'Ani. Tout à fait à droite de l'image, on voit sa tombe, couronnée d'une petite pyramide, comme il était d'usage sous le Nouvel Empire. Devant, se tient la momie, que le dieu des Morts, Anubis, entoure de ses bras pour lui insuffler de nouvelles forces vitales. Devant elle, s'agenouille la veuve d'Ani qui fait ses adieux à son époux. Derrière elle, la table des offrandes, devant laquelle se tiennent deux prêtres. Le prêtre Sem porte la peau de panthère ; il tient dans sa main droite une cruche de libation, et dans la gauche un encensoir. Le prêtre qui se tient à ses côtés porte en sa main droite un instrument avec lequel il touchera la bouche et les yeux de la momie. Cet instrument se nomme ⟨hiero⟩ *wr-hk3w* = « grand en magie ». Il se compose d'une tige de bois en forme de serpent, qui se termine par une tête de bélier. Dans l'autre main, il porte l'instrument de l'ouverture de la bouche ⟨hiero⟩, qui a la forme d'une herminette de menuisier. Derrière les prêtres, sont placés les autres instruments que l'on utilisait lors de l'ouverture de la bouche (= renaissance) : le Mes'chet ⟨hiero⟩, qui a la forme d'un pilon de bœuf, et porte aussi le nom de Chepesch, puis l'herminette déjà citée, un doigt, un couteau de boucher (?) ⟨hiero⟩, un doigt, des tonneaux de chaux ⟨hiero⟩, etc., et, tout à fait en bas, un petit coffre qui a la forme d'une chapelle de la Haute-Égypte ⟨hiero⟩. Derrière les deux prêtres, le récitant lit sur son rouleau de papyrus les prières des morts.

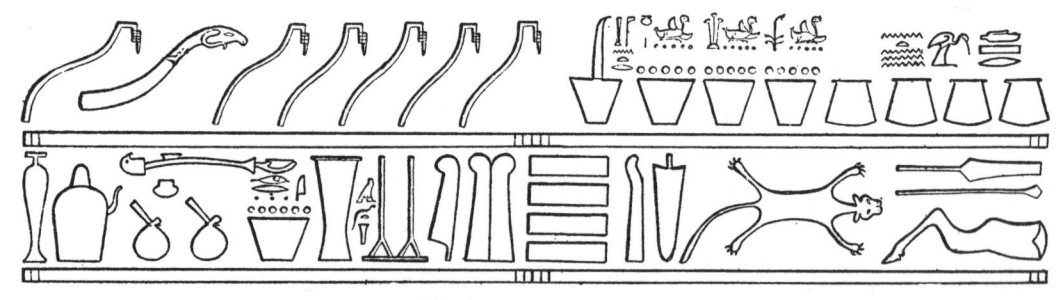

Fig. 30 : L'outillage complet pour la cérémonie de l'ouverture de la bouche (Jéquier 323).

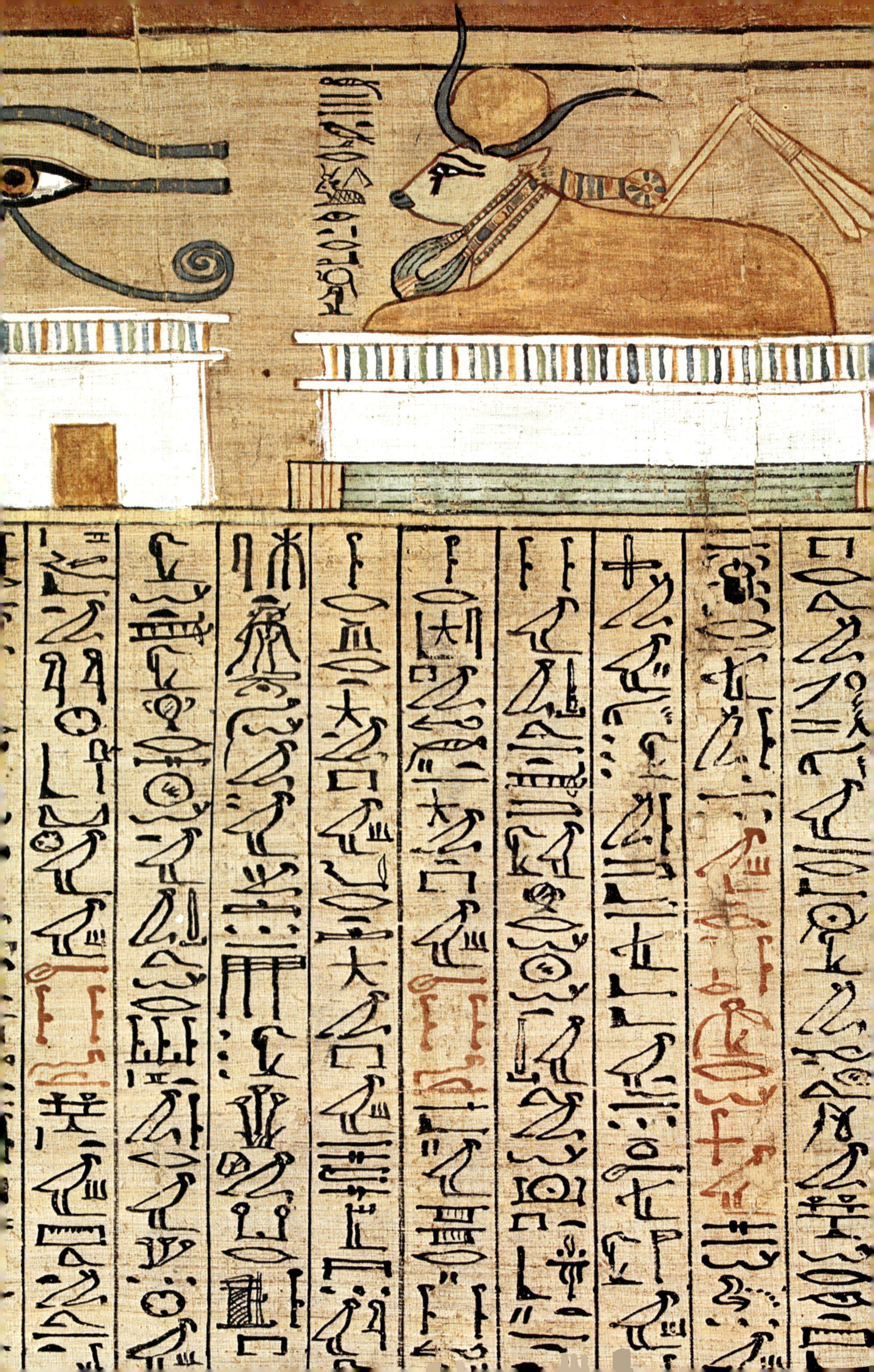

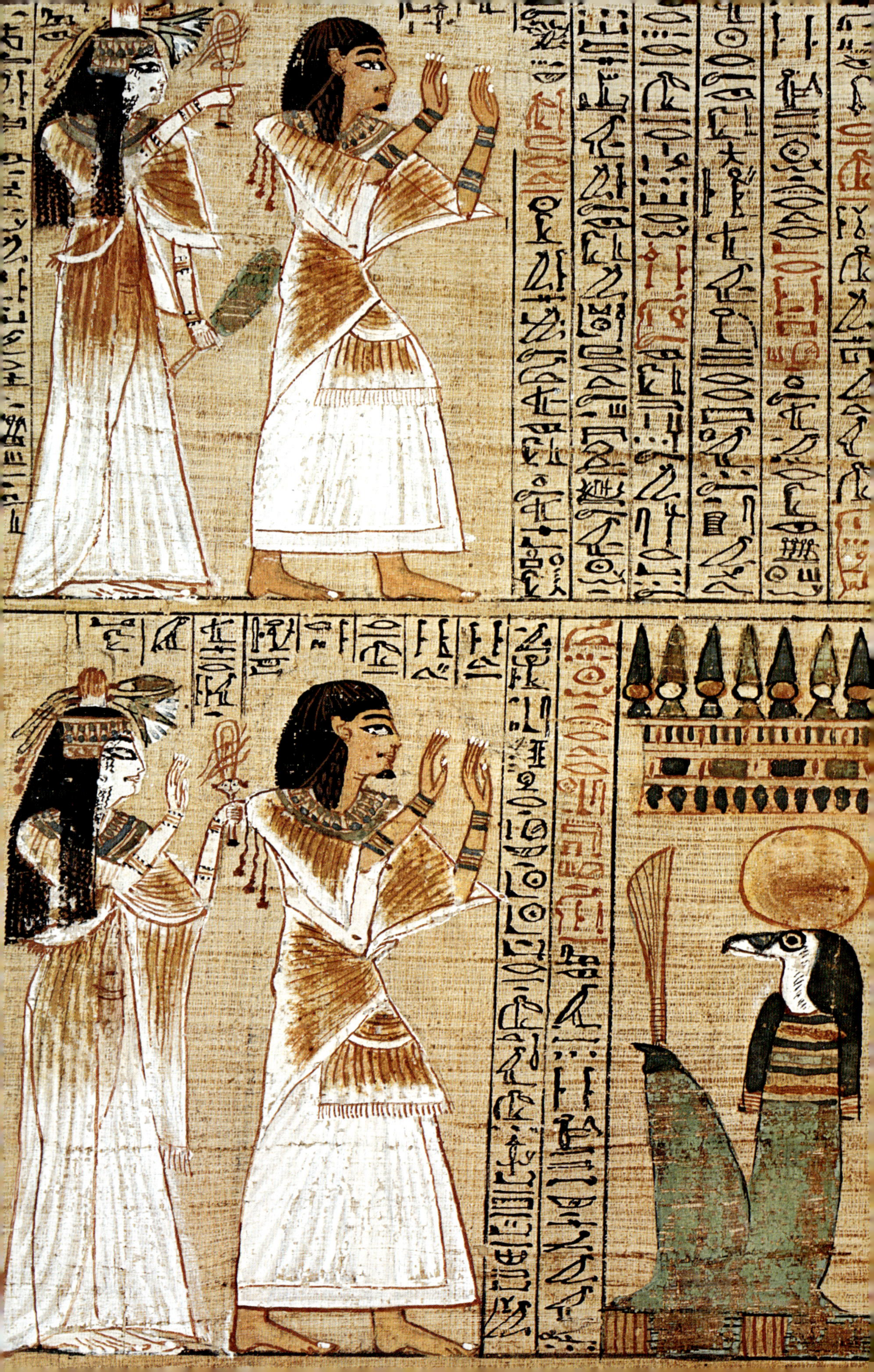

PLANCHES 7 — 10

Les planches 7 à 10 forment une composition homogène. Le texte en hiéroglyphes qu'elles illustrent et dont il faut lire les colonnes de gauche à droite, contient le chapitre 17, qui est souvent placé au début du Livre des Morts. Les Égyptiens eux-mêmes attribuaient à ce chapitre une importance particulière, puisqu'ils lui ont ajouté des explications (gloses) et qu'ils ont donné aux différentes formules « une autre version ». Le motif central qui s'étend sur toute la largeur du texte et qui, même lorsqu'il prend une forme cachée, resurgit toujours à nouveau, est celui des deux éternités, désignées en égyptien par *nḥḥ* et *dt*, donc par éternité Neheh et éternité Djet.

Parmi les nombreuses définitions de ces deux éternités, nous n'en retiendrons que deux : « Les deux concepts égyptiens que nous traduisons par "éternité" (*nḥḥ* et *dt*) signifient en réalité, pris ensemble, le *temps* qui est donné à l'être : de là, la seule exégèse directe que nous ayons, définit l'être comme *nḥḥ* et *dt* » — Hornung Eu V 178. Pour Hornung, il n'y a pas d'être éternel dans l'ancienne Égypte. Par contre, selon Assmann, « *nḥḥ* désigne le temps sous son aspect de discontinuité comme un nombre (infini) de cycles, alors que *dt* évoque l'aspect continu du temps, son élargissement dans une dimension conçue sous une forme plus spatiale. *nḥḥ* est la pérennité cyclique, *dt* est la permanence linéaire. Les deux concepts sont orientés vers le futur » — LÄ II 48.

Dans ce contexte, le chapitre 175 du Livre des Morts pourrait être important — planche 29. Dans ce chapitre, le dieu des Origines, Atoum (qui était un serpent avant la création du monde), annonce qu'à la fin des temps, il se métamorphosera de nouveau, avec Osiris, en un serpent que les hommes ne connaissent pas et que les dieux ne voient pas. Avant la création, donc, était le serpent, et après elle, le serpent sera de nouveau. La création est le temps pendant lequel le soleil brille ; elle dure des millions d'années, elle est donc une « éternité ». Si l'on part de ce que disent les images, *dt* est l'éternité d'avant et d'après la création, *nḥḥ* l'éternité pendant laquelle dure la création. Cette différence correspond dans le langage de nos propres formules rituelles à l'expression « dans tous les temps et dans l'éternité ». « Tous les temps » représente la somme des temps ; « l'éternité » est l'absence de temps, qui était avant le temps et qui sera après lui. C'est pourquoi Osiris est associé à l'éternité *dt*, alors que l'éternité *nḥḥ* est celle de Râ. Mais les deux coexistent, chacune dans leur domaine spécifique, l'une dans le monde inférieur, l'autre dans le monde supérieur, l'élément *nḥḥ* est toujours menacé par l'élément *dt*, mais a constamment besoin de lui pour sa propre régénération. Le *nḥḥ* est une île dans l'infini du *dt*.

Au début du chapitre 17, Ani s'identifie aux deux grands dieux qui correspondent aux deux éternités : « J'appartiens à Atoum ; je suis Râ à sa première apparition. » Westendorf remarque de plus que Atoum, « comme colline ou océan des origines est un élément de l'éternité Djet », et il ajoute : « l'élément Neheh de Râ sort de son élément complémentaire, l'élément Djet Atoum » — GOF IV/3, 1975, 186. Ainsi, le mort parvient donc à la plus haute identification possible avec des éléments cosmiques (le dieu du Soleil, Râ, sort la première fois d'Atoum), pour s'assurer selon son propre vœu, après sa sortie du monde inférieur, l'efficacité maximum, *loc. cit*. Ces conceptions abstraites sont concrétisées par les vignettes.

PLANCHE 7

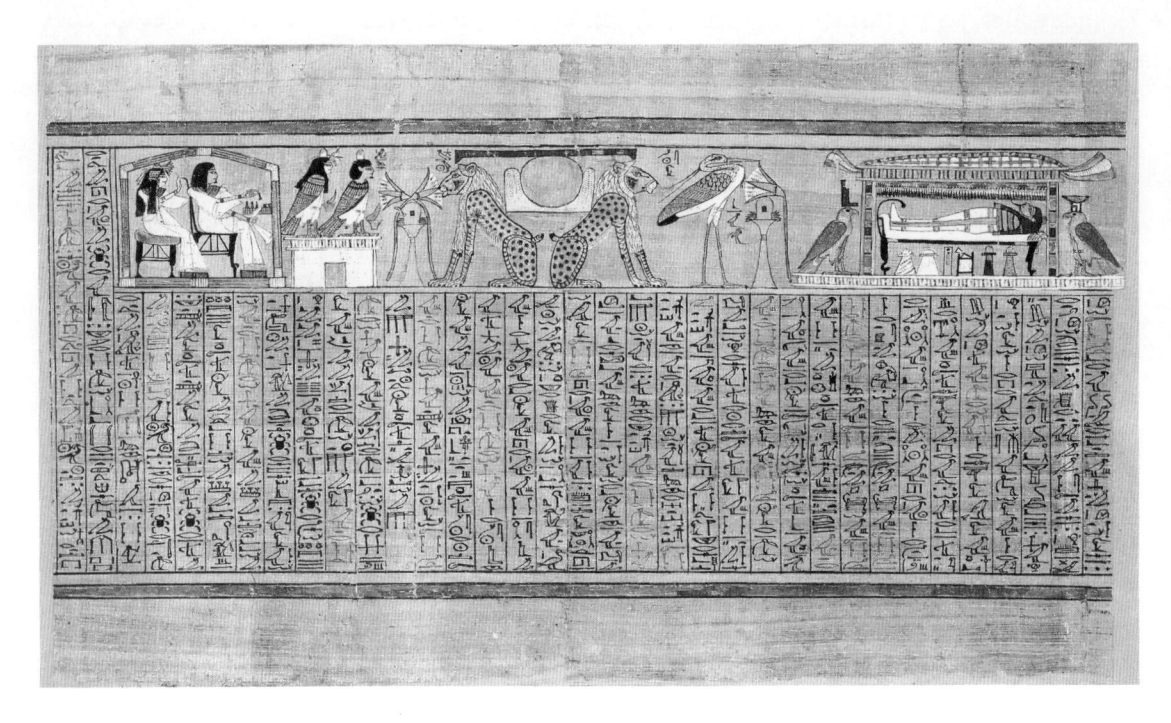

Dès la première image, Ani, conseillé par sa femme, joue avec toutes les possibilités de l'être que l'éternité Djet lui fait entrevoir. Il figure avec sa femme sur le damier qu'il a peut-être utilisé pour son plaisir au cours de sa vie terrestre, mais qui prend dans l'au-delà une importance décisive. Chacune des zones, sur lesquelles on pousse les pierres, est un *Cheperu*, une nouvelle métamorphose de son être. Dans la première zone, il va à Thot, « celui qui sait », et dans la dernière zone, il parvient à Osiris, le seigneur de l'au-delà.

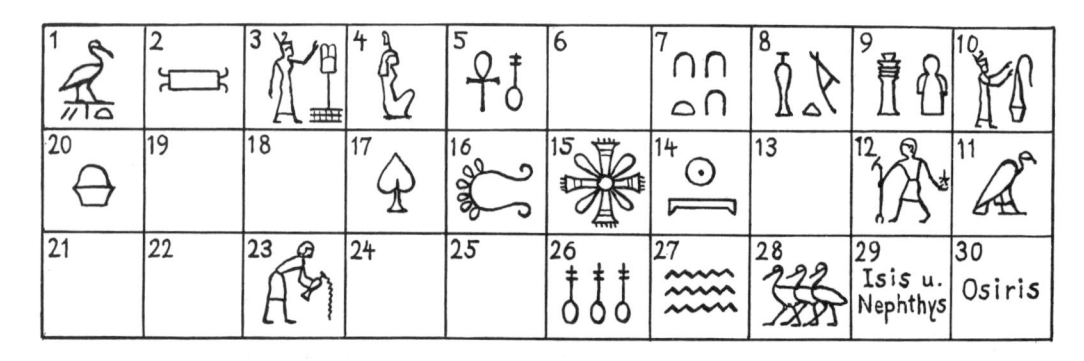

Fig. 31 : « Damier de 30 carrés, sur lesquels les joueurs font avancer leur pierre ; la direction des trois bandes longitudinales est alternée. Les carrés, dont certains portent des noms, des symboles, des images de dieux protecteurs, se terminent par Osiris, le juge des morts dans l'au-delà, auprès de qui il faut rechercher la félicité » — 1 Thot, 2 Neith, 3 Neith, 4 Maât, 5 « belle vie », 7 « trente juges des morts », 8 grâce ou faveur, 9 pilier Djed d'Osiris et « sang d'Isis », 10 Outo, 11 Mout, 12 Sahou (Orion), 14 ciel et soleil, 15 rosace, 16 filet de pêcheur, 17 arbre (?), 20 pain ou gâteau (?), 23 libation, 26 beauté, 27 eau dans laquelle est jeté le vaincu, 28 « âmes » d'Héliopolis (Roeder, Zaub. 255).

Sur l'image suivante, les *Ba*, c'est-à-dire les « âmes » d'Ani et de sa femme, se tiennent au-dessus de la tombe, fermée au sommet par une partie cannelée. Devant la tombe, se trouve une table entourée de fleurs de lotus et portant un tonneau de libation. A cause de son infinie liberté de mouvement, l'âme *Ba* est conçue comme un oiseau représenté avec la tête du défunt. Ici, l'union avec le *Ba* est anticipée magiquement, également pour Tjutju. Dès que le corps momifié est transfiguré par la puissance magique du rituel, le *Ba* peut s'unir à lui, et reconstituer ainsi la totalité de la personnalité. L'inscription désigne l'âme d'Ani comme *b3 n Wsjr* = *Ba* d'Osiris.

L'autre image montre deux lions assis dos à dos, qui portent l'hiéroglyphe « horizon », sur lequel s'étend le ciel . Le lion de droite introduit l'inscription *sf* = « hier »; celle du lion gauche est *dw3w* = « demain ». Cette image contient tout un ensemble de symboles : l'horizon, le lieu dangereux où se rencontrent Djet et Neheh, l'« hier » et le « demain » simultanés — donc l'inexistence d'un axe du temps dans l'au-delà, la certitude que le mort, qui se trouve dans l'« aujourd'hui », vivra le « demain », parce qu'il a été « hier ». Les lions de l'horizon sont souvent désignés comme Schu et Tefnout, les premiers-nés du dieu Atoum, et ils prennent donc place du côté de l'éternité Djet.

L'image suivante présente une variante de ce motif. Devant une table d'offrandes, se tient l'oiseau *bnw*, le phénix, qui se posa sur la colline des origines à la naissance du monde et apporta la lumière à l'univers — première conception Neheh de l'enseignement égyptien sur le devenir du monde. Il est le « gardien qui surveille ce qui existe », et ce qui existe, c'est « à la fois » Neheh et Djet, ici-bas le jour et la nuit, l'hier et le demain.

L'image suivante montre la momie d'Ani placée dans un cercueil sur une civière de chat ravisseur ; le cercueil est veillé par Isis et Nephthys , représentées par des faucons. En des temps reculés, le ciel était souvent représenté par l'image du chat ravisseur (Westendorf, MÄS 10, 1966, 12) et ensuite par celle du faucon.

Ani, sur la civière du chat ravisseur, est dans le ciel, et il est protégé par les pleureuses d'Osiris sous leur forme de déesses du Ciel. Sous la civière, sont placées de gauche à droite : deux cruches, la palette d'écrivain d'Ani, une petite boîte et deux autres cruches.

PLANCHE 8

Le thème des deux éternités revient sous une forme nouvelle. Le dieu *ḥḥ* = Heh = « Million », est agenouillé devant un ovale, dans lequel est placé un serpent qui a pour tête un œil. A la main droite, il tient une branche de palmier, signifiant « année », qu'il porte aussi en ornement de tête. Il représente les millions d'années qui forment l'éternité Neheh. Il est aussi le dieu du Flot original, comme le montrent les lignes d'eau bleues qui strient son corps. L'ovale au-dessus duquel le dieu étend la main gauche en un geste protecteur, enferme souvent, dans les représentations égyptiennes du monde inférieur, les zones dangereuses. Le serpent dans l'ovale rappelle le début de l'éternité Djed. La tête du serpent pourrait être l'œil du dieu du Soleil, Râ. On aurait alors de nouveau dans l'ovale le lien Atoum-Râ, c'est-à-dire le lien entre les deux éternités.

Devant le dieu des Millions d'années, se tient un dieu du Nil, qui porte le nom *w3dt-wr* = « la grande (eau) verte »; il élève des mains protectrices au-dessus de deux

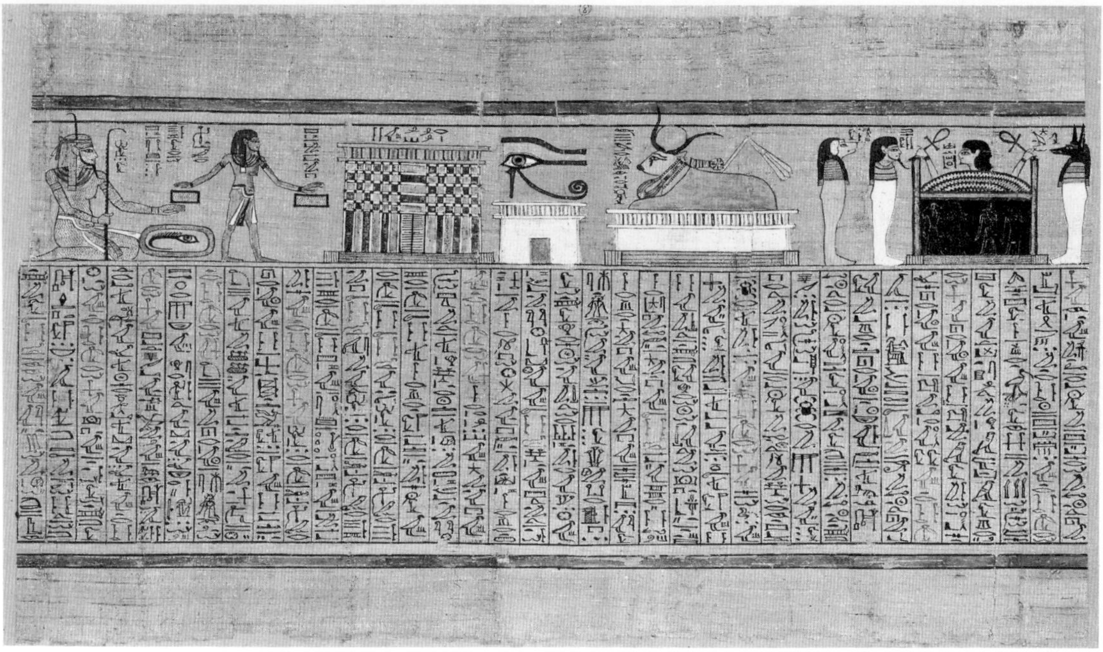

étangs de soude, importants pour la purification rituelle. La maison, à droite du dieu, est la tombe d'Ani; elle est désignée par l'inscription [hiéroglyphes] *r3-śt3w* = « début du traînage » — voir page 30. C'est ici qu'a lieu le passage du monde supérieur au monde inférieur, c'est ici le point de jonction entre les deux éternités.

Dans l'image suivante, l'œil Wedjat (Uzat) [hiéroglyphe], au-dessus de la tombe d'Ani, représente le ciel sous ses trois aspects. L'œil humain avec le sourcil correspond à la déesse du Ciel, Nout, qui se courbait d'un horizon à l'autre au-dessus de la terre. Le trait qui part vers

Fig. 32 : Vignette du chapitre 17. Ici, le dieu des Millions d'années est représenté par deux déesses. Il manque l'ovale et le serpent; l'œil est représenté deux fois (d'après Barguet 59).

le bas à partir de l'angle gauche de l'œil est une des caractéristiques de l'œil du faucon — la notion de faucon du ciel est d'ailleurs très ancienne. La ligne terminée en spirale, qui va en bas vers la droite, permet de reconnaître l'œil du guépard. La conception du ciel comme chat ravisseur ne semble pas plus ancienne que celle du faucon du ciel.

Puis vient la vache du ciel, qui porte ici le nom [hiéroglyphes] *mḥt wr't jrt R*ᶜ, « le grand flot, l'œil de Râ ». Entre les cornes, elle porte le disque du soleil, autour du cou le grand col avec le ménat en contrepoids, sur le dos le fouet royal. En tant que « grand flot », elle est l'eau originelle ; en tant que vache, qui s'élève hors de l'eau, elle enfante le dieu du Soleil et l'élève sur ses cornes jusque dans le firmament. Elle devient ainsi la vache du ciel, qui fait partie des deux éternités — voir pages 120-121.

La dernière image présente le cercueil sous la forme d'une chapelle de la Haute-Égypte, semblable au coffre d'Osiris de la planche 4. Du couvercle, sortent la tête d'Ani et ses bras, qui élèvent le signe de vie ☥. Les fils d'Horus entourent le cercueil : de gauche à droite, le Hapi (rate) à tête de singe, l'Imstj (foie) à tête d'homme, le Dua-Mutef (langue) à tête de chacal et, sur la planche 9, les Kebeh-Senuef (intestins) à tête de faucon. C'étaient les dieux protecteurs des entrailles ; ils sont à nouveau représentés sur la paroi du cercueil. Il est vrai que parfois les découvertes archéologiques ne confirment pas l'attribution canonique des viscères aux fils d'Horus — voir Westendorf, LÄ I 1206. Le cercueil porte ici le nom $j3t\ 3bd\underline{w}$ = « états d'Abydos ». Le Jat est une colline qui a un lien avec la colline des origines. Eggebrecht ajoute, p. 156 : « Au-dessus d'un cercueil en forme de boîte qu'entourent les quatre fils d'Horus, s'arrondit une colline de sable, que l'on reconnaît comme telle au pointillé à l'intérieur du dessin. Cette colline est de plus divisée en bandes de couleurs, pour imiter le ciel du matin éclairé par le soleil levant, tel qu'il apparaît aussi dans l'hiéroglyphe $\underline{h}^c$. » Pour Eggebrecht, il s'agit chez Ani « d'Osiris réapparaissant sous la forme d'Horus, et sur le point de quitter sa tombe ». Eggebrecht fait remarquer que la même idée s'exprime dans ce type de statuette si appréciée dès le Moyen Empire qui représente une silhouette humaine accroupie, enveloppée dans un long manteau, de sorte que le corps forme un cube d'où sort seulement la tête — Helck-Otto 417.

PLANCHE 9

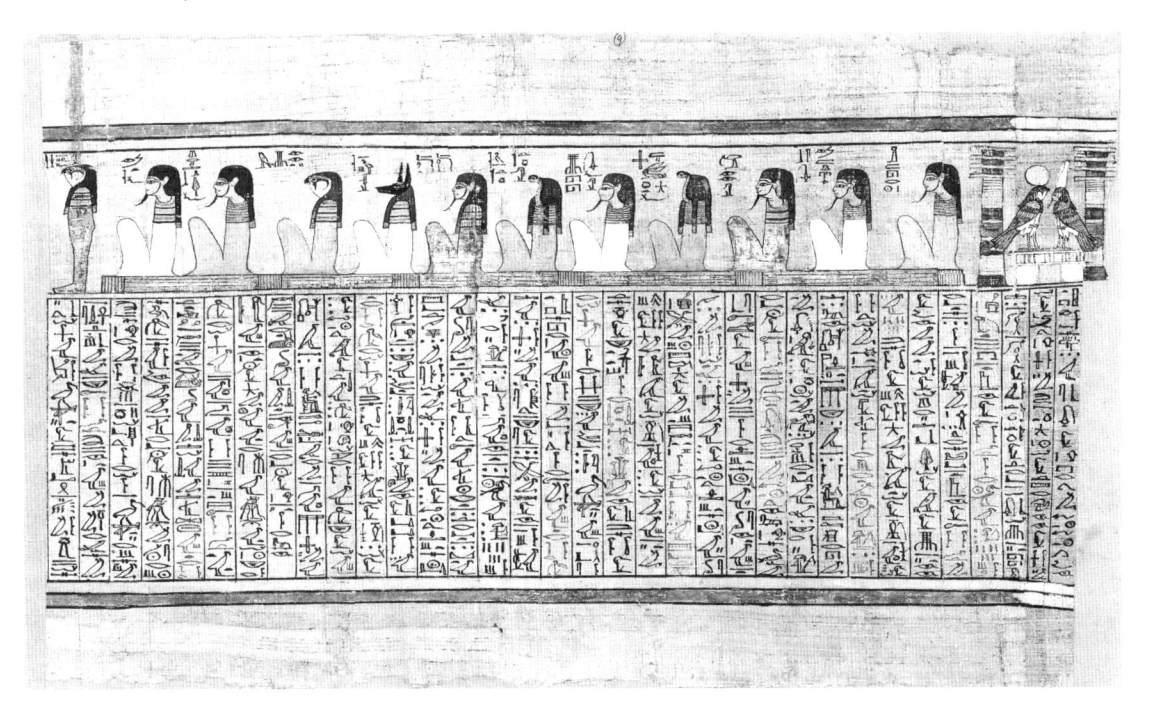

Derrière le fils d'Horus Kebeh-Senuef sont assis onze dieux, qui ne tiennent pas dans leur main le signe de vie ☥, comme on pourrait s'y attendre pour des dieux en train de siéger. Cela signifie que nous avons ici des dieux qui n'appartiennent pas au domaine du soleil de l'éternité Neheh. Les trois premiers d'entre eux sont désignés dans le texte, avec les quatre fils d'Horus, par 🐦•🐦🎴 *3ḫ.w* = « transfigurés ». Ils sont suivis par Anubis, le dieu à tête de chien, dieu de l'Embaumement et des Funérailles. Puis suivent encore sept autres dieux, qui éclairent peut-être l'« autre version » d'un passage obscur (lignes 102-106). Il n'est pas difficile ici d'acquérir des connaissances claires. Mais si l'on part de l'image de la fin, on voit que, dans le cycle éternel des *Cheperu*, l'éternité Neheh doit traverser de nouveau le domaine de l'éternité Djet. L'image finale montre la ville 𓊽𓊽 *dd.t* = Busiris dans le delta, dont le nom s'écrit avec les deux piliers Djed. L'âme *b3* de Râ 𓅾 rencontre celle d'Osiris 𓅿, qui porte sur la tête la couronne blanche de la Haute-Égypte 𓋑. Râ vient donc au lieu de culte d'Osiris — Osiris qui est de la Basse-Égypte mais porte la couronne de la Haute-Égypte. C'est là un équilibre très fin entre des intérêts contraires. Nous avons ici une représentation très rare de l'union d'Osiris et de Râ — elle ne se trouve pas chez Naville. « Dans la vignette (du papyrus d'Ani), les piliers Djed semblent être compris comme des éléments de l'horizon, c'est-à-dire qu'ils entourent le cycle Osiris-Râ de la même façon que les lions de l'horizon Schu et Tefnout » — Westendorf, GOF IV/3. — Voir aussi p. 82.

PLANCHE 10

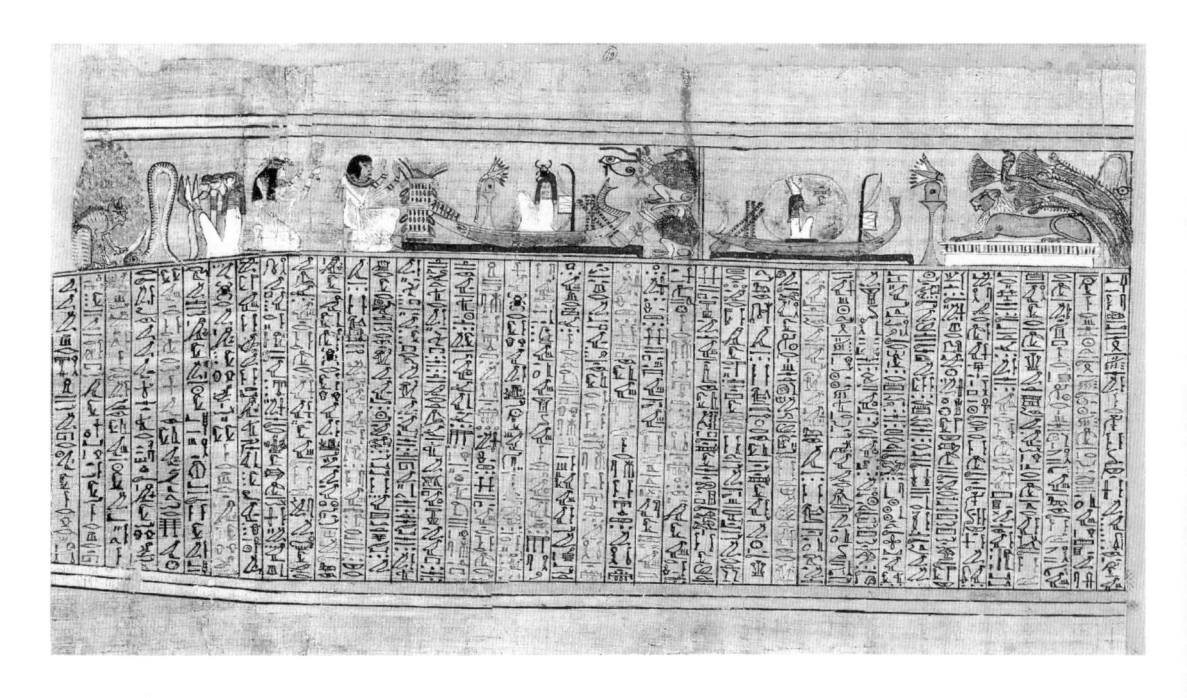

Le grand chat, forme sous laquelle apparaît le dieu du Soleil, qui habite dans l'arbre de Perse de la ville du soleil Héliopolis, essaie de couper la tête au serpent Apophis pendant que trois démons armés de couteaux regardent la scène. Le serpent Apophis est l'adversaire constant de Râ; il essaie toujours d'entraver le voyage du dieu du Soleil dans le monde inférieur, et il faut toujours le repousser; mais on ne peut finalement l'anéantir car il est immortel. L'éternité Neheh a besoin de l'éternité Djet pour se régénérer constamment. « Dans le rôle du " grand chat " (= Râ), le mort triomphe des ennemis qui menacent le dieu du Soleil — et lui-même — au lever du soleil (= division de l'arbre Ischedet à Héliopolis). C'est une variante cosmique du tribunal des morts, avec l'accent mis très distinctement sur l'élément Neheh. Déjà la forme de chat du dieu du Soleil permet de déduire qu'il a pris ici (comme un peu dans le cas d'Atoum) l'aspect d'un élément Djet originel (chat ravisseur) » — Westendorf, GOF IV/3, 199.

Dans l'image suivante, Ani et sa femme, Tjutju, qui porte un sistre, s'agenouillent pour adorer Chepre, le dieu du Soleil du matin. La tête du dieu est un scarabée, forme du soleil levant. A la proue de la barque, se trouve la planche, vue auparavant comme une natte d'ornement, qui remet le bateau en route par vent contraire. Derrière le dieu, se trouve l'instrument de la peine capitale , bâton avec un faisceau et un couteau, équipement des capitaines des temps anciens. Devant le dieu, une table d'offrandes sur laquelle est posée une cruche; au-dessus de la table s'incline une fleur de lotus. La proue de la barque s'orne d'un œil Wedjat (Uzat); on en trouve un aussi au-dessus de l'étrave oscillante du bateau à huit rameurs. Derrière le bateau, se tiennent deux babouins en prières, qui pourraient être Isis et Nephthys; les deux étoiles devant eux sont les hiéroglyphes signifiant « adorer » et « louer », mais aussi « de grand matin ». Il s'agit ici de la barque du matin de Râ, qui va de droite à gauche. A sa droite, la barque du soir, qui va de gauche à droite; l'instrument de l'exécution se trouve à la proue. Dans la barque, Atoum , le dieu du Soleil couchant, est assis dans le disque solaire. Devant lui, une table d'offrandes avec une cruche et une fleur de lotus. Alors que, dans la barque du matin, l'élément Neheh domine, l'élément Djet apparaît à nouveau avec Atoum, le soleil du soir. L'image se termine par le lion étendu qui est identifié à la ligne 133 comme « Rehu ». Au-dessus de lui, s'étendent des fleurs de lotus, d'où sort un uræus. Le serpent « vert », seigneur du feu, œil de Râ, se tourne vers la fleur de lotus, d'où est sorti le dieu du Soleil. Au-dessus d'elle se trouve l'hiéroglyphe signifiant « feu » et « flamme ». Tous les dieux craignent les lions terrifiants; pourtant, Ani le justifié, qui est semblable aux dieux, n'a pas à craindre l'influence de puissances maléfiques.

PLANCHES 11 — 12

Les planches 11 et 12 constituent à nouveau une unité. Ani semblable aux dieux prouve ici sa connaissance des régions secrètes du monde de l'au-delà. Les deux planches sont divisées sur toute leur largeur en deux registres placés l'un au-dessus de l'autre. Sur le registre supérieur, sont les « Arits » cachés *ꜥrjjt* (états, maisons), sur le registre inférieur, les portes (pylônes) qui mènent aux régions secrètes de l'au-delà. Ani doit traverser ces maisons et franchir ces portes, pour prouver qu'il connaît leurs secrets, et par là qu'il est justifié. C'est ici la contre-épreuve, pour ainsi dire, du tribunal de l'au-delà de la planche 3. Dans le papyrus d'Ani, le monde de l'au-delà a sept maisons, Arits, dont quatre sont représentées sur la planche 11, et trois sur la planche 12, toujours au registre supérieur. Les registres inférieurs montrent l'assemblée des dix « portes de l'au-delà », dont six sont représentées en planche 11, et quatre en planche 12.

PLANCHE 11

Dans les deux registres, Ani et sa femme s'approchent en priant des régions secrètes. Au registre supérieur, les maisons sont gardées par trois êtres, un « portier », un « surveillant », un « récitant ». Ani doit connaître le nom de ces démons, pour obtenir le passage ; la connaissance de leurs noms lui donne puissance sur eux. La première maison diffère des autres, en ce sens que sa corniche est ornée des signes 𓋹𓊽𓋹𓊽𓋹𓊽, signifiant « seigneurie », « vie », « seigneurie », « durée », « seigneurie », « vie ». Des trois démons qui gardent la première maison, le premier porte une tête de lièvre, le second une tête de serpent et le troisième une tête de crocodile. Le premier tient à la main un épi, les deux autres, un couteau. La seconde maison est, elle aussi, gardée par trois démons qui portent des couteaux. Le premier a une tête de lion, le second une tête d'homme et le troisième une tête de chien. Quant aux gardiens de la troisième maison, le premier porte à nouveau à la main un épi de blé, et les deux autres des couteaux. Le premier a une tête de chacal, le second une tête de chien et le troisième une tête de serpent.

Le premier gardien de la quatrième maison a la tête d'un homme, le deuxième celle d'un faucon et le troisième celle d'un lion. Le premier porte un épi de blé, et les deux autres des couteaux.

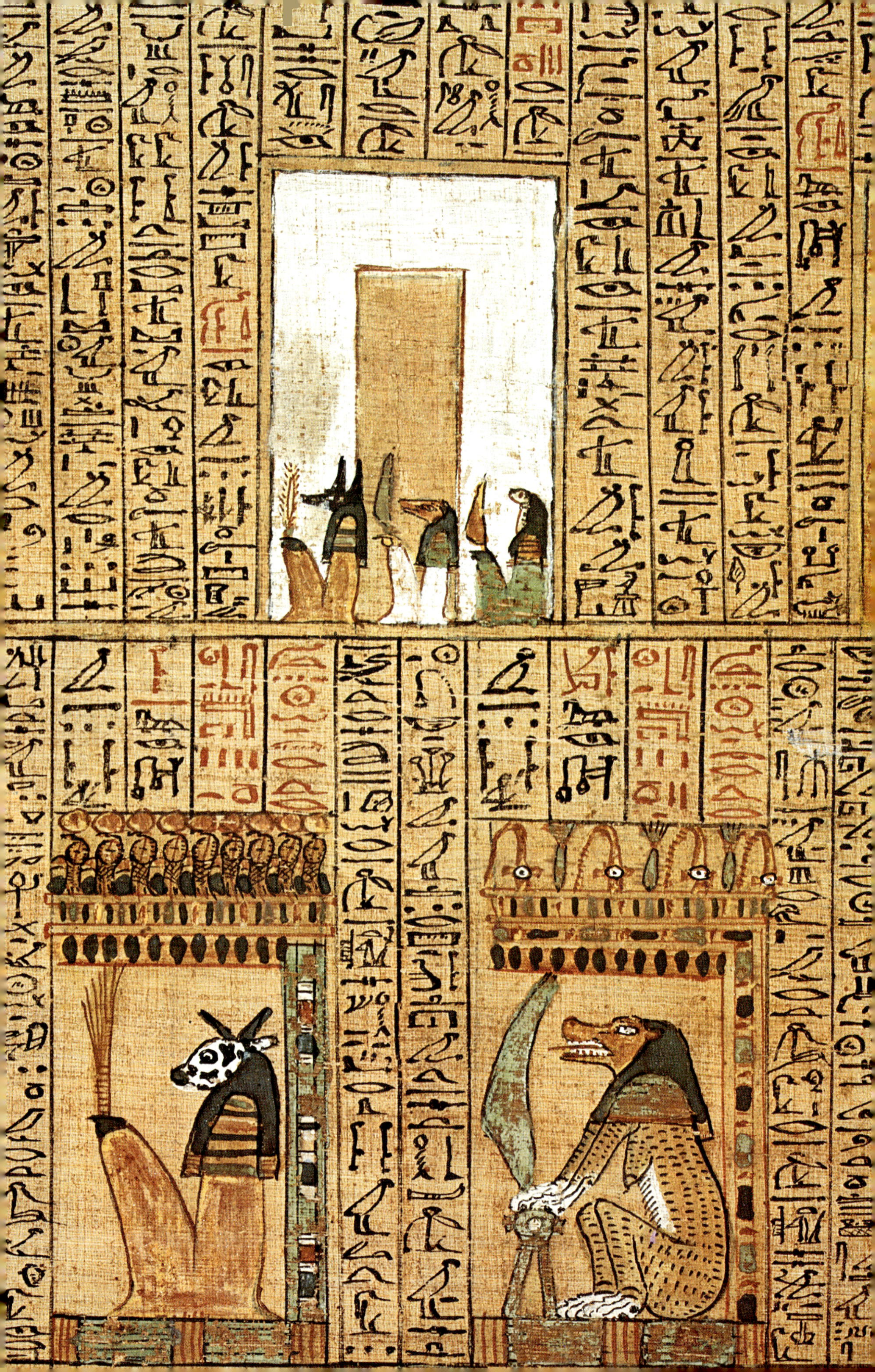

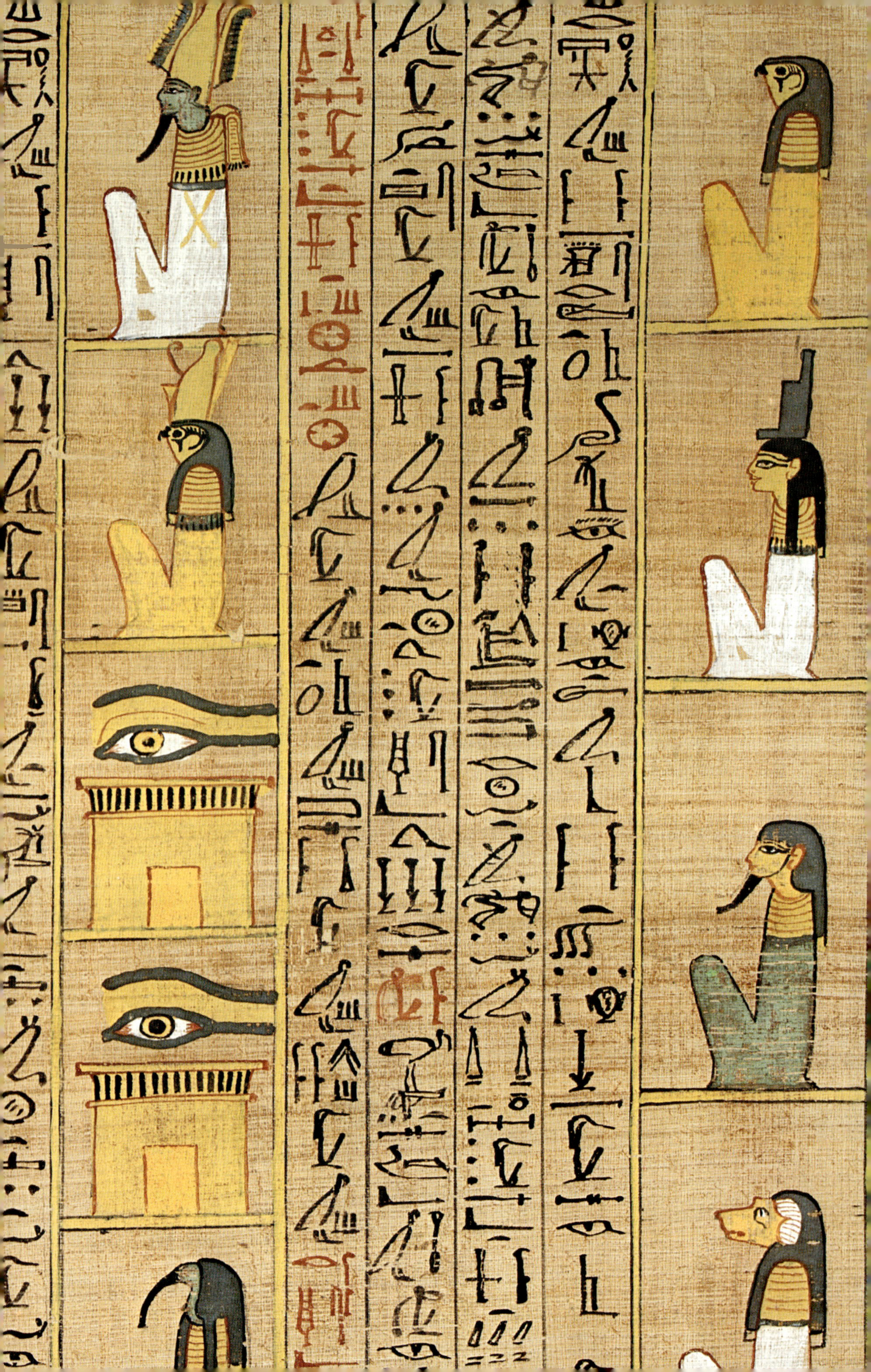

Le linteau de la première porte figurant sur le registre inférieur est orné d'une frise Cheker ᨖᨖᨖᨖᨖ. « Cheker » signifie « ornement ». Certains voient dans cet ornement la stylisation de la laitue, qui passait pour avoir des vertus aphrodisiaques. La première porte est gardée par un démon à tête d'oiseau, qui tient un couteau (?) . Sur la tête, il arbore le disque du soleil. Le gardien de la deuxième porte a la tête d'un lion. Au-dessus du linteau, un serpent ༄ déroule ses anneaux. La troisième porte est gardée par un démon à tête d'homme. Sur cette porte, deux yeux Wedjat (Uzat) encadrent le signe Schen pour « cercle sans fin », un . Sous le signe Schen se trouvent trois lignes d'eau et, au-dessous, l'hiéroglyphe signifiant « vaste, large ».

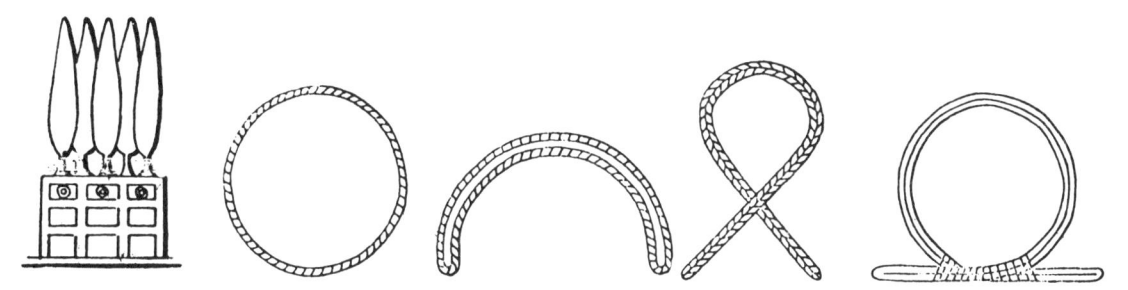

Fig. 33 : Plantation de laitues (RÄRG 462).

Fig. 34 : « La formation d'un anneau à partir d'un cordon en forme de cercle sans commencement ni fin. L'anneau est un symbole de l'éternel retour, qu'illustre surtout la course du soleil (voir Koh 1, 5). A partir de la IVe Dynastie, on écrivit dans un anneau un peu allongé le nom et le prénom du roi égyptien » — Keel 31.

Ici, l'ensemble du cosmos est résumé par un symbole : le ciel comme femme, faucon et chat ravisseur, le grand océan des origines éternel et sans fin. Un démon à tête de vache garde la quatrième porte, sur la frise de laquelle se dressent neuf uræus portant le disque du soleil sur la tête. A la cinquième porte, on voit un démon qui a la forme d'un hippopotame et qui s'appuie sur l'hiéroglyphe , « protection ». Les signes signifiant « feu », « flamme », ornent le linteau.

La sixième porte est gardée par un démon qui se caractérise par un occiput très saillant. Il tient dans ses mains un couteau et un balai (?). Au-dessus du linteau de la porte, un serpent déroule ses anneaux, comme à la deuxième porte.

PLANCHE 12

Au registre supérieur, se dressent les trois autres maisons de ce papyrus. La cinquième est gardée par trois démons, dont le premier a la tête d'un faucon, le deuxième celle d'un homme et le troisième celle d'un serpent. Chacun d'eux tient un couteau. Le premier gardien de la sixième maison, qui a une tête de chacal, porte un épi de blé (?). Les deux autres ont des têtes de chien et tiennent un couteau. Le premier gardien de la septième maison a la tête d'un lièvre, le second celle d'un lion et le troisième celle d'un homme. Les deux premiers tiennent un couteau, le troisième un épi de blé (?) ou un balai (?).

Le registre inférieur présente la septième porte, couronnée d'une frise Cheker, et gardée par un démon à tête de bélier , qui tient un balai (?). A la huitième porte, est représenté un faucon, qui porte la double couronne , et est assis sur un cercueil à la porte fermée.

Devant lui, un balai (?), et derrière lui l'œil Wedjat (Uzat). Sur le cercueil sont accroupis deux faucons à tête d'homme, qui ont derrière eux le signe de vie 𓅽𓋹𓅽𓋹. Ils représentent les *B3w*, les « âmes » de Râ et d'Osiris. Devant la neuvième porte, se tient une divinité à tête de lion, qui porte sur la tête le disque du soleil et tient un balai. Une frise d'uræus 𓆙𓆙𓆙 orne le linteau de la porte. Le gardien de la dixième porte est une divinité à tête de bélier portant la couronne Atef 𓋚 d'Osiris sur la tête et un balai sur les genoux. Au-dessus du linteau de la porte, s'avancent deux serpents 𓆙 𓆙. Le texte correspondant au registre supérieur de la planche 11 est le chapitre 147; le chapitre 146 correspond au registre inférieur de la planche 11 et aux deux registres de la planche 12. Les vignettes contiguës de la planche 12 forment une unité avec les planches suivantes 13 et 14.

A l'avant-dernier registre de la planche 12, en haut et en bas, se tiennent Ani et sa femme. Ani élève les mains en signe d'adoration; sa femme, avec le cône d'onguents et les fleurs de lotus sur la tête, élève un sistre de sa main droite et porte à la main gauche une fleur de lotus fermée. Au dernier registre, en haut et en bas, se tient un prêtre en peau de panthère, avec la boucle de la jeunesse qui pend sur le côté de la tête. Le prêtre du registre supérieur est le 𓊽𓏺𓅓𓏏𓆑 *jwn mwt.f* = le « pilier de sa mère », celui du registre inférieur est le 𓅭𓌻𓂋𓆑 *s3 mr.f* = « le fils qu'il aime ». Il s'agit donc des fils du défunt, envers qui l'engage son culte des morts; le Sameref devient surtout actif dans le rituel de l'ouverture de la bouche. Les deux fils conduisent Ani et sa femme vers les dieux présentés aux planches 13 et 14. Le texte en hiéroglyphes est celui du chapitre 18.

PLANCHE 13

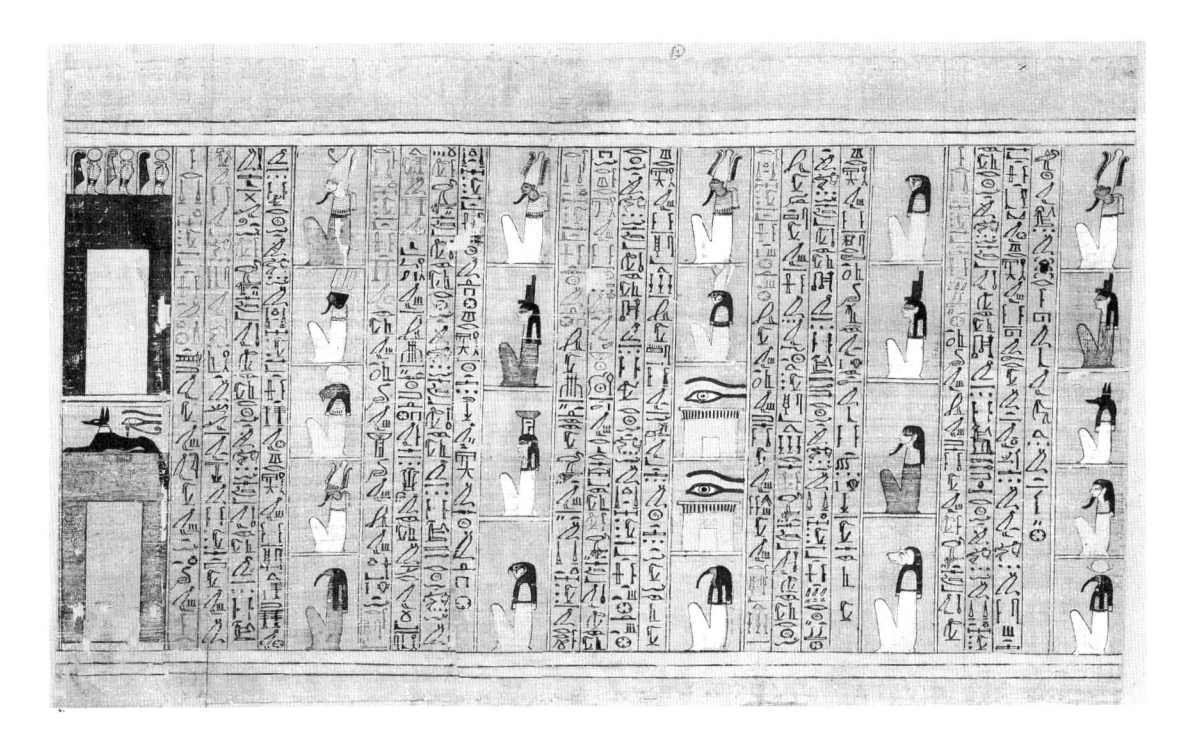

Le registre supérieur montre une porte ornée de plumes de Maât et d'uræus portant le soleil. Sur la porte du registre inférieur repose Anubis 🐕, avec, près de lui, l'œil Wedjat (Uzat) 𓂀. Les dieux du registre suivant sont, de haut en bas : Atoum, Schu, Tefnout, Osiris et Thot. Le troisième montre de haut en bas : Osiris, Isis, Nephthys et Horus. Au quatrième registre, se suivent de haut en bas : Osiris, Horus, deux yeux Wedjat (Uzat) et Thot. Au cinquième registre, sont assis, l'un au-dessus de l'autre : Horus, Isis, Imsti et Hapi (les deux derniers sont les fils d'Horus que nous avons déjà mentionnés). Au dernier registre, Ani rencontre les dieux Osiris, Isis, Anubis, Imsti et Thot.

PLANCHE 14

Le premier registre présente de haut en bas : Osiris, Isis, Wepwawet (Upuaut), « celui qui ouvre le chemin », et le pilier Djed, le signe signifiant « durée », qui est assimilé ici à Osiris et qui est « animé » par deux yeux. Au deuxième registre, Ani rencontre le dieu Thot portant le disque de la lune, Osiris, le dieu à tête de chien Anubis, et Isden, qui est identique à Thot. Suivent, au troisième registre, les trois dieux de la fête de « l'ouverture de la terre dans le Djedu (Mendes) ». Le dernier registre montre Râ, Osiris, Schu, et Babi, avec sa tête de chien, le démon des ténèbres.

De ce groupe, font aussi partie les dieux présentés à la planche 15, Horus, Osiris, Isis et un dieu Horus.

La succession des images des planches expliquées jusqu'ici forme un ensemble clos qui témoigne d'une haute conception éthique. Après un hymne de louanges à Râ et à Osiris,

Ani se présente devant le tribunal de l'au-delà, d'où il sort justifié. Ensuite, il reçoit ses funérailles rituelles, dont les rites redonnent vie au cadavre — ce qui était absolument indispensable pour la vie dans l'au-delà. Ani transfiguré est alors initié aux lois du cosmos

avec ses deux éternités. Il a traversé les régions cachées du monde inférieur et il a été accepté par les dieux comme un des leurs.

Le livre pourrait se terminer ici. Ce qui suit maintenant est en partie élucidation et mise en forme de ce qui a déjà été dit, en partie magie — une magie qui ne devrait pas avoir place dans l'éthique d'Ani et qui, de plus, est superflue. Pourquoi Ani doit-il demander de l'air et de l'eau dans l'au-delà, lui qui partage la nourriture des dieux ? Pourquoi doit-il se soucier que son cœur ne puisse lui être dérobé, puisque celui-ci a déjà témoigné pour lui au tribunal de l'au-delà ? Dans ces images, il apparaît clairement qu'Ani est aussi un fils de son époque ; et cette époque avait certes la notion d'un tribunal éthique de l'au-delà, mais elle s'efforçait aussi d'utiliser la magie. A partir de là, le papyrus devient par endroits un livre de magie. L'explication des planches suivantes peut donc se limiter à un bref résumé, soit que les images soient directement compréhensibles, soit qu'elles ne fassent qu'élucider des éléments déjà présentés ; et par ailleurs elles visent seulement à agir par la magie de la représentation.

PLANCHE 15

Après l'introduction d'Ani, au premier registre, dans le monde des dieux égyptiens, nous

voyons au second registre une statue du défunt, sur laquelle s'accomplit la cérémonie de l'ouverture de la bouche. Les rites sont exécutés par le prêtre Sem, qui utilise les instruments présentés en page 76. Le texte est pris dans les chapitres 23-24.

Au troisième registre, Ani tient son cœur dans sa main droite et il se tourne vers Anubis, le dieu à tête de chien. Entre eux deux, un grand collier, formé d'améthystes de différentes couleurs, dont la fermeture a la forme d'un pilier, qui porte un pendentif montrant la barque du soleil avec un scarabée, forme du soleil levant. Le texte est pris aux chapitres 26 et 30 B.

Sur la quatrième image, Ani porte son âme *Ba* sur la poitrine. Le *Ba* a la forme d'un oiseau à tête d'homme. Le texte provient de différents chapitres; chapitre 26 : formule pour donner un cœur à Osiris Ani dans l'au-delà; chapitre 30 B : formule pour empêcher que le cœur d'Osiris, le comptable des offrandes à tous les dieux, et d'Ani justifié, puisse lui être dérobé dans le monde inférieur.

Sur la cinquième image, Ani porte un mât avec une voile, symbole du souffle de vie. Le texte correspondant vient du chapitre 54 : c'est la formule pour le don du souffle de vie dans l'au-delà. La dernière image montre Ani avec son bâton de fonction. Le texte est celui du chapitre 29 : c'est une formule pour empêcher que le cœur d'un homme lui soit dérobé dans l'au-delà.

PLANCHE 16

Ani est debout, les mains levées en signe d'adoration, devant quatre dieux, assis sur l'hiéroglyphe ⌒ « Maât = justice »; devant lui est posé son cœur ♡ . Le texte vient du chapitre 27 : formule pour empêcher que le cœur d'un homme s'éloigne de lui dans l'au-delà.

Sur la deuxième image, Ani et sa femme tiennent à la main gauche le mât et la voile ⚓ signifiant « souffle », air, et de la main droite, ils puisent de l'eau dans un étang ▦ entouré de palmiers chargés de fruits. Le texte provient du chapitre 58 : formule pour la respiration de l'air et la possibilité d'avoir de l'eau dans l'au-delà.

Sur la troisième image, Ani s'agenouille près d'un étang, d'où sort un sycomore. Dans l'arbre apparaît la déesse du Ciel, Nout, qui verse l'eau d'une cruche ⚱ dans les mains d'Ani. Le texte (chapitre 59) traite de la respiration de l'air et de la puissance sur l'eau dans l'au-delà.

La quatrième image montre Ani assis devant la table des offrandes ⚑ , le sceptre Sechem signifiant « puissance » ⚒ à la main droite, et son bâton de fonction à la main gauche. Le chapitre 44 correspondant à cette image est une formule pour empêcher une seconde mort dans le monde inférieur.

Sur la cinquième image, le dieu des Morts, Anubis, l'embaumeur, tient dans ses bras la momie d'Ani. Le texte (chapitre 45) est une formule pour empêcher la putréfaction dans le monde inférieur.

La sixième image montre une porte. On voit au montant gauche l'âme *Ba* d'Ani sous forme d'un oiseau à tête humaine, au montant droit, le Phénix Benu, oiseau de la lumière.

Le texte (chapitre 46) conjure le péril de l'anéantissement d'Ani, et provoque sa résurrection dans l'au-delà.

Sur la dernière image, Ani est debout, tournant le dos à un billot de bois (billot de l'exécution ?) d'où sort un couteau. Le texte (chapitre 40) est une formule qui doit empêcher qu'Ani ne soit amené sur le billot d'exécution.

PLANCHE 17

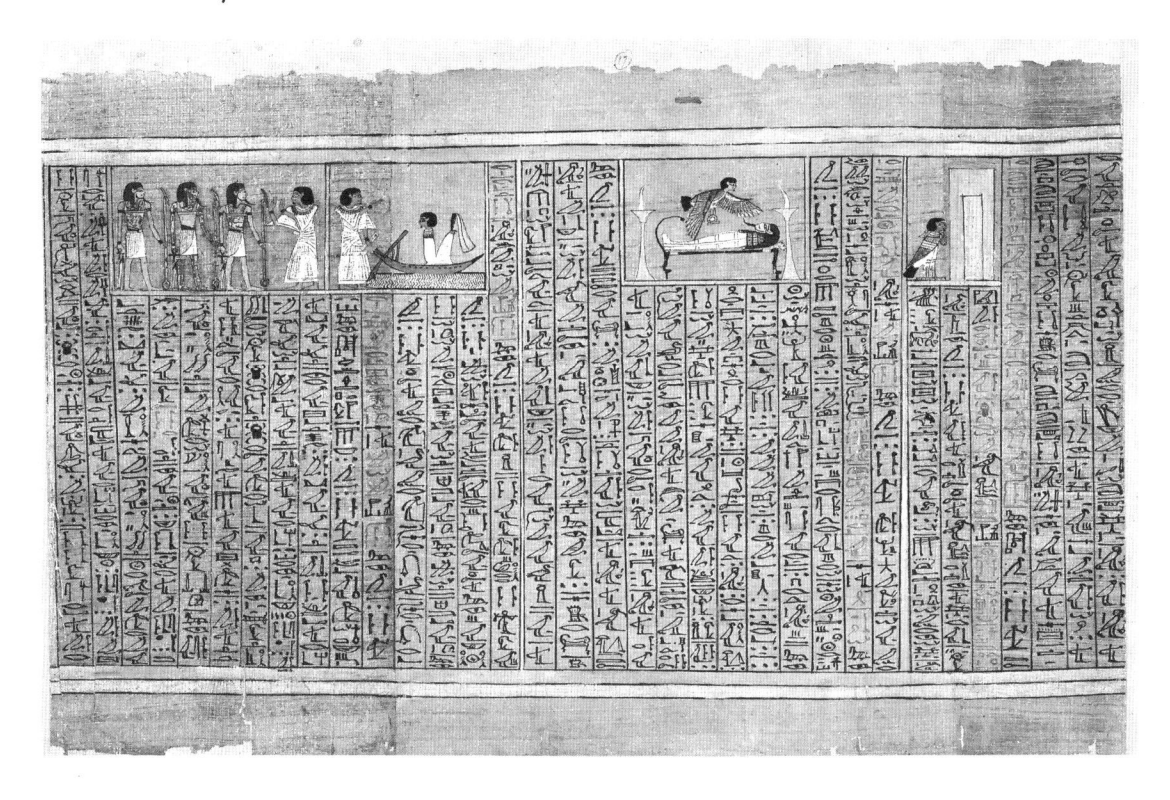

Ani est debout en prière devant trois dieux, qui tiennent à la main gauche le sceptre Uas ⎟ signifiant « seigneurie », et à la main droite le signe de vie ☥. Le texte (chapitre 93) est une formule pour empêcher qu'Ani soit transporté sur la rive de l'est dans le monde inférieur — voir pages 30, 36.

Sur la deuxième image, Ani prie un esprit qui est assis dans une barque, la tête tournée en arrière. Il s'agit du nocher de l'au-delà, la lune, qui joue déjà un rôle dans les Textes des Pyramides. Le texte (chapitres 93, 93 A) est une formule qui doit empêcher qu'Ani ait la tête coupée dans le monde inférieur.

Sur la troisième image, la momie d'Ani repose sur une civière. Au-dessus de lui, flotte son âme *Ba* sous forme d'un oiseau à tête humaine, qui tient dans ses griffes le signe ☉ signifiant « cercle perpétuel » — voir pages 86, 89. Le texte (chapitre 89) est une formule pour que le *Ba* s'unisse au cadavre dans l'au-delà. La quatrième image montre de nouveau le *Ba* d'Ani devant une porte. Le texte (chapitre 91) est une formule qui doit empêcher que le *Ba* soit retenu dans le monde inférieur.

95

PLANCHE 18

La première image montre Ani à l'entrée de sa tombe, et son ombre est accompagnée de son *Ba*. Le texte (chapitre 92) est une formule pour l'ouverture de la tombe pour le *Ba* et l'ombre, pour qu'Ani sorte au jour et ait puissance sur ses jambes. Sur la deuxième image, Ani s'agenouille, les mains levées en adoration, devant une barque de Sokaris posée sur un traîneau 𓏃. Le dieu des Morts de Memphis, Sokaris, qui règne sur le Ro-Setaou, était aussi un aspect du soleil pendant la nuit — de même que Ptah, Osiris et Tanenen — voir page 69. « Dans la triple combinaison Ptah — Sokaris — Osiris formée au début du Moyen Empire, il revient à Ptah le rôle de créateur qui lui était déjà conféré à l'époque de Snofru dans le « Monument de la théologie memphitique », à Osiris le rôle du disparu, et à Sokaris le rôle de la vie qui se régénère dans les profondeurs originelles et renaît à nouveau » — Spiegel, GOF IV, 3 (1975) 180-181. Le texte de la planche 18 (chapitre 74) est une formule pour le mouvement des jambes et la sortie de la tombe.

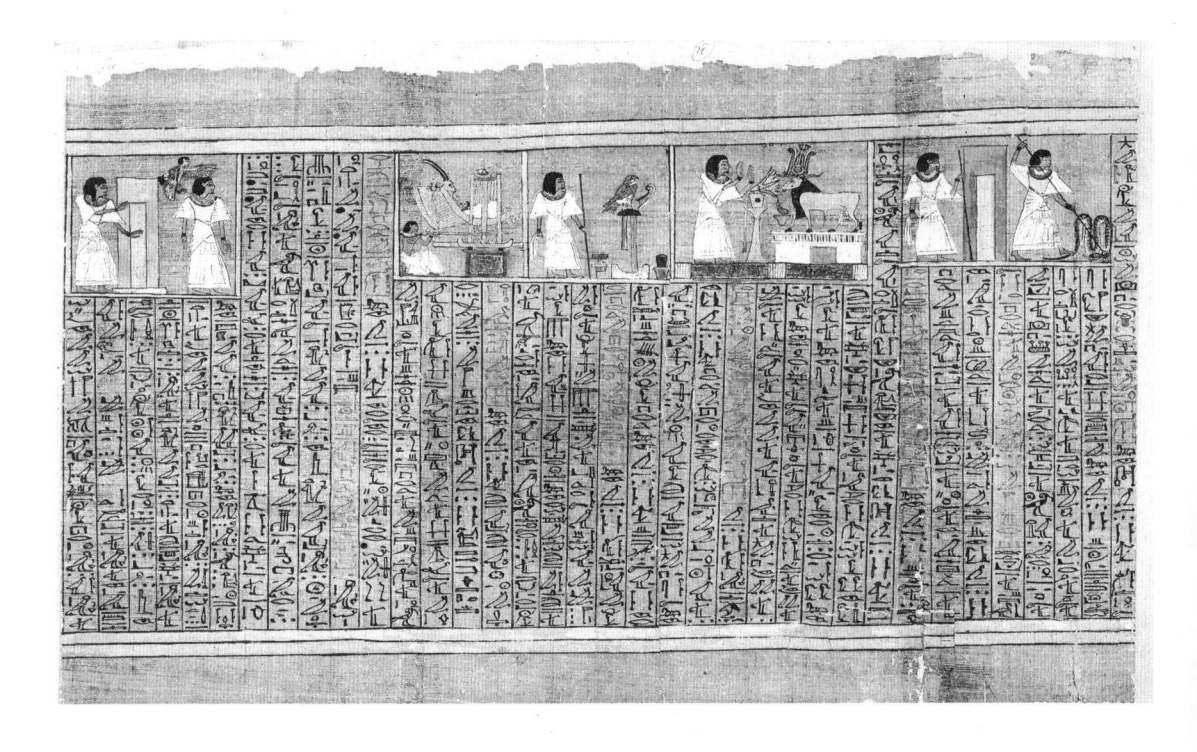

Sur la troisième image, on voit le signe signifiant « ouest » : 𓊖 ; devant, Ani est debout, portant son bâton de fonction à la main gauche. Le texte (chapitres 8 et 2) est la formule pour la sortie au jour et la vie après la mort.

La quatrième image montre Ani, les deux mains levées en adoration, devant un bélier, dont l'ornement de tête 𓋽, est le disque solaire entouré de deux plumes. Devant le bélier, une table d'offrandes avec un tonneau de libations et une fleur de lotus. Le texte (chapitre 9) est une formule pour la sortie au jour après le passage à travers le monde inférieur.

Sur la cinquième image, Ani est debout devant une porte, son bâton à la main gauche. Le texte (chapitre 132) est une formule pour le retour d'un homme, afin qu'il voie sa maison sur la terre.

Sur la sixième image, Ani transperce d'une lance le serpent qui s'oppose au dieu du Soleil lors de son voyage nocturne dans le monde inférieur. Le texte est une autre formule pour celui qui, le jour, rencontre ses ennemis dans le monde inférieur.

PLANCHE 19

Les mains levées, Ani est debout devant le dieu Râ à tête de faucon, qui porte sur la tête le disque solaire. Il est assis dans sa barque diurne, avec laquelle il traverse le ciel ▭ . A la proue de la barque, est assis Harpocrates = *Hr p3 ḥrd* = Horus, l'enfant. La barque est ornée de plumes de Maât ʃʃʃʃ et de l'œil Wedjat 𓂀 . Le texte, qui commence à la fin de la planche 18 (chapitre 15) est un hymne de louanges à Râ, lorsqu'il se lève à l'horizon et lorsqu'il descend au pays de la vie. Sur l'image du milieu, se tient Ani, les deux mains levées. Derrière lui, sa femme « Osiris, maîtresse de la maison, chanteuse d'Amon, Tjutju »; son titre est donné en page 56. Le texte (chapitre 15) est un hymne de louanges à Osiris.

PLANCHE 20

Elle présente Osiris et Isis dans un coffre qui a la forme d'une chapelle de la Basse-Égypte — voir planche 4, pages 65 et suiv. Le texte (chapitre 15) est un hymne de louanges à Râ lorsqu'il se lève au ciel de l'est.

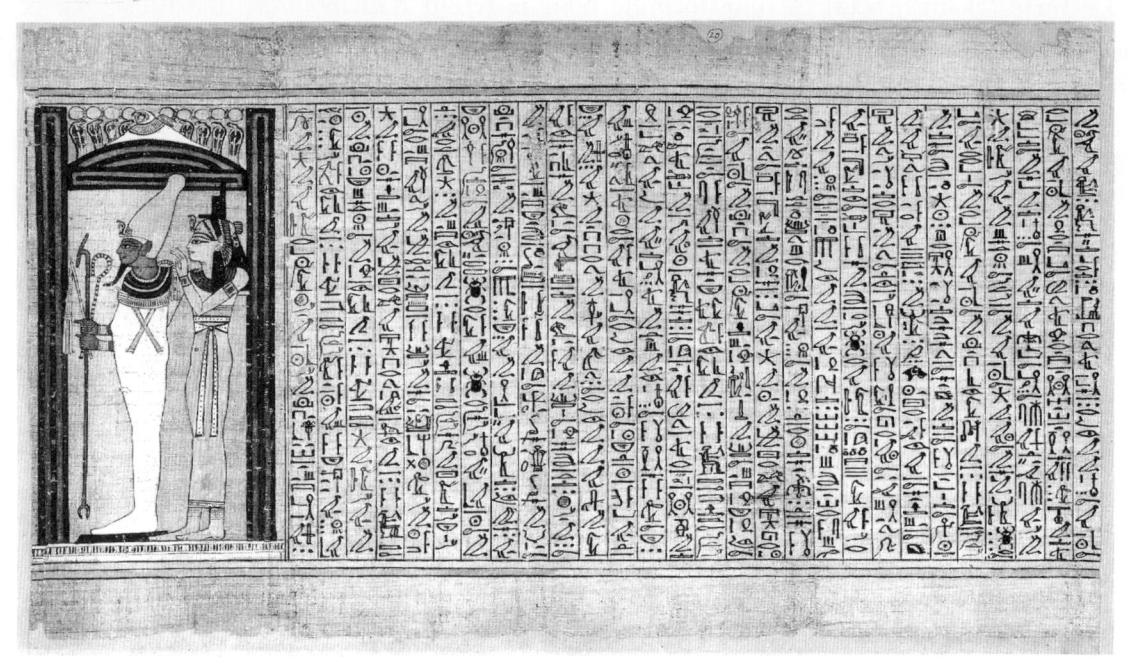

PLANCHE 21

Le dieu Râ à tête de faucon, avec le disque solaire sur la tête et le signe de vie dans la main, a pris place dans la barque solaire. Ani est debout devant le dieu dans la barque, les deux mains levées. Le texte est la suite de la planche 20.

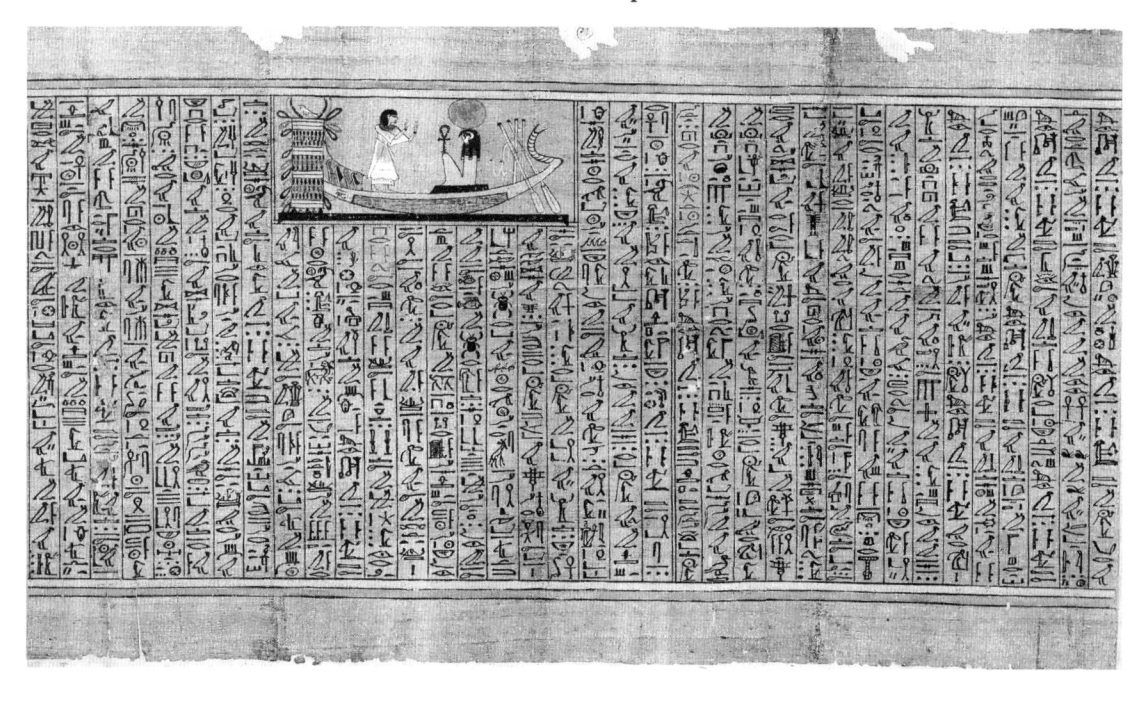

PLANCHE 22

Au-dessus du ciel diurne ⚊, le dieu du Soleil avance dans sa barque vers le ciel nocturne constellé d'étoiles.

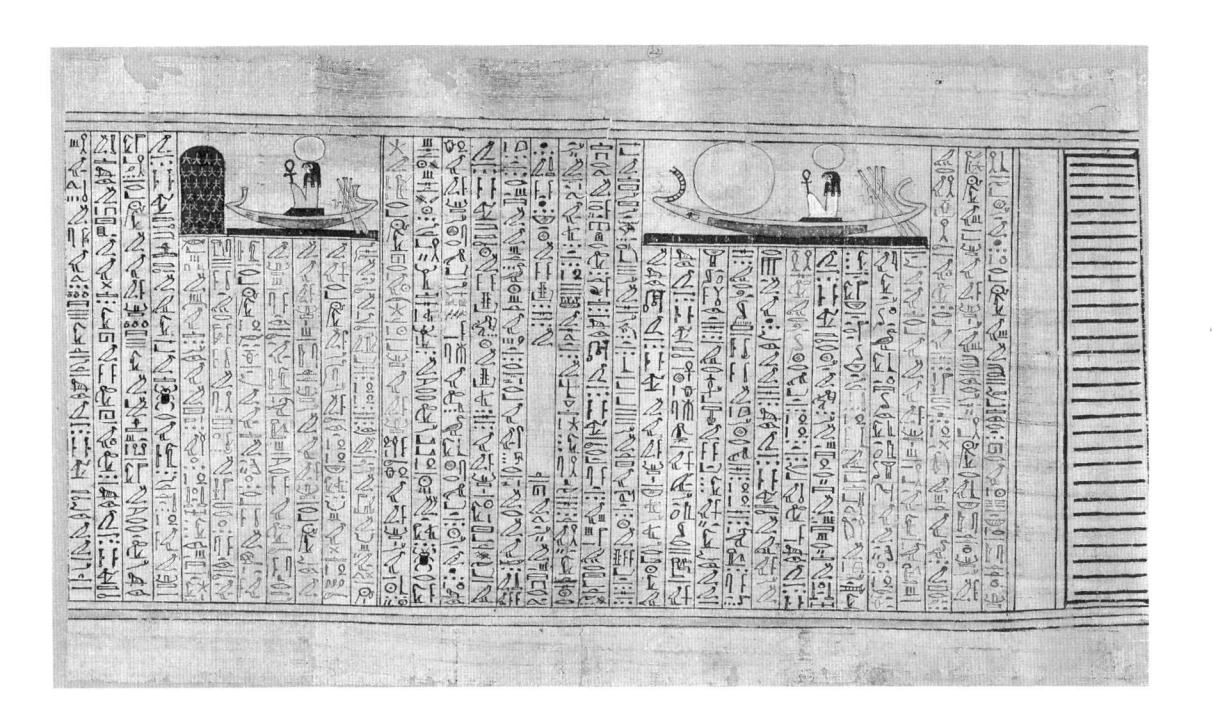

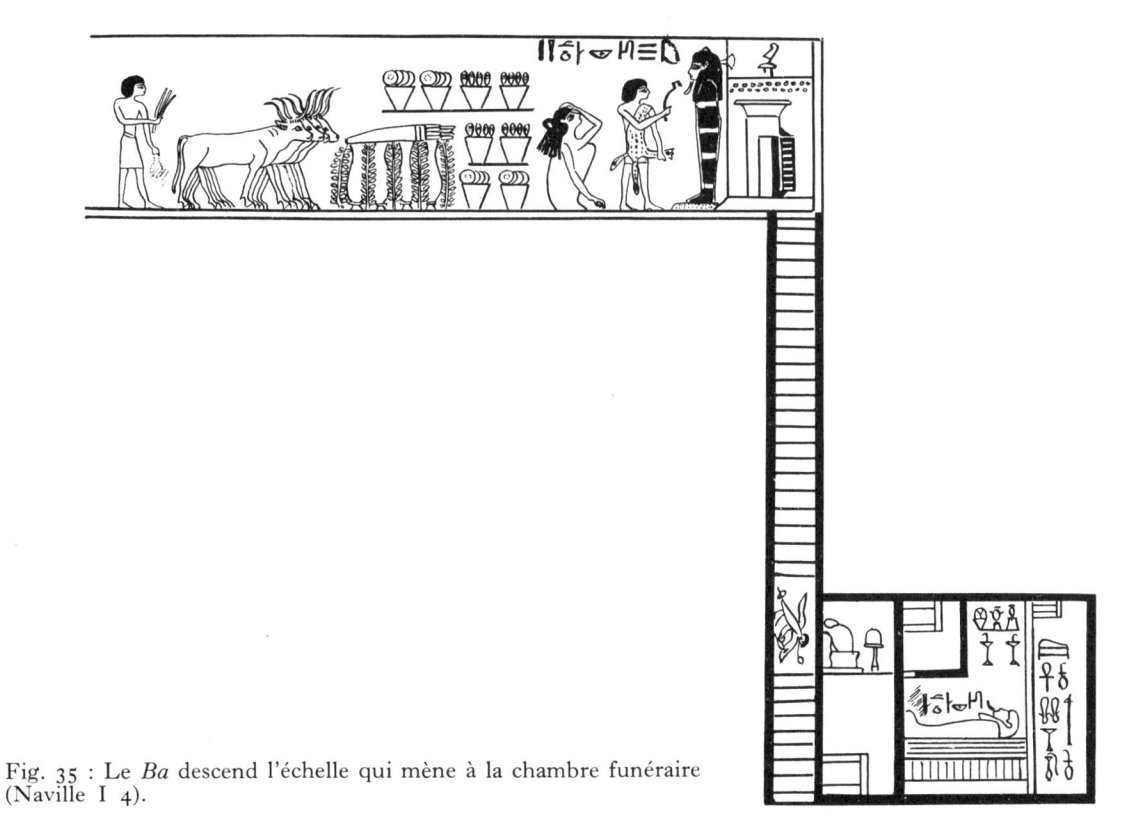

Fig. 35 : Le *Ba* descend l'échelle qui mène à la chambre funéraire (Naville I 4).

Sur la deuxième image, il a devant lui dans sa barque un immense disque solaire. Le disque solaire était le symbole religieux de l'époque d'Amarna. Lorsqu'elle fut définitivement dépassée sous la XIXe Dynastie, on reprit des parties de cette symbolique, et l'on trouve ainsi dans les livres qui décrivent le voyage du dieu du Soleil dans le monde inférieur, de nombreuses représentations du disque solaire. L'image se termine par l'échelle, à l'aide de laquelle le *Ba* du mort abandonne la tombe pour atteindre le monde supérieur.

PLANCHE 23
La planche 23 et le début de la planche 24 reprennent le chapitre 18, que contenaient déjà les planches 13-14. L'ordre des divinités est cependant légèrement modifié.

PLANCHE 24

Sur la deuxième partie de la planche 24, Ani et sa femme adorent trois dieux assis sur un pilier. Le texte (chapitre 124) assure à Ani qu'il mangera la nourriture des dieux.

PLANCHE 25

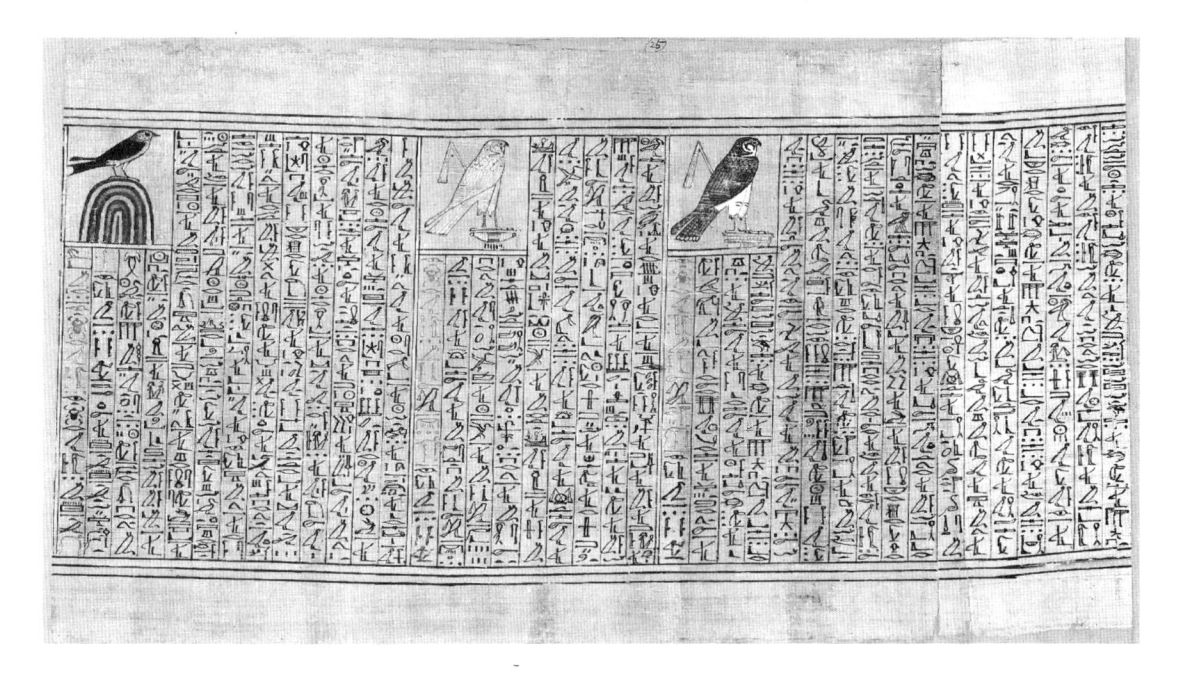

Une hirondelle est posée sur une « colline » rayée de rouge et de vert. Le texte (chapitre 86) dit : « Ici commencent les chapitres des métamorphoses. Formule pour la transformation en hirondelle. » De la planche 25 à la planche 27, le thème central du Livre des Morts, selon lequel le mort peut prendre toutes les formes sous lesquelles il souhaite apparaître, est souvent spécifié.

La deuxième image montre un faucon doré avec le fouet royal, et le texte (chapitre 77) est la formule pour la transformation en un faucon d'or. La troisième image présente un faucon vert avec le fouet royal, qui est debout sur un pilier; le texte (chapitre 78) est la formule pour la métamorphose en un faucon divin.

PLANCHE 26

La planche 26 est la suite du chapitre 78, qui ne finit qu'au début de la planche 27.

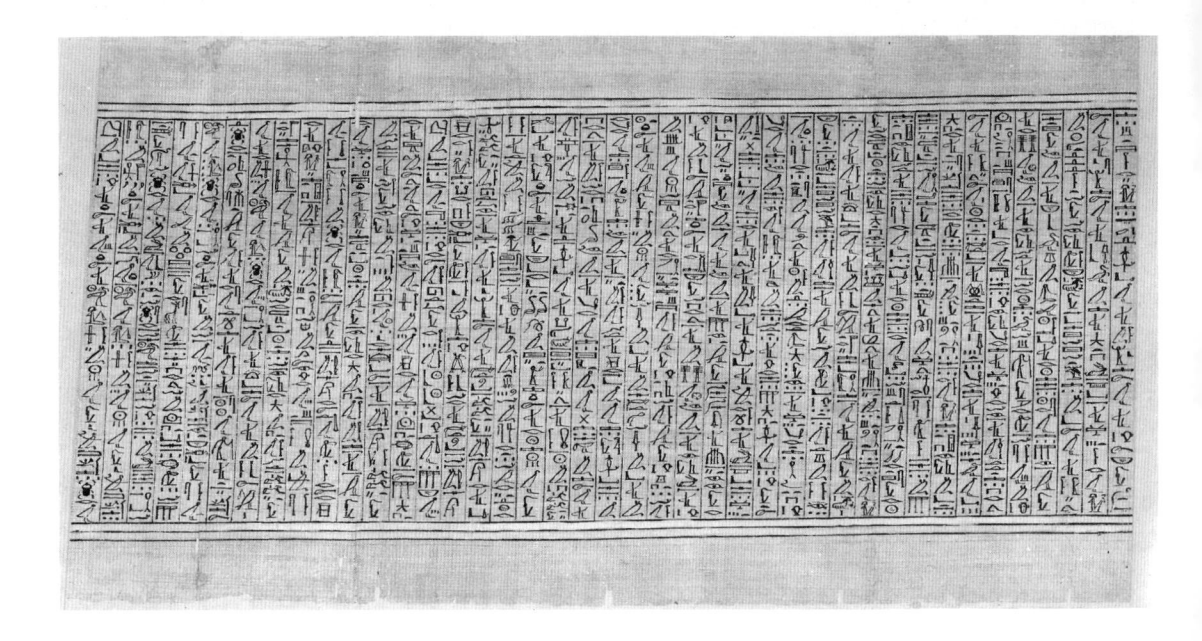

PLANCHE 27

Elle présente le serpent « fils de la terre » sur des jambes humaines. Le texte (chapitre 87) est la formule pour la métamorphose en serpent « fils de la terre ». Puis, vient un crocodile sur une porte, et le texte correspondant (chapitre 88) est la formule pour la transformation en crocodile. Le crocodile est un symbole de l'éternité.

L'image suivante présente le dieu Ptah dans son coffre, devant lequel est placée une table d'offrandes. Le texte (chapitre 82) est la formule pour la transformation en Ptah. La quatrième image montre un bélier sur un pilier; devant lui, l'hiéroglyphe ◊ *b3*. Le mot pour « bélier » est *ba*, et le texte (chapitre 85) dit qu'il s'agit de la formule pour la transformation en l'âme *ba* d'Atoum. La dernière image représente un phénix et le texte (chapitre 83) dit qu'ici se trouve la formule pour la transformation en Phénix Benu.

PLANCHE 28

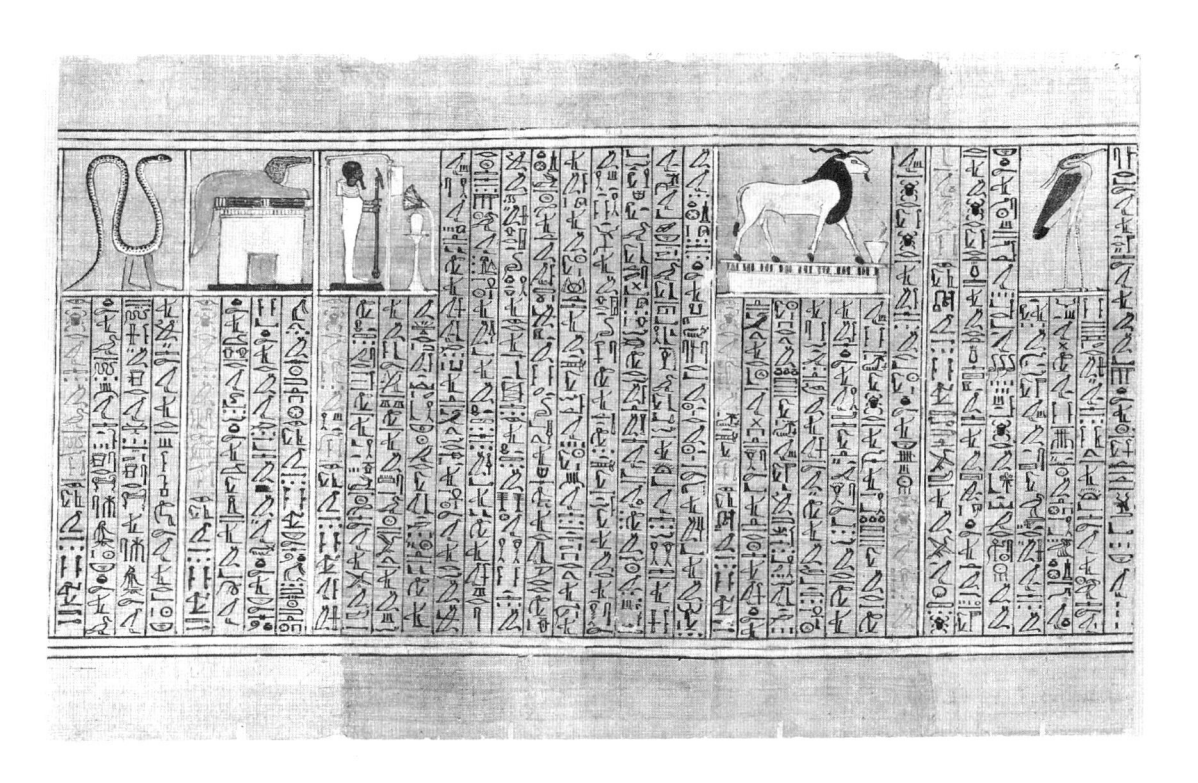

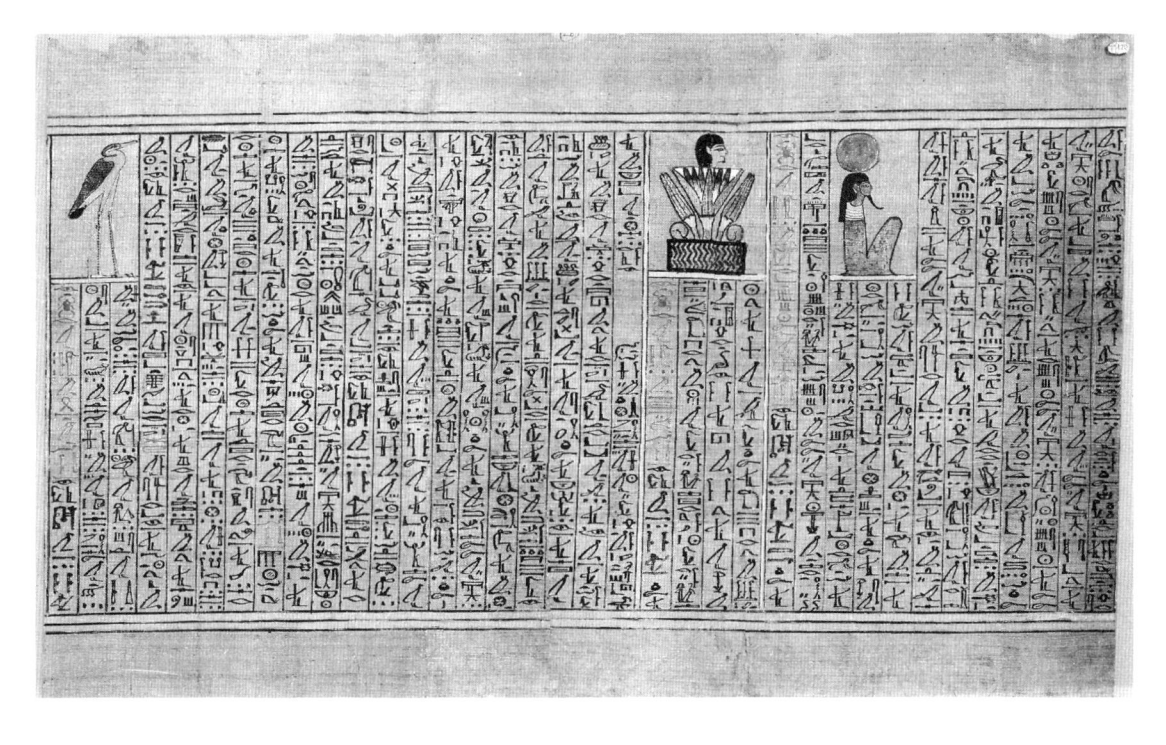

La première image est celle d'un héron, et le texte (chapitre 84) est la formule pour la transformation en héron. Dans l'image suivante, une fleur de lotus pousse sur un étang; une tête humaine sort de la fleur. Le texte (chapitre 81 A) est la formule pour la métamorphose en lotus. Nous avons ici une allusion claire à l'enseignement sur la naissance du monde : un lotus flottait sur l'eau des origines, il s'ouvrit et le premier soleil en sortit. La dernière image montre un dieu qui porte un disque solaire sur la tête; le texte (chapitre 80) est la formule pour la métamorphose en dieu qui donne la lumière dans les ténèbres.

PLANCHE 29

Ani et sa femme, les mains levées en adoration, sont debout devant Thot, le dieu de la Sagesse. Thot est assis sur un trône en forme de pilier et tient sur les genoux le signe de

vie. Sur la deuxième image, Ani et sa femme se tiennent devant deux tables portant des offrandes.

Le texte (chapitre 175) est la formule pour empêcher une seconde mort dans le monde inférieur. Il faut lire les colonnes du texte de gauche à droite. Les lignes 10-13 restituent l'étonnante conversation entre Osiris (ici, Osiris Ani) et Atoum, le créateur du monde :

« Ô Atoum, quel est ce pays où je suis parvenu ? Il n'a pas d'eau, pas d'air, il est profond, sombre et sans fin.
— Tu vis dans ce pays dans la paix du cœur.
— Mais il n'y a pas là de plaisir sexuel.
— Je t'ai donné la transfiguration à la place d'eau, d'air et de plaisir sexuel, et la paix du cœur à la place de pain et de bière. »

Nous sommes là en présence d'une idée assez neuve dans l'histoire spirituelle de l'Égypte. Pour la première fois, des pulsions biologiques sont sublimées; il est parlé d'une sublima-

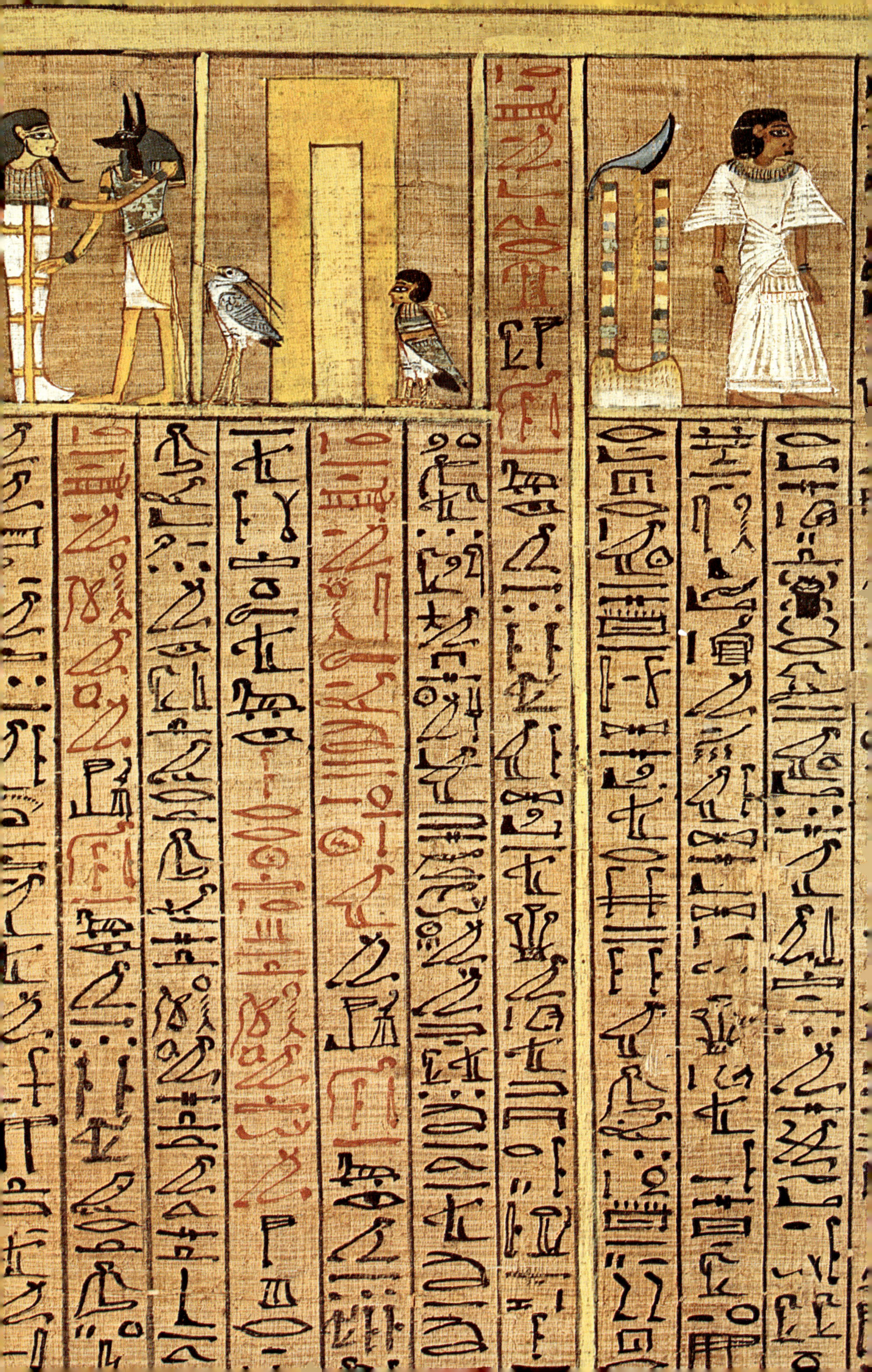

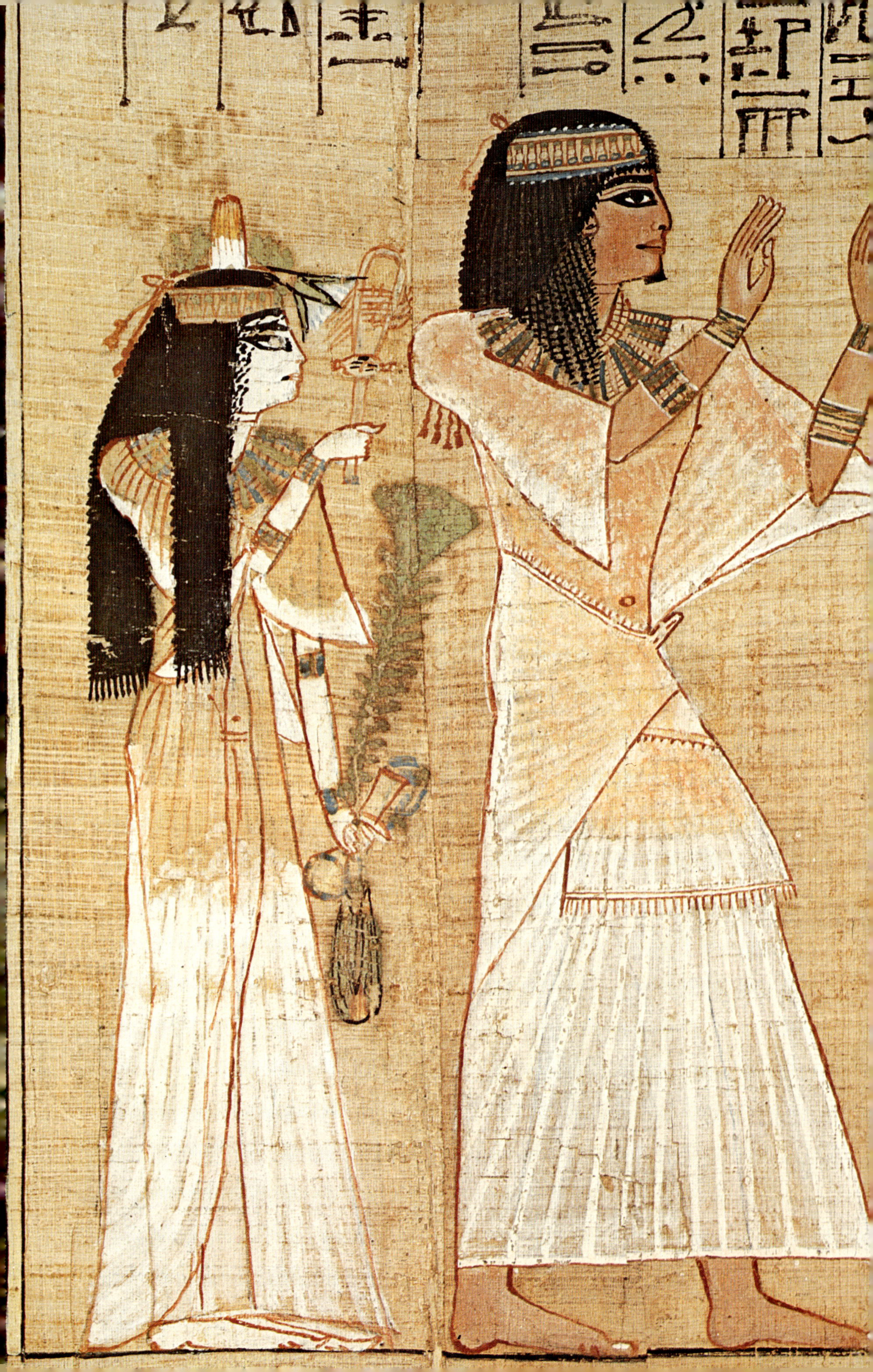

tion dans l'au-delà de besoins d'ici-bas, alors qu'auparavant, l'Égyptien était en général assuré qu'il pourrait jouir dans l'au-delà de tous les agréments de ce monde. On ne trouve cette idée nulle part ailleurs dans la littérature de l'au-delà, elle n'existe que dans le papyrus d'Ani et dans un papyrus de Leyde. Comme cette promesse de la paix du cœur, on ne trouve aussi qu'une fois la prédiction suivante de la fin du monde par Atoum, qui s'exprime aux lignes 17-19 : « Je détruirai tout ce que j'ai créé. Ce pays redeviendra de l'eau, comme au commencement. Mais je resterai avec Osiris, après m'être métamorphosé en serpent que les hommes ne connaissent pas et que les dieux ne voient pas. »

Le serpent de l'origine sera le serpent de la fin du monde. L'« éternité », les millions d'années pendant lesquelles le soleil brille, n'est qu'un épisode dans l'absence de temps des ténèbres — voir p. 79.

PLANCHE 30

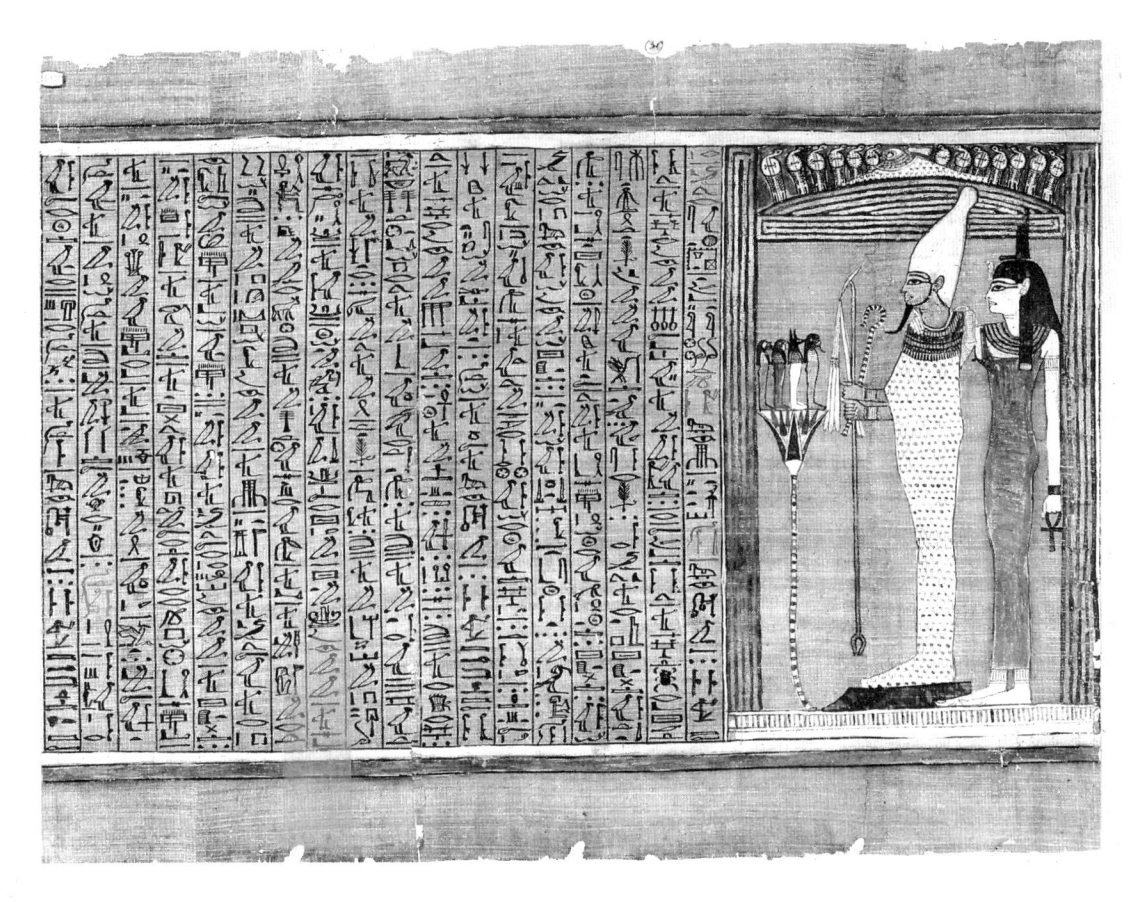

Le texte (chapitre 125) est la formule qui permet l'entrée dans la salle des deux justices, hymne de louanges à Osiris le seigneur du monde inférieur. Osiris se tient avec Isis dans le coffre déjà montré à la planche 4 — voir pages 65 et suivantes. Il porte la couronne blanche de la Haute-Égypte. Ses bandelettes de momie sont à nouveau recouvertes des écailles dont nous avons parlé en pages 72 et suivantes. Autour du cou, il porte le grand col, dans son dos pend le ménat, dans les mains il tient les attributs de sa puissance, le bâton courbe, le sceptre Ouas et le fouet royal. Isis tient à la main gauche le signe de vie et pose la main droite sur l'épaule d'Osiris. Devant Osiris, se tiennent, sur un arbuste de lotus, les quatre fils d'Horus, que nous avons déjà mentionnés en page 70.

PLANCHES 31 — 32

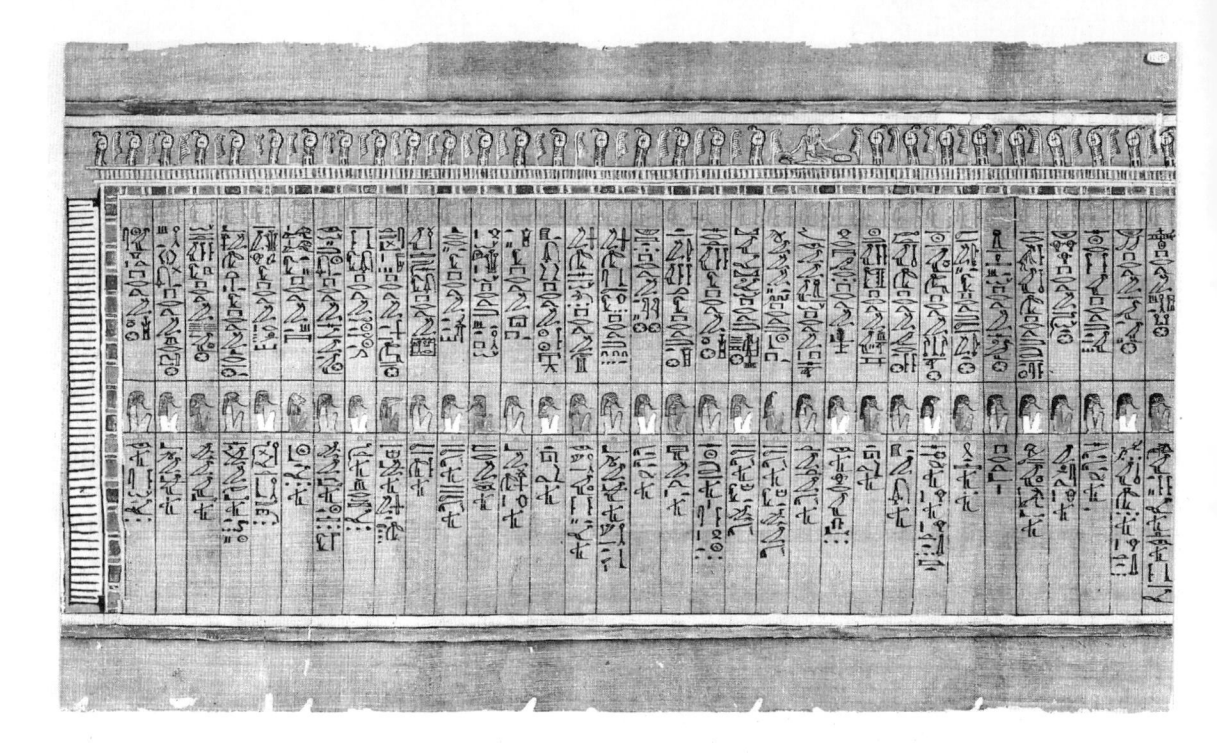

Sur toute la planche 31 s'étend la salle des deux justices, qui continue sur la planche 32. A gauche de la salle, on voit sur la planche 31 une porte ; une autre ferme la salle sur la planche 32. La porte de la planche 31 porte le nom *nb pḥ.tj*

tsw mnmn.t = « seigneur de la force, qui rassemble les troupeaux », celle de la planche 32 est désignée par *nb m3ᶜ t ḥrj-tp rdwj.fj* = « seigneur de Maât sur ses deux jambes ». En haut, la salle est fermée par une frise formée de serpents uræus et de plumes de Maât; au milieu, est assise la divinité que nous avons déjà mentionnée en page 82. Ici, cette divinité tient la main gauche au-dessus d'un œil (œil Wedjat ?) et la droite sur un ovale strié de lignes d'eau qui représente visiblement un étang, lequel pourrait correspondre à « l'étang de purification » mentionné en page 81. « La même figure, flanquée de la frise d'uræus et de plumes, ne semble apparaître, en dehors du tribunal des morts, que dans la tombe de Nofretari » — Seeber 65; voir aussi Dondelinger : « Le chemin de l'au-delà de Nofretari », Akademische Druck- u. Verlagsanstalt, Graz 1973, planche faisant face à la page 105. Alors que dans le papyrus d'Ani, sur la planche 8, les yeux sont séparés de l'étang, ils forment ici un ensemble. Dans d'autres Livres des Morts, le « dieu des Millions d'années » tient les mains au-dessus de deux ovales contenant des yeux Wedjat. « Les deux ovales avec les yeux semblent donc correspondre à l'étang de purification signalé dans Tb 17, et forment donc aussi les lieux du lever et du coucher du soleil, et du mort qui se joint à lui dans sa course. La suppression d'un des yeux par des traits d'eau dans pBM 10 470 (= papyrus d'Ani) devrait appuyer cette thèse » — Seeber, 66. La ligne médiane horizontale est occupée par les 42 juges des morts, à qui Ani doit s'adresser un à un et dont il doit connaître les noms.

Devant les 42 juges, Ani doit procéder à la « confession négative »; il doit citer à chaque dieu un péché qu'il n'a pas commis. Dans cette liste de péchés, il s'agit d'une part d'assurer qu'il n'a pas outragé les dieux et qu'il n'a pas dérobé les biens du temple, et d'autre part d'affirmer qu'il n'a pas commis non plus de faute contre son prochain. Il n'a ni menti, ni volé, n'a causé aucun dommage, n'a pas eu de mœurs licencieuses, n'a pas commis d'adultère, n'a pas dupé son prochain et ne s'est pas laissé dominer par la colère à moins qu'il ne s'agisse d'une chose juste.

PLANCHE 32

A l'extrémité droite de la salle, devant la porte, quatre petites vignettes représentent de haut en bas :
1. Deux déesses Maât assises, avec les plumes de la « vérité » et de la « justice » sur la tête, le sceptre Ouas dans la main gauche, et le signe de vie à la main droite.
2. Osiris portant sur la tête la couronne Atef, le bâton courbe et le fouet royal dans les mains. Devant lui, une table d'offrandes, et Ani les mains levées en adoration.

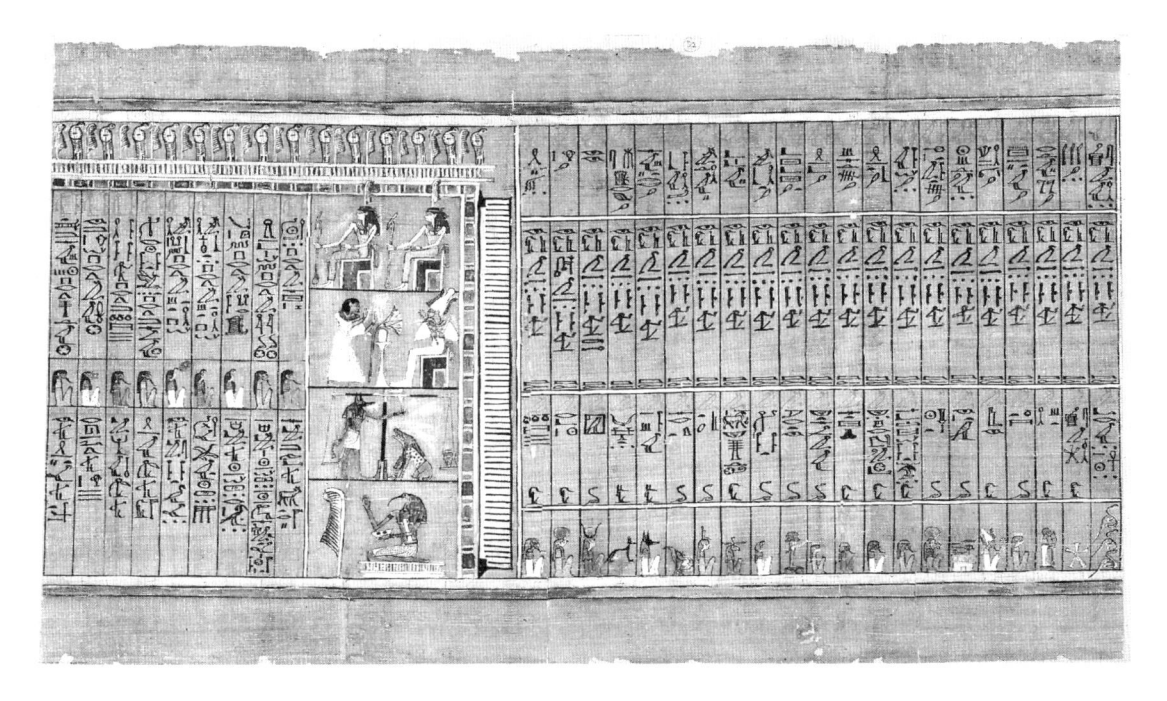

3. Une balance, sur laquelle est pesé le cœur d'Ani, qui représente le savoir, en regard de la plume de Maât. A côté de la balance, guette la « dévoreuse » que nous avons déjà mentionnée en page 63.

4. Thot, à tête d'ibis, sur la gorge d'un pilier, dessinant avec un roseau une grande plume de Maât.

Il faut noter que, dans le papyrus d'Ani, l'étape de la pesée est montrée deux fois, une fois ici et une fois sur la planche 3, en liaison avec le chapitre 30 B — voir pages 63, 64.

Le contenu du chapitre du cœur 30 B traite comme le chapitre 125 de l'assurance de l'absence de péché. Le papyrus d'Ani aurait donc dû placer le chapitre 125 au début. Qu'il n'en soit pas ainsi s'explique peut-être par le fait que le papyrus n'a pas été produit « d'un seul jet ». Il est également possible qu'Ani, depuis longtemps justifié, voulait confirmer une fois de plus les résultats de la pesée du cœur de la planche 3 parce que, immédiatement après, ses membres sont assimilés à des dieux. Ici, c'est Osiris qui est le seigneur du tribunal, alors qu'à la planche 3, c'étaient les neuf divinités de Râ. Il est aussi possible qu'Ani, voulant une sécurité totale, préférait se présenter devant les deux seigneurs du tribunal.

Dans les 21 colonnes verticales qui suivent l'image de la salle, se trouvent 21 dieux; avec chacun d'eux s'identifie une partie du corps d'Ani :

1. les cheveux avec Noun, l'océan des origines
2. le visage avec le dieu Râ à tête de faucon
3. les yeux avec Hathor, la déesse du Ciel avec le disque solaire entouré de cornes de vache
4. les oreilles avec Wepwawet (Upuaut) en forme de chacal, « celui qui ouvre le chemin »
5. les lèvres avec Anubis à tête de chien, l'embaumeur
6. les dents avec Selket en forme de scorpion, qui tient le signe Schen — voir pages 86, 89
7. le cou avec Isis
8. les bras avec le bélier de Mendes, qui porte le serpent uræus entre les cornes
9. les épaules avec Wadjet à tête de serpent, le cobra « vert »
10. la gorge avec Meret, qui se tient sur le signe signifiant « or »
11. les avant-bras avec Neith, la déesse guerrière de Saïs dans le Delta
12. la colonne vertébrale avec Setesch
13. la poitrine avec le seigneur des lieux de la guerre Cher-aâ (peut-être Sepa ou Seth)
14. la chair avec le « Puissant en vénération »
15. les nerfs avec Schemet à tête de lion
16. le postérieur avec l'œil Wedjat (Uzat) d'Horus
17. le phallus avec Osiris
18. les jambes avec la déesse du Ciel, Nout
19. les pieds avec le dieu créateur Ptah de Memphis
20. les doigts avec Sah = Orion
21. les os des jambes avec les trois uræus « vivants ».

PLANCHE 33

La première vignette montre la « mer de flammes » qui se caractérise par quatre torches, et qui est gardée aux quatre angles par des babouins. Dans les Textes des Sarcophages et le Livre des Deux Chemins, c'est la bande de séparation entre les deux chemins; dans le Livre des Morts, elle est représentée comme un rectangle. « L'ambivalence du cercle de feu est caractéristique : le feu de cette mer tient éloignés ceux qui ne sont pas appelés où il agit comme un châtiment pour les damnés, alors que cette mer s'ouvre à Osiris et aux bienheureux comme un lieu rafraîchissant, qui dispense l'eau fraîche et le blé. » — Hornung, LÄ II 259. Puis suivent quatre amulettes qui doivent protéger le mort de leur puissance magique :

Le *pilier Djed*, ancien fétiche qui était assimilé au début à Osiris, et plus tard devint la colonne vertébrale d'Osiris. Il garantissait la résurrection du mort. L'« érection du pilier Djed », qui avait lieu au cours de certaines fêtes, signifiait la victoire d'Osiris sur ses adversaires.

Le *sang d'Isis*, modification de l'hiéroglyphe ♀ signifiant « vie »; plus tard, le « sang d'Isis » devint le nœud de la ceinture d'Isis.

Le *cœur*, qui était chez les Égyptiens le siège de l'intelligence et du savoir (c'est pourquoi il était pesé en regard de la plume de Maât).

L'*appuie-tête* qui était placé sous la tête du mort pour le protéger du malheur et surtout pour s'assurer que la tête ne se perdrait pas, afin que le *Ba* puisse toujours identifier le mort.

Les images suivantes montrent la chambre funéraire d'Ani, que l'on retrouve à la planche 34. Conformément aux techniques du dessin égyptien, toutes les surfaces sont représentées sur un même plan. Les murs sont rabattus de 90° pour être vus sur le même plan que le sol.

Sur la première vignette, en haut, à gauche, se tient le *Ba* d'Ani, qui a la forme d'un oiseau à tête humaine. Il se tourne vers la gauche en direction du soleil qui se lève. En dessous, une torche, sous forme d'un hiéroglyphe qui signifie « feu, flamme ». Encore en dessous, l'« Uschebti » qui fera différents travaux à la place d'Ani dans l'au-delà.

Le dernier registre présente de haut en bas le fils d'Horus, Hapi (voir page 83), au-dessous de lui, Isis à genoux, et au-dessous d'elle le fils d'Horus, Kebeh-Senef.

PLANCHE 34

En haut à gauche, une amulette Djed; en dessous, sous un baldaquin, la momie d'Ani sur une civière de chat ravisseur. A côté d'elle, se tient le dieu des Morts à tête de chien Anubis, l'« embaumeur », qui étend les mains au-dessus de la momie. Dans l'angle inférieur gauche, Anubis repose sur une porte. Dans le dos, il porte le fouet royal, le col entoure son cou, et devant lui, se tient le sceptre Sechem signifiant « puissance », d'où pendent deux ménats.

Au deuxième registre, de haut en bas, le fils d'Horus, Imsti, puis Nephthys à genoux, et enfin le fils d'Horus, Dua-Metef. Il faut noter qu'ici les quatre fils d'Horus portent des têtes d'homme.

Au registre suivant, le *Ba*-oiseau d'Ani se tient sur la tombe, tourné vers le soleil couchant; la tombe a la forme d'une porte; en dessous une autre torche, et tout à fait en bas, sous forme de momie, « le *Ba* parfait » d'Ani « dans l'œuf sacré du poisson Abdju » — voir page 72.

Le motif central de la composition est donc Ani sur la civière, qu'Anubis est en train de ressusciter, entouré d'un côté par Isis et Nephthys et, de l'autre, par les quatre fils d'Horus. Deux torches éclairent la chambre funéraire, dans laquelle on voit deux fois la momie dressée, donc revenant à la vie, ainsi que deux fois son *Ba*, qui s'unira à Ani ressuscité. La planche se termine par l'image d'Ani et de sa femme, qui porte un arbuste de lotus devant une table d'offrandes chargée de fleurs et d'arbustes de lotus. Ils sont prêts à entrer dans les Champs des Bienheureux.

PLANCHE 35

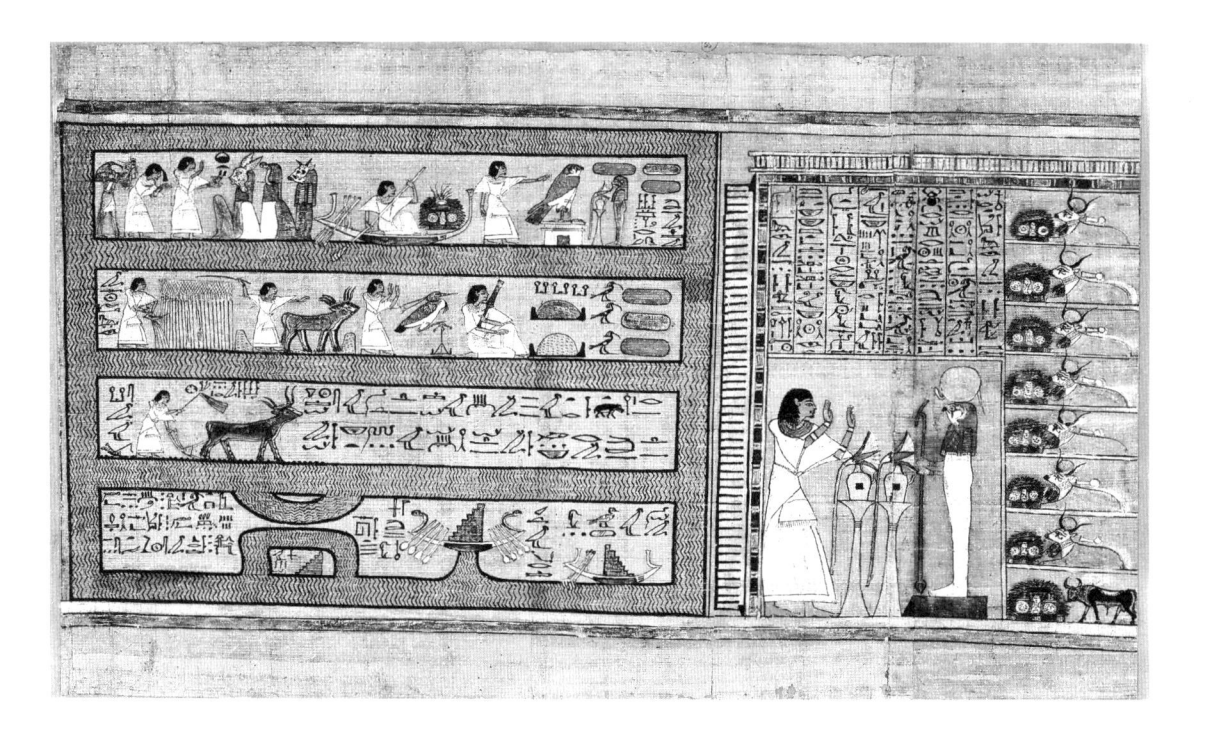

Les Champs des Bienheureux, les champs de la « paix » ou des « offrandes » sont représentés par une zone entourée d'un courant d'eau, qui est divisée en quatre par trois autres fleuves. Différentes scènes sont représentées, de haut en bas et de gauche à droite :

Premier registre supérieur : Thot, le dieu de la Sagesse, écrivain des dieux, portant le roseau et la palette, fait entrer Ani qui s'incline avec respect. Ensuite, Ani présente ses offrandes à trois dieux qui ont la tête d'un lièvre, d'un serpent et d'un taureau. L'assemblée des dieux est désignée par *psdd.t* ☉ = les neuf divinités. C'est avec le chiffre 3 que commence pour les Égyptiens le pluriel. Le chiffre 9 (3 × 3) est la multiplication par le pluriel, donc le plus grand nombre possible. Souvent l'assemblée des neuf dieux, le grand Panthéon, est représentée par plus de neuf dieux, souvent aussi par moins ; ici, ils ne sont que trois pour les représenter tous.

Ensuite, Ani rame dans une barque qui porte une table dressée. Le plateau de la table, sur lequel s'étalent des feuilles de roseau, est présenté sur le plan de l'image, comme dans tous les dessins égyptiens, et l'on peut voir ce qu'il porte — des pains et des fruits. Le pain blanc pointu entouré de pains ronds est posé sur une natte verte, et forme avec elle l'hiéroglyphe ⌒ *htp*, que l'on peut traduire aussi bien par « paix » que par « offrande ». Puis Ani se tourne vers un faucon posé sur un pilier (tombe ?), qui se tourne lui-même vers un dieu traité en rouge. Devant ce dernier, se tient un pilier supportant une cruche d'eau d'où s'élève une fleur de lotus qui s'incline devant le dieu. Au-dessus du dieu, on voit un ovale, suivi par deux autres : un rouge et un vert. L'inscription portée dans les deux colonnes verticales, de droite à gauche, dit : *wn m htp sht nfw r fnd* = « être dans les champs des repas et respirer de l'air ».

Deuxième registre : Ani coupe le blé ; derrière lui, l'inscription : « Osiris récolte. » Puis il fait écraser par trois bœufs le blé fauché. Les tas pointillés de rouge derrière Ani et devant les bœufs montrent la coupe de la cuvette que les bœufs ont formée en piétinant les épis. Ani se tourne ensuite vers un héron accroupi sur une perche. C'est le phénix, l'oiseau de lumière qui, lors de la création du monde, s'est installé le premier sur la première hauteur. D'autres représentations le montrent accroupi sur le pyramidion. La pierre pointue (le pyramidion) participe, selon les conceptions égyptiennes, à l'évocation de la lumière qui accompagne le phénix ; ici, il rappelle la naissance de la lumière.

Puis Ani est assis, le grand sceptre Sechem à la main, devant deux tonneaux présentés en coupe, contenant de l'orge rouge et du fromage blanc. L'inscription

Fig. 36 : Le phénix sur le pyramidion (d'après Tb. Barguet 144).

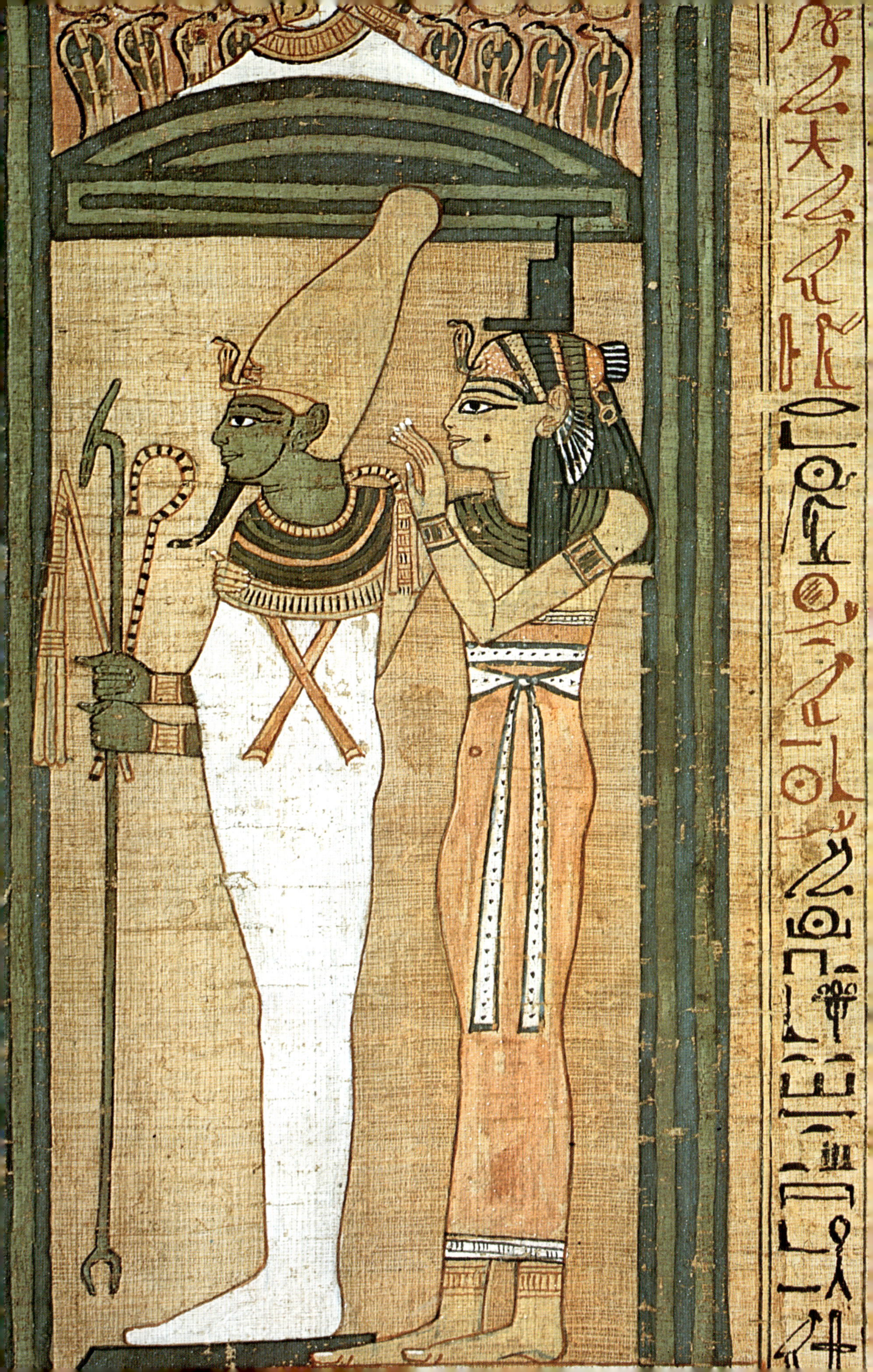

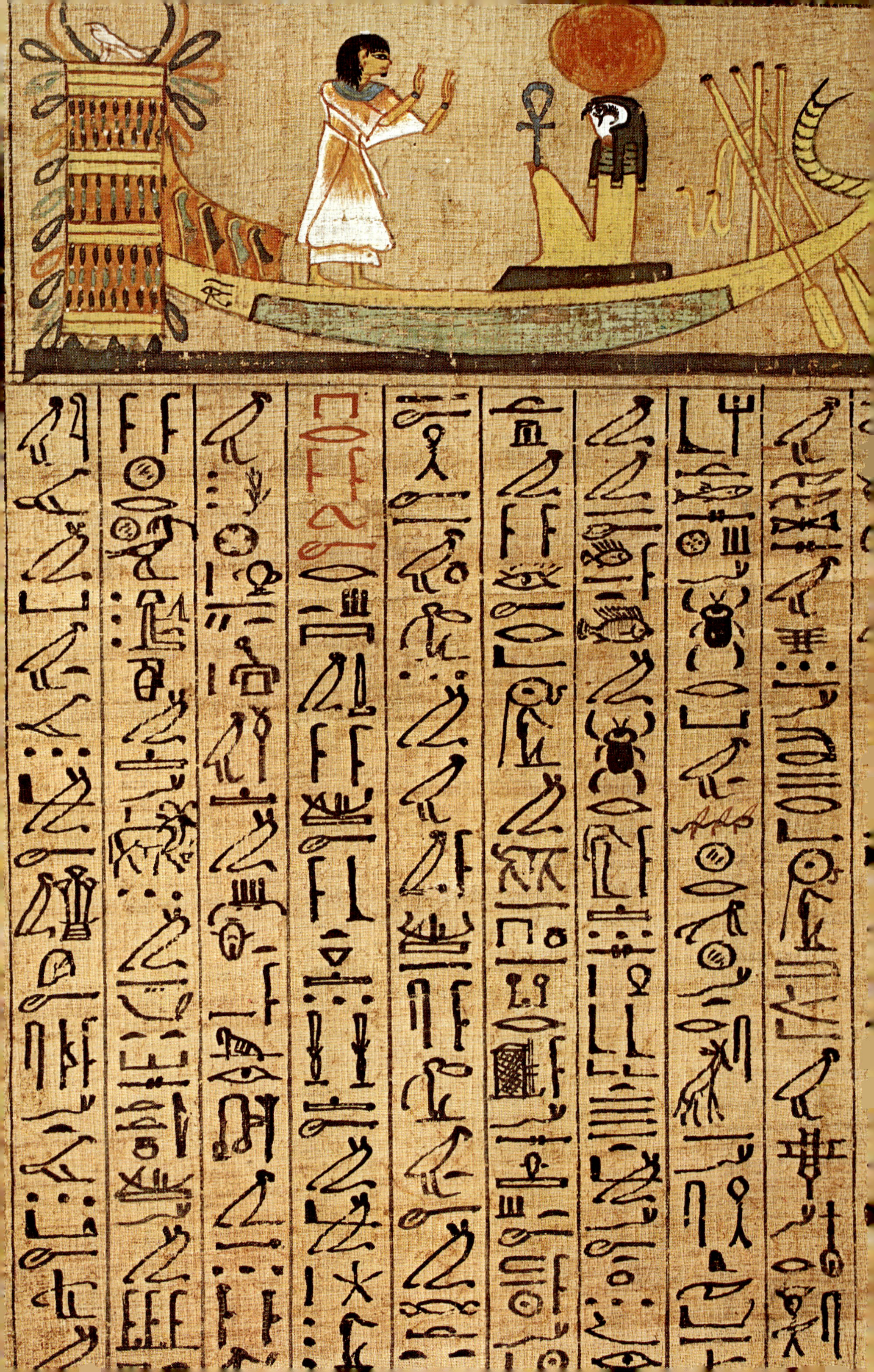

k3w 3ḫw pourrait signifier : « la nourriture du transfiguré ». Le deuxième registre est fermé par trois ovales, les ovales supérieur et inférieur étant verts, et l'ovale du milieu rouge. La signification de ces ovales n'est pas éclaircie à l'heure actuelle.

Troisième registre : Ani conduit la charrue de la main gauche et brandit le fouet de la main droite. L'inscription derrière lui, 𓊪𓏤𓄿𓎤𓈖 *sk3w*, signifie « labourer ». La zone qu'il laboure porte le nom 𓈅𓏤𓇋𓂋𓏤𓂻𓈗, *sḫt j3rw* = « champ des roseaux »; le mode d'écriture est d'une époque tardive. Les lignes suivantes signifient, en traduction littérale : « Formule de l'hippopotame. Le fleuve dans sa longueur. On ne peut dire sa largeur. Il ne contient pas de poissons, il ne contient pas de serpents. » Bien qu'Ani, dès la planche 33, ait eu à sa disposition une Uschebti pour effectuer à sa place les travaux demandés dans l'au-delà, il ne se refuse pas à labourer et à moissonner lui-même, en vêtement d'apparat; maints notables se faisaient représenter ainsi sur les murs de leurs tombes.

Quatrième registre : Les hiéroglyphes placés au début et qu'il faut lire de droite à gauche sur les lignes horizontales, disent : « Le lieu des transfigurés. Sa longueur est de sept aunes (une aune = 0,52 m). Le blé a trois aunes (de hauteur). Les transfigurés parfaits moissonnent. » Le fleuve se divise en haut et en bas en bras latéraux qui le rejoignent ensuite, en formant deux îles placées l'une en face de l'autre. Le bras inférieur s'appelle 𓇋𓈙𓏏𓈗 *jsh.t* = « fleuve ». Puis il semble s'élargir puisqu'une barque peut s'y montrer, dont les deux extrémités se terminent en serpents. L'inscription à l'extrémité droite de la barque dit : 𓇋𓂧𓃀𓅱 *jdbw dśr* = « rivage sacré », celle de l'extrémité gauche 𓊹𓏺𓅓𓎟𓐍 *nṯr jmj Wnn-nfr* = « Le dieu ici est Onnofris (= Osiris) ». La barque est menée par huit rames et elle porte un escalier que l'on retrouve à l'intérieur de la première île et dans la barque suivante. Cet escalier doit être un trône, car le trône est souvent caractérisé par l'image de l'escalier. L'inscription au-dessus de la deuxième barque dit 𓂧𓆑𓄿𓅱𓏛 *df3w* = « nourriture », ce qui doit signifier une nourriture des dieux.

L'escalier et la barque portant les têtes de serpents semblent être des allusions à la création du monde — voir pages 69, 70.

Les trois escaliers à sept marches ne figurent pas seulement le trône, mais aussi la colline des origines, la première hauteur terrestre qui est sortie de l'eau. Les premiers êtres étaient des reptiles. Le dieu des origines s'incarnait en un serpent dont il reprendra la forme à la fin du monde. Avant la création, les lois naturelles n'existaient pas, elles ont pris naissance avec elle et par elle. L'état du monde avant la création se caractérisait également par l'absence de direction, ce qui s'exprime ici par le fait que la barque va dans les deux directions à la fois, comme le montrent les rames. Mais le trône, symbole de la création, ramène en arrière, au moment du jaillissement originel.

Le registre vertical suivant montre un coffre dont la porte 𓊪 est ouverte. Ani est entré et se tient en adoration devant une divinité à tête de faucon et en forme de momie blanche portant sur la tête le disque solaire entouré de serpents. Le texte en hiéroglyphes placé au-dessus est un chant de louanges à Râ, qui est appelé « seigneur de l'éternité et créateur

Fig. 37 : Le roi sur le trône à escalier (Schafer 113).

Fig. 38 : « Le mort se fait représenter sur la colline des origines, afin que les forces de vie qu'elle contient puissent régénérer sa vie » (Keel 100).

de l'infini ». Ces deux noms sont pourtant ceux d'Osiris, comme la forme de momie qui ne caractérise jamais Râ. Il s'agit là clairement d'une tentative de syncrétisme pour fondre en un seul les deux dieux opposés du monde supérieur et du monde inférieur, de la lumière et des ténèbres. Ces tentatives se sont maintes fois renouvelées au cours du Nouvel Empire ; l'exemple le plus connu est la forme mixte Râ-Osiris dans la tombe de la reine Nofretari. L'inscription dit ici : « Osiris repose en Râ », et « C'est Râ qui repose en Osiris ».
— Voir fig. 39, p. 120.

La dernière partie de la planche montre sept vaches, placées dans sept registres disposés l'un au-dessus de l'autre. Au-dessous d'eux, un taureau. Les vaches portent entre les cornes le disque solaire et autour du cou le grand col qui se termine par un ménat. Devant les vaches et le taureau, sont disposés des pains d'offrande ; de nouveau, la natte verte et le pain blanc pointu qui y est posé forment l'hiéroglyphe ⌒ *htp* = « paix » ou « offrande ». Remarquons les yeux des vaches. Elles ont toutes l'œil Wedjat (Uzat) 𓂀 formé à partir d'un œil humain, d'un œil de faucon et d'un œil de chat ravisseur. Ici, le ciel est représenté sous les différentes formes qu'il a connues en Égypte. On sait qu'aux époques les plus reculées, les Égyptiens se représentaient le ciel comme un faucon dont le soleil et la lune formaient les yeux. On sait qu'ils l'imaginaient aussi comme une vache, sous le ventre de laquelle la barque solaire effectuait son trajet diurne pour entrer le soir dans sa gueule.
— Voir page 15.

« Le chat ravisseur est une représentation du ciel encore plus ancienne que la vache, dont il est vraisemblablement le précurseur ; c'est-à-dire qu'à la place de la vache, c'est un chat ravisseur (sans doute un chat-panthère) qui sert de modèle à la construction mythologique du ciel. Tout un ensemble de caractéristiques de la vache du ciel qui se sont maintenues dans l'histoire conviennent mieux au chat-panthère qu'à la vache : 1. La disparition du dieu du Soleil le soir correspond mieux à un chat-panthère ensanglanté qu'à une vache. 2. Les taches de la peau du léopard représentent les étoiles. 3. Les yeux du chat ravisseur sont les soleils du matin et du soir, du jour et de la nuit (la partie inférieure des yeux *wḏꜣ.t* indique une origine de chat-panthère » — Westendorf, MÄS, 10 (1966), 12.

Le texte en hiéroglyphes — version très abrégée du chapitre 148 — se borne à l'affirmation d'Ani, qu'il a « apporté des offrandes de nourriture au seigneur des sept vaches et du taureau ». Il n'était pas utile que le texte répétât ce que l'image exprimait déjà et que l'Égyptien initié comprenait aussitôt. Mais l'image contient une foule d'allusions cachées aux représentations du ciel alors en vigueur. C'est dans ce contexte qu'il faut aussi placer les rames des quatre régions du ciel montrées sur la planche 36. Les chiffres sacrés 1, 4 et 7 sont évoqués : le un de l'origine, le quatre de l'immensité du monde, et le sept, chiffre important en magie. Il y avait sept Hathor, qui venaient au berceau du nouveau-né pour fixer son destin. Ces chiffres sacrés régissent le cosmos ; mais il n'était pas nécessaire de dire dans le texte ce qui apparaissait sur l'image.

PLANCHE 36

Fig. 39 : La forme mixte Râ-Osiris dans la tombe de Nofretari (Dondelinger, Jenseitsweg, Graz 1973, pl. 19).

Le dessin du coffre de la planche 35 se poursuit. Il est fermé à droite par une porte. A gauche, on voit les rames des quatre régions du ciel : de haut en bas, rames du ciel du nord, de l'ouest, de l'est et du sud. Puis viennent quatre triades de dieux, en quatre registres placés les uns au-dessous des autres, à qui s'adresse Osiris, en un texte à lire de haut en bas :

« Je vous salue, dieux qui êtes au-dessus de la terre, qui accompagnez dans le monde inférieur ! »

« Je vous salue, déesses-mères qui êtes au-dessus de la terre, qui êtes dans le monde inférieur, dans la maison d'Osiris ! »

« Je vous salue, dieux qui menez au pays sacré, qui êtes au-dessus de la terre, qui menez au monde inférieur ! »

« Je vous salue, vous qui êtes l'escorte de Râ, vous qui êtes dans l'escorte d'Osiris. »

Ensuite, Ani est debout devant une table d'offrandes, les deux mains levées en prière. Derrière lui, se tient sa femme qui porte à la main gauche une fleur de lotus et lève la main droite en signe d'adoration. Sur la tête, elle porte un cône d'onguents ; une fleur de lotus est piquée dans sa chevelure. Le lotus est la fleur qui, flottant sur l'océan des origines, s'est ouverte au moment de la naissance du monde pour laisser sortir le soleil. Elle est, « lotus au nez de Râ », un garant de la vie, et pour le mort l'assurance de sa résurrection. Devant la table des offrandes, est placé un bouquet de trois fleurs de lotus de la taille d'un homme.

Le texte, qui correspond au chapitre 185, est un hymne de louanges à « Osiris, le premier des êtres de l'ouest, l'être parfait d'Abydos », le « seigneur qui parcourt l'éternité, qui dure à jamais », le « seigneur des seigneurs », le « roi des rois ».

PLANCHE 37

Sur le coffre déjà décrit en page 66, est étendu Sokaris. Dans le cercueil, identifié par l'inscription, la forme mixte de

Skrj-Wsj nb *štjj.t* *ntr* ᶜ₃ nb *ḥr.t-ntr*
Sokar's-Osiris, Seigneur (du) secret, grand dieu, seigneur de la nécropole

La tête de faucon est celle du dieu des Morts de Memphis, Sokaris. La silhouette en forme de momie est celle d'Osiris. La couronne Atef blanche avec les plumes vertes, le bâton courbe, le sceptre Ouas et le fouet royal font aussi partie de ses attributs. Puis viennent deux tables d'offrandes ornées de fleurs, et un bouquet de fleurs. Devant, se tient la déesse Hathor qui a la forme d'un hippopotame. Elle porte en ornement de tête des cornes de vache entourant le disque solaire; à la main droite, elle tient une torche. La main gauche tient le signe de vie, et s'appuie sur l'hiéroglyphe signifiant « protection ». Derrière elle, est la vache du ciel Mehet-Weret (Methyer), le « grand flot », l'eau originelle, autre forme de Hathor — voir page 82. Elle sort de la montagne de l'ouest couverte de papyrus, et porte au cou un ménat. Au pied de la montagne, se trouve la tombe d'Ani, couronnée d'une petite pyramide. Le texte est celui du chapitre 186 : Hathor, maîtresse de l'Ouest, qui est dans le grand (pays), maîtresse du pays sacré, l'œil de Râ sur son front, avec son beau visage dans le bateau des millions d'années. Elle est le lieu de la paix, pour l'action de l'homme droit au milieu des bienheureux... pour grandir la barque du soleil, pour traverser le Maât.

C'est sur cette image grandiose que se termine le Livre des Morts du véritable écrivain Ani. Methyer, le flot originel, d'où tout être est sorti, qui a enfanté le soleil et s'est élevée au ciel, sort comme la Grande Mère du « bel Occident », pour accueillir et protéger Ani, afin que, devenu Dieu, il appartienne aux deux éternités.

Florence Delay

LA SORTIE AU JOUR

A MON PÈRE
DANS LE ROYAUME

assis debout regarde
une pyramide
un livre ce livre
écoute
comme un coquillage
le chant des bandelettes
déroulé
la voix du papyrus
entre les jambes sous les bras
sur le cœur
voix des millions de voix
années des milliers d'années
la parole
n'était pas mortelle
des jours des mois
on préparait l'autre corps
le silencieux
on ouvrait sa bouche
sa nouvelle bouche

I

OUVERTURE DE LA BOUCHE

IL M'A BRISÉ IL M'A FRAPPÉ

Père !
quel est celui qui frappe mon père ?
ne frappez pas mon père !
je l'ai vu dans mon sommeil en chacune de ses formes
et je suis venu le chercher.

Je suis venu te chercher je suis Horus ton fils aimé
je viens ouvrir ta bouche
pour que tu puisses parler devant l'assemblée
dire aux dieux qui tu étais.

COMME ELLE EST PROPRE   COMME ELLE EST PURE
COMME ELLE EST EN BON ÉTAT
COMME ELLE A ÉTÉ BIEN NETTOYÉE
TA BOUCHE EST LA BOUCHE D'UN VEAU DE LAIT
À SA NAISSANCE

Prend mon œil
il voit dans le noir.

Sa bouche
ses yeux
il est pur
grâce à l'œil
il voit dans le noir
Horus Horus Horus Horus

Je suis venu te chercher
je suis Horus et j'ai ouvert
je suis ton fils aimé
et j'ai ouvert ta bouche.

SA BOUCHE LUI EST REDONNÉE
SES YEUX LUI SONT REDONNÉS
IL EST PUR ET IL VOIT DANS LA NUIT
GRÂCE A L'ŒIL D'HORUS.

L'ŒUF DE VIE

Son phalle à la main
le Créateur créa
la volupté
un couple en naquit
frère et sœur
et c'est ainsi
Terre et Ciel
et ainsi de suite.

Elle le Ciel est une femme immense
au torse immensément
bleu
la nuit les étoiles
sont le pigment de sa peau
sa bouche et l'aine
les horizons
le soleil   *avec le mort*   la traverse
se couche dans sa bouche
se lève entre ses cuisses
chaque jour et c'est ainsi
elle accouche à l'orient.

Vois comme elle est belle au bord du Nil
allongée au plafond du temple
renverse la tête
que ta tête pivote sur elle-même pour voir le Ciel entier
car son corps tourne
le dos léché par les flots bleus
tandis qu'entre ses cuisses apparaît
le soleil.

Lui la Terre est un dieu qui glousse
un grand jars
une oie très grande ayant couvé l'œuf
dont tu sors
l'oie blanche a pondu

l'œuf de la création
l'œuf de la Grande Glousseuse
est en toi
tu respires le souffle.

JE SUIS CET ŒUF COUVÉ PAR UNE OIE
QUI CONTIENT LE SOUFFLE DE VIE
JE VIS   JE RESPIRE   JE REDEVIENS JEUNE
UN ENFANT

Terre et Ciel frère et sœur
se marient
fils
Osiris.

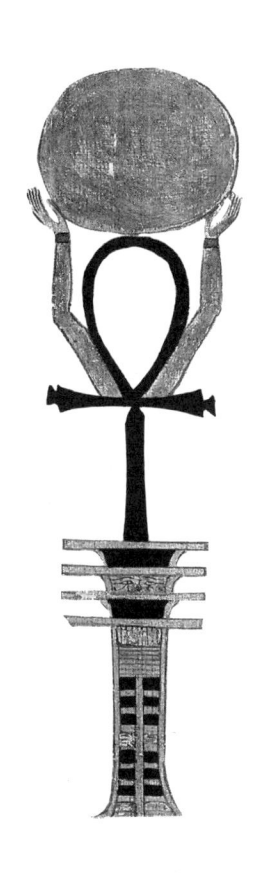

OSIRIS

        OSIRIS VIVANT
        OSIRIS MAÎTRE DE LA VIE
        OSIRIS MAÎTRE DE TOUT
        OSIRIS DANS LA DEMEURE DE L'ÊTRE
        OSIRIS DANS SES GRAINES
        OSIRIS DANS LE SUD
        OSIRIS DANS LE NORD
        OSIRIS EN HAUTE-ÉGYPTE
        OSIRIS EN BASSE-ÉGYPTE
        OSIRIS DE LA DOUBLE COURONNE
        OSIRIS DANS SES NOMS
        OSIRIS DANS SES FORMES
        OSIRIS DANS SES COURONNES
        OSIRIS DANS SES TOMBES

A l'âge d'homme il succéda
à son père il épousa
sa sœur Isis
mais le frère cadet Seth
jaloux
imagina un banquet :
les conjurés enfermèrent
Osiris dans un coffre
et le jetèrent dans le Nil.

        OSIRIS GOSIER
        OSIRIS ÉPERVIER
        OSIRIS CROCODILE
        TAUREAU QUI RÉSIDE EN ÉGYPTE

Isis pour retrouver
son frère son époux
parcourut toute la terre
et sur les côtes phéniciennes
ou dans le Nil
retrouva le corps
affreusement décomposé.

                    OSIRIS AU CIEL
                    OSIRIS SUR TERRE
                    OSIRIS EN VIE DANS ABYDOS

Alors alors
le soleil envoya
Anubis
embaumeur
tête de chacal
après
le corps paraissait vivant
mais il ne l'était pas.

Miséricordieuse Isis
ange oiseau d'un coup d'aile
le ranima
un instant le temps
de faire
Horus
puis dans le Delta
se réfugia avec le corps
et l'enfant.

                    OSIRIS DANS APER
                    OSIRIS DANS QUEFENOU
                    OSIRIS DANS SOKARIS
                    OSIRIS DANS MEMPHIS
                    OSIRIS DANS MENOU
                    OSIRIS DANS SHAOU
                    OSIRIS DANS RO-SETAOU
                    OSIRIS EN VIE DANS ABYDOS

Mais Seth le cadet
le porc
    un jour où
déroba le corps le dépeça
en quatorze morceaux
qu'il dispersa à travers l'Égypte.

                    OSIRIS DANS L'OASIS DU NORD
                    OSIRIS DANS L'OASIS DU SUD
                    OSIRIS DANS TOUS LES PAYS

Alors alors Isis
entreprit sa seconde quête
et retrouva un à un
tous les morceaux
sauf un
pieusement les ensevelit
pieusement
sur chacun de ces morceaux
est édifié un temple.

OSIRIS   *décomposé*
               recomposé   DANS APER DANS QUEFENOU DANS SOKARIS DANS MEMPHIS DANS MENOU DANS SHAOU DANS RO-SETAOU DANS

Elle les retrouva tous
à l'exception d'un seul
un poisson du Nil
l'avait avalé
un crocodile.

                          OSIRIS MAÎTRE DES SABLES
                          OSIRIS MAÎTRE DES RIVES
                          OSIRIS MAÎTRE DE LA VIE
                          OSIRIS DANS CHACUNE DE SES TOMBES VIVANT

Voilà pourquoi
il n'habite plus sur terre
et règne blanc
sur le royaume des morts
où chaque mort
devient un   OSIRIS OSIRIS OSIRIS

L'OEIL D'HORUS

QU'EST CELA?

C'EST LE JOUR DU COMBAT
HORUS CONTRE SETH
SETH LUI LANCE SES ORDURES
AU VISAGE
HORUS LUI ARRACHE
LES TESTICULES

QU'EST CELA?

Miasmes
nuit d'épouvante
c'est Seth
le porc noir
Horus
qui l'a regardé
en a été AVEUGLÉ!

Tu es immobile
devenu un Osiris
ton fils te cherche
il vient il t'a vengé
c'est Horus ton fils aimé
Horus vengeur de son père
à l'âge d'homme
provoqua son oncle Seth
en combat singulier.

QU'EST CELA?

C'EST LE JOUR DU COMBAT D'HORUS CONTRE SETH
SETH LUI LANCE SES ORDURES AU VISAGE
HORUS LUI ARRACHE LES TESTICULES

QU'EST CELA ?

C'EST LA LUTTE ENTRE LES DEUX COMPAGNONS
L'UN ENVOIE SES MIASMES À LA FIGURE DE L'AUTRE
QUI LUI ARRACHE LES BOURSES

Fais-moi voir ce qui est arrivé à ton œil aujourd'hui
   a demandé le soleil et il a ajouté :
jette un regard sur ce porc noir
   car Seth s'était changé en porc
Horus a regardé
la blessure de son œil est devenue si vive
qu'il a perdu connaissance.

   Aveuglé par un PORC ?
   Non.
Thot l'a soigné.

THOT

Thot
long cou
tête d'ibis.

    Pourquoi un ibis ?
    Parce qu'il se nourrit de reptiles
    de sauterelles de fléaux
    parce qu'il se nourrit de fléaux
    l'ibis sacré
    blanc et noir
    comme la page à venir.

Thot
le scribe
les pinceaux
les stylets
l'écriture
la mémoire
la guérison de la mémoire.

Thot guérisseur avec son godet et sa palette
il a guéri
l'œil d'Horus
et aussi l'œil de Râ
le jour où.

Thot qui a inventé les pinceaux
les stylets
l'écriture
la mémoire
la guérison de la mémoire.

    Mon préféré.
    J'apporte la palette le godet l'écritoire
    mes mains tiennent le plumier de Thot
    les archives secrètes des dieux.

Écoute autour des temples :

LIVRE DE LA SORTIE AU JOUR   DE LA SORTIE AU JOUR
                FORMULES POUR ÊTRE VIVANT AU-DELA !
                                            ÉCRITS DE THOT !
AMULETTES !   SCARABÉES !
        FORMULES EFFICACES DES MILLIONS DE FOIS !
                                                PAPYRUS !
PAPYRUS !   CELUI QUI L'ACHÈTE POURRA SORTIR
            AUTANT DE FOIS QU'IL LE DÉSIRE !
        SORTIR   DES MILLIONS DE FOIS !
                                        ŒIL D'HORUS !
            NŒUD D'ISIS !
                    ÉCRITS DE THOT !
                SCARABÉES POUR LE CŒUR...
PROUVEZ VOTRE INNOCENCE DEVANT OSIRIS

Bouche langue larynx
organes magiques donnés par Thot
pour vaincre le silence.

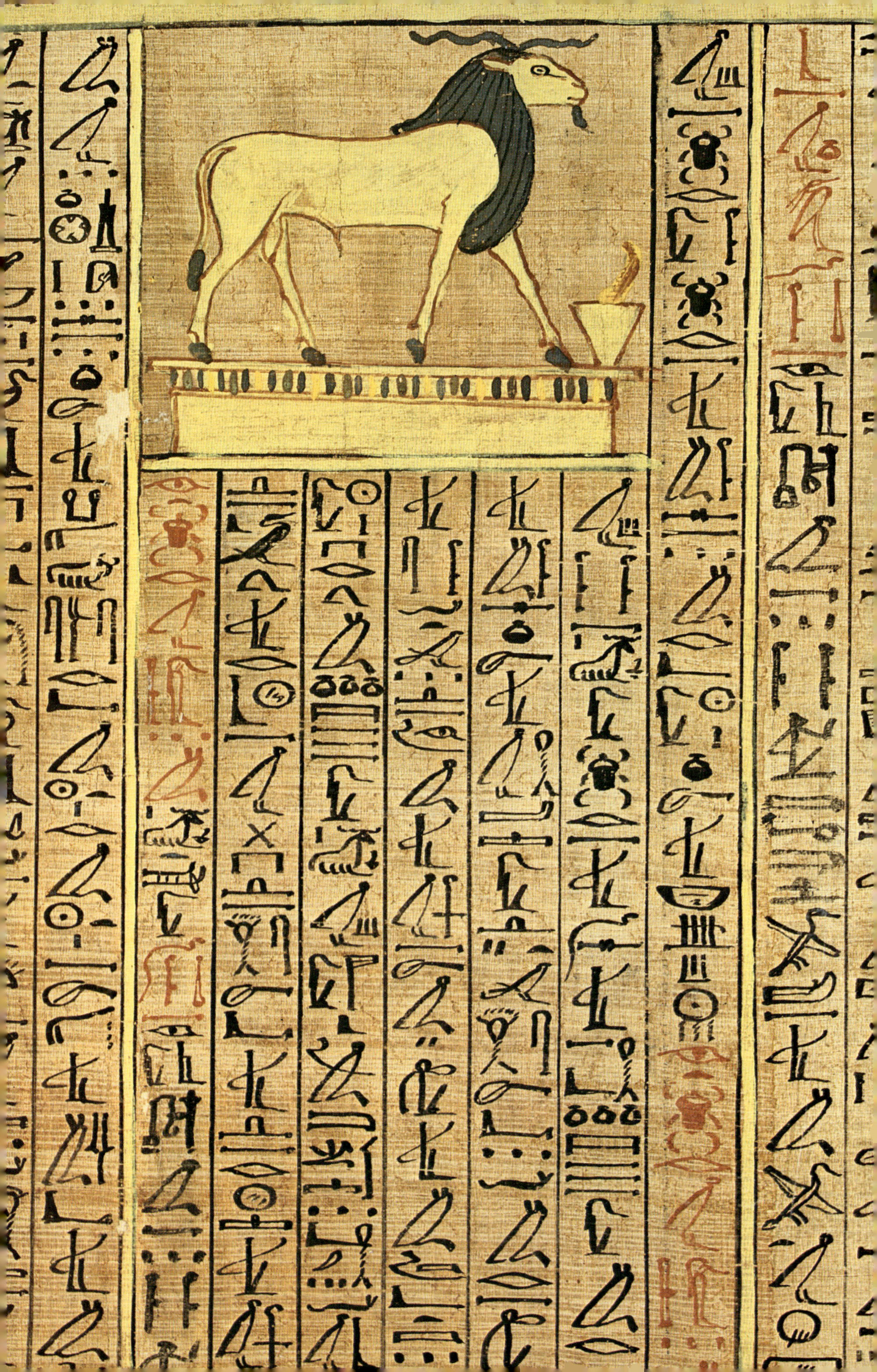

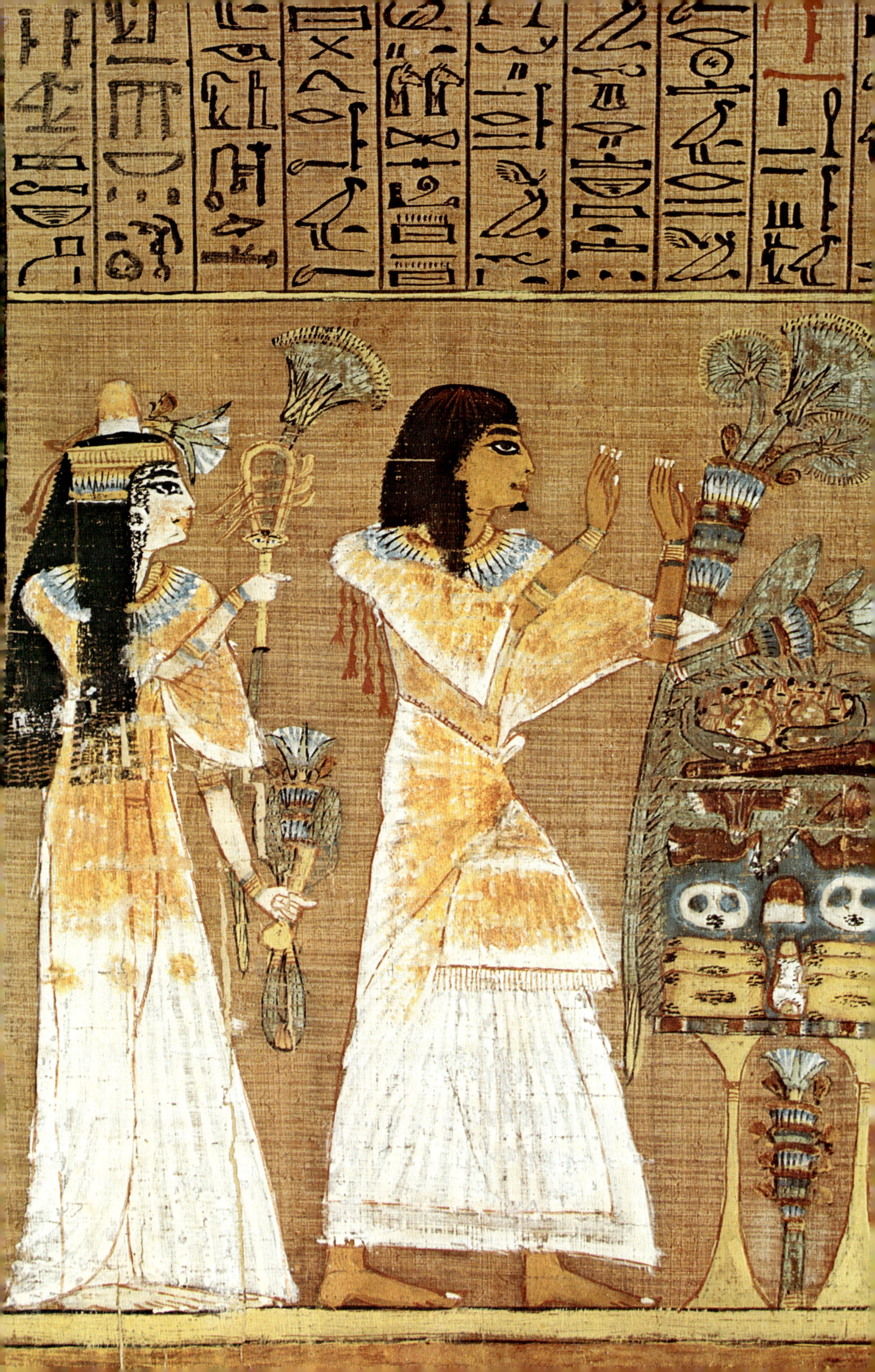

FORMULES POUR SORTIR INTACT

Je me soulève sur le côté gauche
je me soulève sur le côté droit
je m'assieds   je me lève   je suis debout
je secoue la poussière
je suis prêt

j'ouvre les portes du ciel les portes de la terre
les verrous sont poussés je sors
en possession de mon cœur
en possession de ma bouche
en possession de mes bras de mes jambes
en possession de tous mes membres
je dispose de l'eau   de la brise   du fleuve   des rives
j'ai du pain blanc   de la bière d'orge rouge
j'ai l'usage de mon cœur
j'ai l'usage de ma bouche
je suis bien équipé.

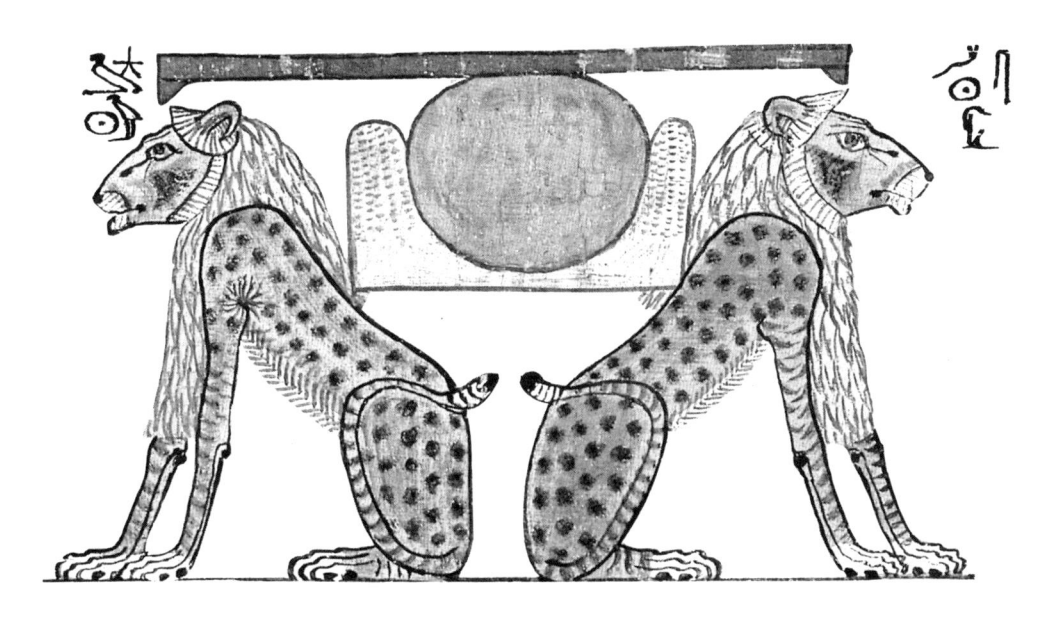

COMBAT DE L'AUBE

L'œil de Râ pourfend
ses ennemis

Aube à chaque aube
le soleil pardonne
un complot des hommes
contre lui

Alors alors dans sa colère
il avait envoyé son ŒIL
contre eux en HATHOR
LIONNE
qui détruisit dans le désert
ses ennemis
mais il a pardonné
aux survivants

PLACE ! PLACE !
ÉCARTEZ-VOUS QUE JE PUISSE SORTIR DE L'HORIZON
TES ENNEMIS SONT MES ENNEMIS
JE SUIS RÂ SORTI DE L'HORIZON CONTRE SES ENNEMIS

Aube
pardon
le jour.

NAVIGATION DE RÂ

Coucher de soleil
le soleil change
de barque.

Adoré le matin adoré le soir
sur sa barque voyageur
de l'éternité
les hommes les dieux sont joyeux de le voir
marcher comme il marche sans repos
grand traverseur d'espaces et de millions
d'années.

Il s'est levé en scarabée il se couche en bélier
sa forme se couche son être subsiste
il se couche en sa mère il entre dans sa bouche
et son corps au matin l'accouche
il se lève.

Adoré matin
adoré soir
millions d'années
instant qui passe
pour toi voyageur
sur ta barque du jour
auteur
illuminateur
fête des hommes des villes des temples.

Tu t'es levé en scarabée
tu te couches en bélier
tu changes de barque
l'équipage est joyeux
je vois Horus avec sa lance
Thot avec son encrier
tu changes
tu te prépares

à franchir les régions de la nuit
l'obscurité palpite de joie
dans la terre il fera clair
comme en plein jour.

Ah ! se lever se coucher
monter naviguer sortir
au jour avec
    RÂ
   être
     RÂ

TRAVERSÉE DU MONDE INFÉRIEUR

Franchir
IL FAUT
franchir les régions de la nuit
les porches les salles les portes
connaître le nom des portiers
IL Y A
des lacs des montagnes des vallées
IL FAUT
connaître le nom des plantes
la hauteur de l'orge
les coudées que mesure l'épi
franchir les douze régions
IL Y A
la quatrième terrible la quatrième heure
au long couloir qui bifurque
père chéri tu y étouffes

Plis replis couteaux gueules ouvertes
comme tu as peur j'ai peur
Apophis dos abominable
veut faire chavirer la barque
arrière crocodiles !
dieux bouchers briseurs d'os
maîtres du sang arrêt du cœur !

IL FAUT
répondre aux égorgeurs
à la question
torture
IL Y A
cachez-le cachez-moi
je ne veux pas mourir une seconde fois

IL FAUT
parvenir jusqu'à OSIRIS
blanc immobile inerte

qui préside à la pesée du cœur
dans la Balance.

Je t'en prie je t'en supplie
sois innocent
que ton cœur dans la Balance
ait la légèreté de la plume !
      enfant chérie
      comment être innocent ?

SCARABÉES

J'ai fait le bien j'ai obéi à mon cœur
je n'ai pas raccourci l'année d'un seul jour
la tristesse ne lui a pas dérobé une heure
j'ai fait du jour une fête.

Mon cœur ne te lève pas contre moi en témoin
ne te dresse pas contre moi devant le tribunal
car tu es le dieu qui habite mon cœur
surmonte l'épreuve
que notre nom soit beau devant le tribunal
qu'il sonne joyeusement aux oreilles du juge
car j'ai aimé la joie et je t'ai obéi
j'ai fait du jour une fête.

Je n'ai cessé de faire ce que j'aimais
les raisins étaient lourds de rosée
je me suis hâté de les presser et de les boire
afin de rafraîchir mon cœur.

J'ai oublié le mal j'ai songé au bonheur
et j'ai chanté jusqu'à ce jour
où j'aborde au pays qui aime le silence.

Ce que mon cœur m'a dicté je l'ai fait
tout ce qu'il aimait je l'ai fait
pour que nous soyons heureux à l'extrême.

Cœur qui me vient de ma mère
ô mon cœur de ma mère
ne témoigne pas contre moi
devant le tribunal.

Mon cœur est à moi dans la demeure des cœurs
à moi dans la demeure des cœurs
puissé-je avoir mon cœur il est heureux avec moi
sans lui je ne pourrais ni descendre ni remonter le Nil !

NOMS DE DIEUX

Râ en ses noms	AMON RÂ
plus de soixante-dix	RÂ HORAKTI
Khepri soleil levant scarabée	AMON RÂ HORAKTI
Atoum soleil couchant bélier	KHEPRI
	ATOUM

    — *Râ me suffit*
    — *Non*

Tu dois reconnaître	NOUN
tes pères enfants	SHOU
car tu es père et fils	TEFNOUT
de chacun des dieux	GEB
	NOUT
Fils et père de chacun	THOT
tu dois te souvenir	PTAH
si tu ne connais pas	MAÂT
les noms du père	ISIS
tu erres à jamais	OSIRIS
	NEPHTIS
Ne plus avoir de mémoire	SETH
perdre	SEKMET
ne plus savoir	SOBEK
ne pas pouvoir	HATHOR
répondre	HORUS
telle est l'horreur	IMSET
combattue par la voix	HAPY
du papyrus	DOUAMOUTEF
	KEBEHSENOUF

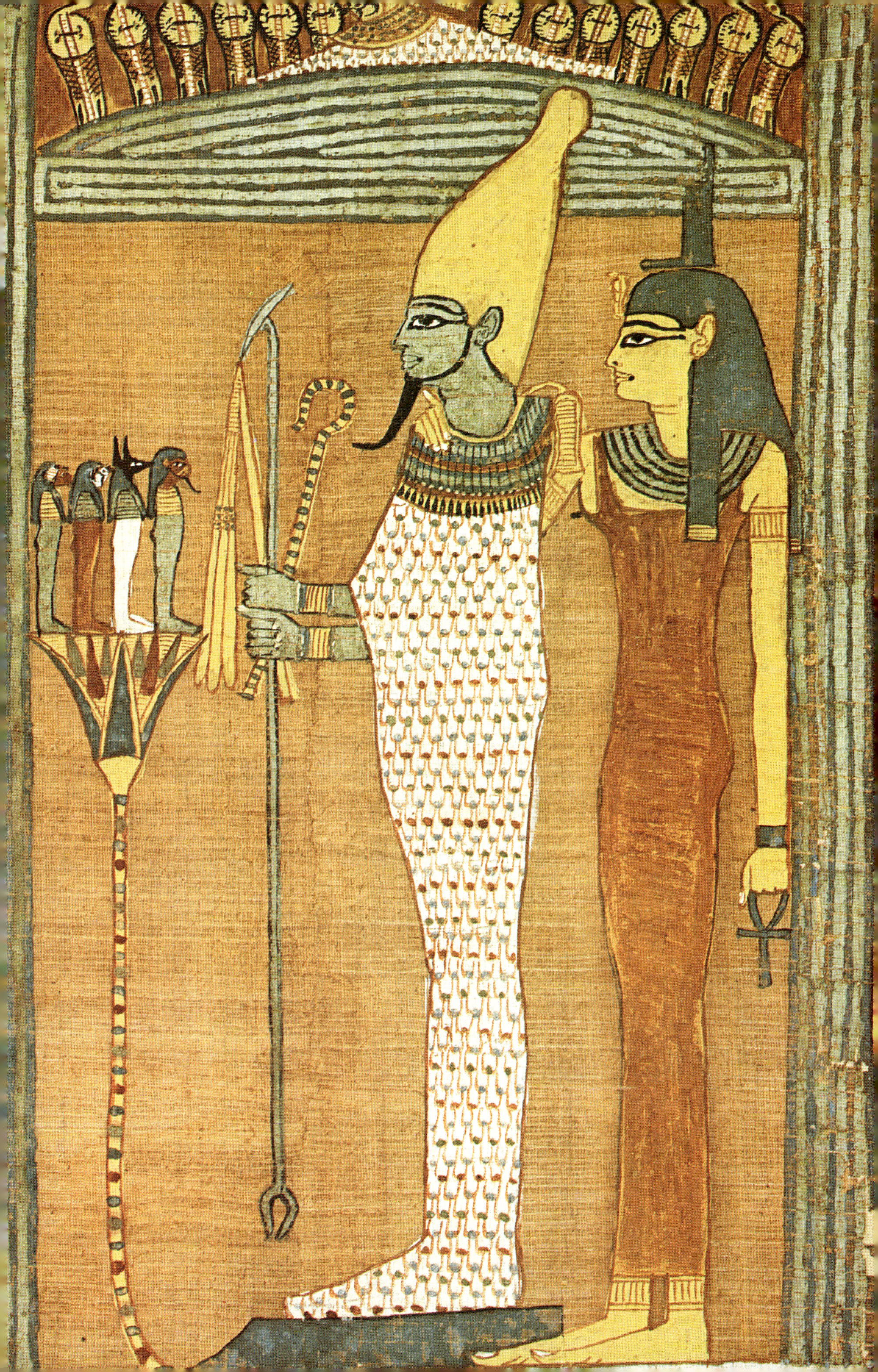

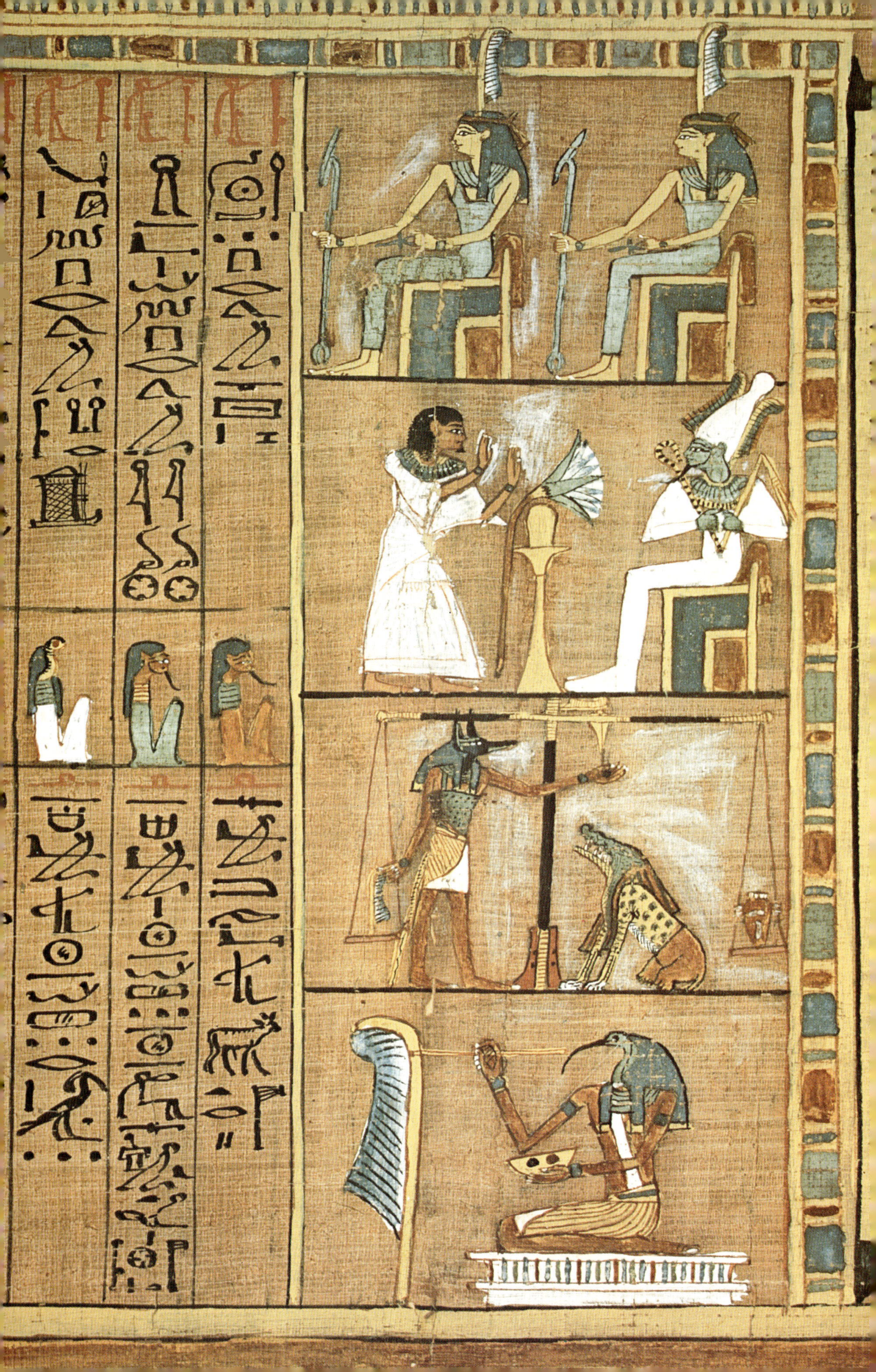

PASSAGE

Oui
      je commence à entendre
      j'entre mort dans ce royaume
      j'en sors vivant

Entrons.

II

II

OUVERTURE DE LA BOUCHE

Pur pur pur pur
ta pureté est celle d'Horus la pureté d'Horus est ta pureté
ta pureté est celle de Thot la pureté de Thot est ta pureté
ta pureté est celle de tous les dieux qui sont purs

Horus et Seth ont craché le natron
ce natron qui ouvre ta bouche est pur
tu goûtes son goût
ta bouche est la bouche d'un veau de lait à sa naissance

J'ai assujetti sa tête à ses os
    dit le dieu de la Terre
reçois ta tête elle est purifiée
ce qui sort de ta bouche est purifié
tous tes os sont purifiés

IL M'A BRISÉ IL M'A FRAPPÉ

Père ! mon père !
je l'ai vu dans mon sommeil en chacune de ses formes
oh faites pour moi mon père faites
une effigie de lui pour moi très ressemblante

IL M'A BRISÉ IL M'A FRAPPÉ

Qui ? qui sont ceux qui s'approchent de mon père ?
qui s'empare de sa tête qui le frappe ?
ne frappez pas mon père

Laisse en paix
    dit le Cérémoniaire
ceux qui doivent sculpter la statue de ton père

Ne frappez pas mon père !

Laisse travailler ceux qui doivent sculpter
l'effigie de ton père et
touche sa bouche avec ton petit doigt

Je suis venu te chercher je suis Horus ton fils aimé
je suis venu ouvrir ta bouche

Ouvre sa bouche quatre fois comme Horus
a ouvert la bouche de son père Osiris
avec le fer qui provient de Seth
avec le ciseau de fer qui a ouvert
la bouche des dieux avec le fer
qui provient de Ptah

Je suis venu te chercher je suis Horus et j'ai ouvert
je suis ton fils aimé et j'ai ouvert ta bouche

Il parlera devant l'assemblée des dieux à Héliopolis
il ouvrira sa bouche dans l'empire des morts
il guidera son cœur à l'heure du danger

Ouvre sa bouche encore
        dit le Cérémoniaire
avec le Doigt d'Or

Ô comme elle est propre comme elle est en bon état
comme elle a été bien nettoyée
ta bouche est la bouche d'un veau de lait à sa naissance

Offre-lui ce raisin

Prends pour toi l'œil d'Horus
je l'ai sauvé de la gueule de Seth il ne s'envolera plus
j'ai désiré pour toi cet œil
sachant que tel est ton désir

Il verra dans la nuit grâce à cet œil
sa mère l'a mis au monde aujourd'hui
il connaît aujourd'hui ce que nous ignorons
les liens qui l'emprisonnaient sont déliés
sa bouche lui est redonnée ses yeux lui sont redonnés
il est pur

Voici venir son parfum ô dieux
voici son parfum
déesse du Ciel voici ton nouvel enfant
sa mère l'a mis au monde aujourd'hui
il va monter sur les genoux d'Isis
elle va lui donner le sein il boira
son lait blanc et doux

Sarcophage ô Mère il entre en toi
Mère voici le nouvel Osiris
Mère sarcophage
qu'il entre en toi et puisse sortir
à volonté
sortir au jour et rentrer à la nuit
comme le soleil
ô Mère !

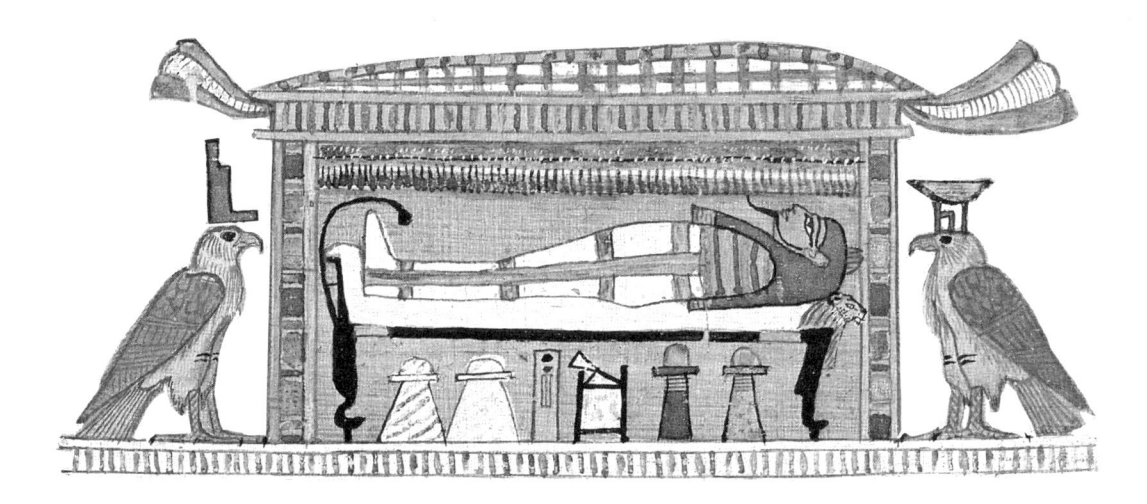

PAROLE REDONNÉE

Râ maître du rayonnement
donne des ordre à l'équipage   A
pour qu'il puisse monter dans la barque   HA
avec toi
se lever à l'horizon voguer traverser le ciel   RÂ

    il est arrivé il a été vu
    il voit son père Osiris

Osiris taureau d'Occident   O
seigneur de lumière dans les ténèbres   OH
parle dans sa bouche   I
il appartient à tes gens il a massacré tes ennemis   IRIS

    il est arrivé il a été vu il vous connaît
    il connaît vos noms

Horus il appartient à tes gens   O
il porte la couronne de vérité
il est celui par qui la parole d'Horus   OR
est vérité contre ses ennemis   HOR

Il est Thot auquel Râ dit :   THOO
proclame juste Osiris contre ses ennemis   THOR
Thot a proclamé juste Osiris contre ses ennemis
sa parole sa couronne est de vérité   THOT

    Vous qui ouvrez le chemin qui frayez la voie
    ouvrez frayez-lui le chemin
    il marche il marche vers l'ouest
    il parle avec vous
    sa bouche est pure il vous connaît
    il connaît vos noms

                                                           A
Atoum sorti de la Grande Liquide   AOU
interviens en sa faveur auprès de l'équipage   ATOUM

le soleil d'Aujourd'hui est enfanté par Hier
    a dit le timonier
alors il va renaître il renaît
il se réjouit de vivre

Les scribes sur leurs nattes l'ont glorifié
il a pris possession du ciel   JE
il a hérité de la terre   SUIS
qui lui enlèverait le ciel et la terre ?
il est Râ l'aîné des dieux   RÂ

Il sort du mouvement des entrailles du singe   O
il recherche l'inerte   SIRIS

    Ouvrez il est arrivé il a été vu   OUVREZ
    il est venu celui qui aime Osiris

                                               JE VIENS VOIR
                                               MON PÈRE OSIRIS

    il arrive il a été vu

                                               J'ARRIVE
    il vous connaît il connaît vos noms   JE SAIS
                                               JE CONNAIS
                                           JE SUIS QUI TU ES

QU'EST CELA ?

Je suis Râ.

QU'EST CELA ?

C'est le commencement qui se lève.

QU'EST CELA ?

C'est Râ qui se lève en se donnant forme
le créateur de ses membres.

QU'EST CELA ?

Râ dans son disque quand il se lève à l'horizon oriental
je suis Hier et je connais Demain.

QU'EST CELA ?

Hier est Osiris Demain est Râ
quand il rencontre le cercueil de son fils.

QU'EST CELA ?

L'occident je connais le dieu qui y réside.

QU'EST CELA ?

Osiris l'âme de Râ qui s'adore et copule avec soi-même.

QU'EST CELA ?

Le corps le jour la durée du temps
l'éternité c'est la nuit.

QU'EST CELA ?

Les deux plumes sur la tête d'Horus vengeur de son père
deux plumes comme Nephtys et Isis les deux sœurs
deux milans deux yeux deux vipères très grandes.

QU'EST CELA ?

L'horizon de mon père
j'ai été purifié à ma naissance dans deux bassins
le lac qui a traversé des millions d'années
et la mer.

QU'EST CELA ?

Le sang du pénis de Râ quand il s'est mutilé
pour engendrer les dieux qui font escorte à mon père
quand il se couche
je reconstitue le regard sacré.

QU'EST CELA ?

L'œil lunaire
c'est le jour du combat d'Horus contre Seth
Seth lui a lancé ses ordures au visage
Horus a perdu son œil mais Thot l'a soigné.

QU'EST CELA ?

L'œil solaire de Râ qui pleure
d'être sans compagnon
mais Thot a soufflé sur lui et l'a guéri.

QU'EST CELA ?

Le soleil né d'Hier entre les cuisses de la Grande Flotteuse
c'est l'œil de Râ quand il est enfanté
je suis un des dieux qui accompagnent Horus parleur suprême
mes paroles sont aimées.

QU'EST CELA ?

Amset Hapy Douamoutef Kebehsenouf
les quatre fils d'Horus dans le ciel du Nord
derrière la constellation de la Cuisse

> *et ceux qui jettent la terreur*
> *ce sont les crocodiles dans les eaux*
> *mes souillures tout ce que j'ai commis*
> *contre les maîtres de l'éternité*
> *depuis que je suis sorti du ventre de ma mère*

Je suis le chat auprès duquel l'arbre s'est fendu
la nuit du combat d'Héliopolis.

QU'EST CELA ?

Le grand chat c'est Râ
le dieu Sa l'a nommé semblable au chat
l'arbre s'est fendu la nuit du combat
au ciel et sur terre pour laisser sortir Râ
c'est le combat de l'aube

> *ô toi qui as horreur du désordre sauve-moi*
> *du dieu aux formes mystérieuses !*

QU'EST CELA ?

Ses sourcils sont les deux bras de la Balance
c'est Anubis qui compte les cœurs
la nuit de la pesée
la nuit du jugement la nuit du feu contre les renversés
la nuit de la destruction de la vie

> *sauve-moi de ces tueurs de ces bouchers !*

QU'EST CELA ?

> *ils ne s'empareront pas de moi non je ne*
> *tomberai pas dans leur fournaise non*

QU'EST CELA ?

C'est le broyeur d'Osiris il brûle de son œil
sans qu'on le voie il fait le tour du ciel
avec la flamme de sa bouche quand le Nil déborde
c'est lui

QU'EST CELA ?

Celui qui a reçu l'ordre de régner Horus qui règne
à la place de son père au jour de la réunion des deux terres
quand Osiris fut

> *œil d'Horus œil d'Horus*
> *défends-moi de celui-là !*

QU'EST CELA ?

Le dieu à tête de lévrier à sourcils d'homme
il garde le lac il se repaît de cadavres
il répand des miasmes sans qu'on le voie

QU'EST CELA ?

Le maître des frayeurs le seigneur du rouge
qui se repaît d'entrailles

QU'EST CELA ?

Le cœur d'Osiris qui est dans toute blessure

> *protège-moi protège-moi de leurs couteaux*
> *qu'ils ne m'arrêtent pas qu'ils ne m'asseyent pas*
> *dans la chambre aux supplices*
> *moi auquel on a offert le repas du soir*

QU'EST CELA ?

Celui auquel on a offert le repas du dernier jour
de l'année est Osiris le repas du ciel et de la terre
la force donnée au monde

> *arrière lion à la gueule blanche d'écume !*

QU'EST CELA ?

Le lion à la gueule blanche d'écume c'est le phalle
d'Osiris quand il a conçu en Isis

QU'EST CELA?

Je suis Isis j'ai étendu sur lui ma chevelure

QU'EST CELA?

Le désordre de mes cheveux ?

QU'EST CELA?

Le désordre de mes cheveux c'est
    le désordre
c'est quand elle était sur la tombe elle a lavé

QU'EST CELA?

Mes souillures   les deux sœurs
Isis Nephtys   ma maîtresse

QU'EST CELA?

      des millions d'êtres me touchent de leurs bras

QU'EST CELA?

      ce n'est pas vous qui me renverserez !

QU'EST CELA?

Rien de mal

QU'EST CELA?

Rien de mal ne peut m'arriver puisque je suis dans la maison de mon père

QU'EST CELA?

QU'EST CELA?

je suis

QU'EST CELA ?

QU'EST CELA ?

        QU'EST CELA ?

                      QU'EST CELA ?

ABOMINATION

L'abomination l'abomination je ne la mangerai pas
je ne mangerai pas mon abomination
ne me renversez pas dedans
je ne tendrai pas la main je n'y toucherai pas
je ne marcherai pas dedans avec mes sandales
je ne mangerai pas mes excréments

DE QUOI DONC VIVRAS-TU ?

Ce sont vos aliments dieux
qui tombent dans mon ventre
je vivrai des sept repas dont trois sont apportés par Horus
et quatre par Thot

OÙ T'A-T-ON PERMIS DE MANGER ?

Sous le sycomore sous le sycomore d'Hathor ma maîtresse
des champs et des vergers m'ont été adjugés
je me nourrirai du pain de blé blanc de blé rouge
je boirai
        non je ne boirai pas mon urine !
je ne m'abreuverai pas de fétidité
je ne marcherai pas la tête en bas
j'ai l'ordure en horreur
je mange avec ma bouche
je défèque avec mon derrière
je fais les choses à l'endroit
comme un dieu.

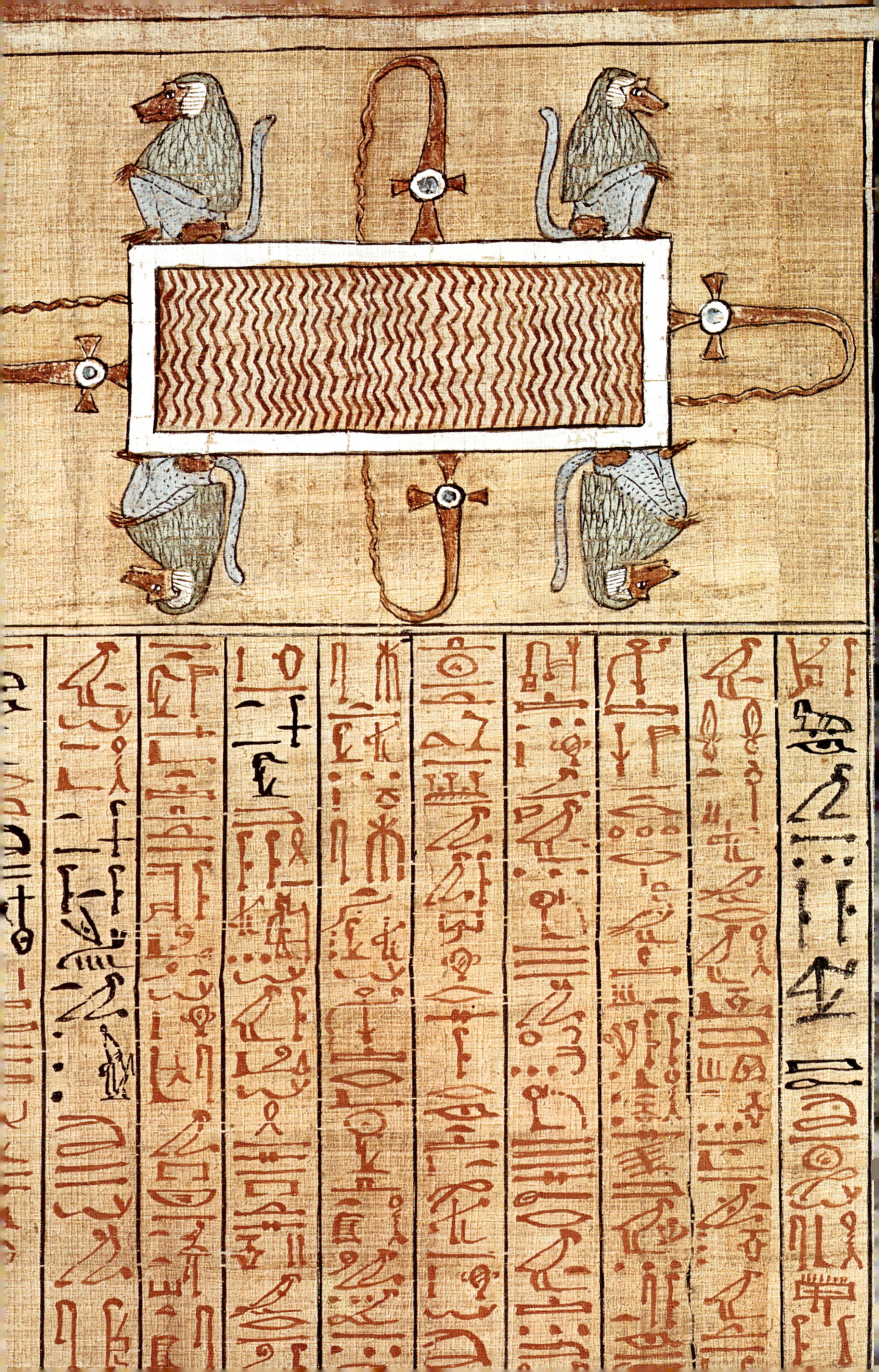

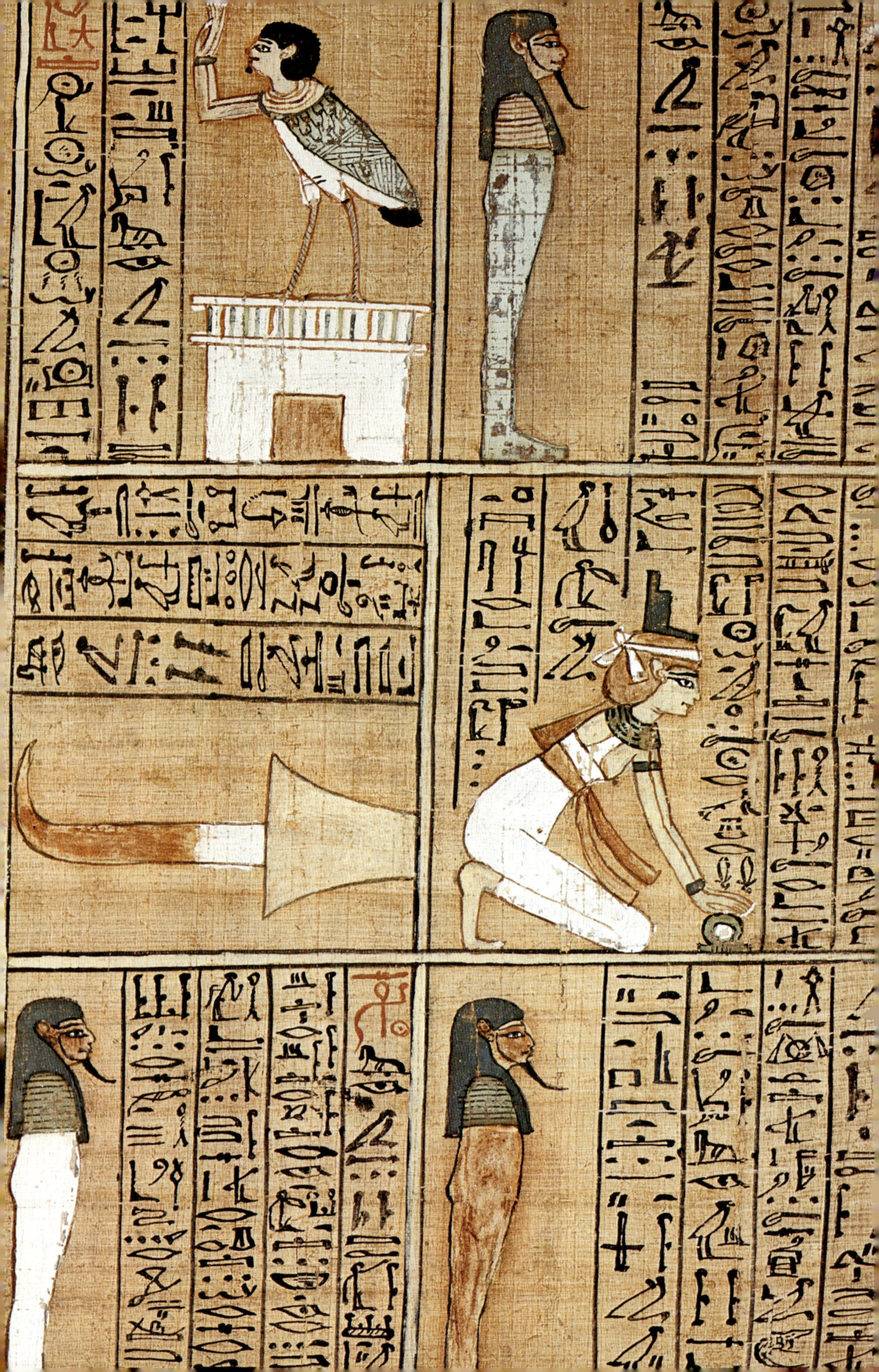

CORPS REDONNÉ

Il respire
le souffle de vie est en lui
son cœur lui est redonné
sa bouche lui est redonnée
ses bras ses jambes
tous ses membres lui sont redonnés
il est complet

Il est en possession de ses aliments
il est en possession du souffle
il est en possession du fleuve
il est en possession de tous ses actes

il se soulève   JE ME SOULÈVE SUR LE CÔTÉ GAUCHE
il se soulève   JE ME SOULÈVE SUR LE CÔTÉ DROIT
il s'assied   JE M'ASSIEDS
il se lève   JE ME LÈVE
il est debout   JE SUIS DEBOUT
il marche
il court
il parcourt les choses
il fouille la nuit
il scrute l'horizon
il cherche ses ennemis

ses cheveux sont de Noun   MES CHEVEUX SONT DE NOUN
ses yeux d'Hathor   MES YEUX D'HATHOR
son visage de Râ   MON VISAGE DE RÂ
ses oreilles d'Oupouapout   MES OREILLES D'OUPOUAPOUT
son nez de Khent Khas   MON NEZ DE KHENT KHAS
ses lèvres d'Anubis   MES LÈVRES D'ANUBIS
ses dents de Selkit   MES DENTS DE SELKIT
son cou d'Isis   MON COU D'ISIS
ses épaules de Neith   MES ÉPAULES DE NEITH
son dos de Seth   MON DOS DE SETH
son ventre de Sekmet   MON VENTRE DE SEKMET

son phalle d'Osiris	MON PHALLE D'OSIRIS
ses fesses d'Horus	MES FESSES D'HORUS
ses jambes de Nout	MES JAMBES DE NOUT
ses pieds de Ptah	MES PIEDS DE PTAH
	MES ORTEILS DES FAUCONS VIVANTS
	THOT PROTÈGE MA CHAIR
	TOUT MON CORPS EST DIVIN

CROCODILES

Arrière crocodiles reculez ne venez pas sur moi
ma bouche est pleine de magie mes dents sont en silex
mon âme arrive elle parlait avec son père
je suis le fils qui délivre son père des crocodiles !

Arrière crocodile de l'ouest
j'ai avalé le cou d'Osiris je suis Seth
ce que tu détestes est dans mon ventre recule
j'ai un serpent dans le ventre tu ne m'auras pas !

Arrière crocodile de l'est
qui se nourrit de ceux qui mangent leurs excréments
ce que tu détestes est dans mon ventre je suis Osiris recule
j'ai un serpent dans le ventre tu ne m'auras pas !

Arrière crocodile du sud
gueule brûlante qui se nourrit d'ordures
ce que tu détestes est dans mon ventre je suis Sepet recule
il n'y aura pas une goutte de mon sang sur ta patte !

Arrière crocodile du nord
mon venin est sur ma tête je suis Atoum
j'ai Selkit aux yeux verts dans le ventre recule
et je ne l'ai pas encore enfantée !

Je suis celui aux yeux verts
ce qui existe est dans mon poing
ce qui n'existe pas est dans mon sein
j'ai la durée l'étendue la hauteur
je suis muni du pouvoir de Râ
il est sur moi sous moi autour de moi
il m'a donné le bel Occident qui anéantit les vivants
je suis fort après m'être endormi
je suis Râ qui se protège lui-même
rien ne peut me renverser.

DEMAIN TOUJOURS

Hier aube Demain toujours
rentré à l'occident ressorti à l'orient
rends praticables tes chemins
élargis tes voies
que je puisse parcourir le ciel avec toi
brille sur moi dieu en trois
Hier Aujourd'hui et Demain
protège-moi de qui fermant les yeux le soir
anéantit tout dans la nuit

Abîme est ton nom
des centaines de milliers et de millions de choses
constituent tes biens
je suis le protecteur de ces choses
quand les douze heures passent une à une
et que douze fois tu te transformes
depuis l'heure qui renverse l'ennemi à l'aube
à celle du renversement nocturne
par la vérité de la parole

JE MARCHE POUR DONNER LE MOUVEMENT AUX OMBRES
QUAND JE ME RÉUNIS À LA TERRE LE SANG COULE
LES MASSACRES GISENT À TERRE
CEUX DONT LA FORME EST MYSTÉRIEUSE
VIENNENT À MA RENCONTRE
L'ŒIL RAVALE SES LARMES

J'apporte un message du maître des maîtres
au pays du silence
au pays des formes mystérieuses
voyez dieux comme je lui suis agréable
l'œil ravale ses larmes
il éclaire la terre
mon nom est son nom lui c'est moi

Je suis venu voir Râ à son coucher
pour être conçu à l'occident et entrer avec lui
je suis le favori du seigneur
aux millions d'années
enfanté par Hier
je n'ai pas été craché
j'embrasse le sycomore
je suis de jade verte
immobile de cœur

Je suis Hier aube Demain toujours
je suis Hier et je connais Demain
je cache l'intérieur de moi
je comble par mon extérieur
je suis celui qu'Hier a mis au monde
je n'ai pas été craché
je suis de jade verte
le héron se repose sur mes avis
les dieux se reposent sur mes paroles

LES DOUZE TRANSFORMATIONS

Je suis une hirondelle
je suis une hirondelle
fille du soleil
ô dieux parfumés.

        Je suis un serpent fils de la Terre
        riche en années je rajeunis
        je me couche et je renais
        chaque nuit je suis mis au monde
        je me couche et je rajeunis
        chaque jour je suis mis au monde.

Je germe je pousse comme une plante
je suis la force universelle
sous la carapace de la tortue
je suis la graine et le fruit des dieux
l'irrésistible.

        Je suis le Grand Poisson brutal
        qui inspire la terreur
        qui prend de vive force
        je suis le Grand Aquatique
        l'habitant du Grand Noir.

Mon visage est celui d'un faucon divin
le souffle est dans mon corps
je vais où se trouve l'Endormi
vous qui halez les étoiles
dégagez pour moi le chemin.

Je suis la femme lumière de la nuit
le nœud brillant à l'écharpe des ténèbres
j'ai sauvé l'œil lors de son éclipse
je porte celui qui tombe et reviendra
lorsque je serai couchée
je suis la femme lumière des ténèbres
j'arrive et elles brillent
ceux qui sont dans la nuit m'adorent
regardez-moi vous qui fuyez
je suis celle qui vient à bout des ténèbres
la femme qui brille dans la nuit.

        Je m'envole comme un faucon
        je jargonne comme un jars
        je mange mon pain sous le sycomore
        d'Hathor ma maîtresse
        ma tête unit les points cardinaux
        ma gorge est d'Hathor ma langue est de Ptah
        je suis la parole
        inclinez-vous devant moi habitants d'Héliopolis
        je suis votre taureau
        je coïte et je féconde pour des millions d'années.

Je me lève en faucon sorti de son œuf
je m'envole en faucon aux ailes d'émeraude
un grand faucon d'or à tête de phénix
je descends en planant vers la barque du jour
devant moi la campagne des félicités.

        Je suis le maître de ce qui est
        venu seul à l'existence
        j'ai créé seul
        le premier couple de dieux
        je suis Celui-du-Fils-et-de-la-Fille
        et au crépuscule je bois
        les bières offertes dans mes temples.

Je suis l'Élevé
je monte
je monte plus haut encore
jeune
garçon des prairies
jeune homme des villes
on ne voit pas mon nid
on ne brise pas mon œuf
je suis l'âme vivante.

                    Je suis le pur lotus qui a plongé dans l'eau
                    pour chercher l'œil perdu
                    je suis le pur lotus ayant rapporté la lumière
                    un lotus sorti du marécage
                    attaché à la narine de Râ.

Je porte mes armes sur la tête
mon croissant est bleu turquoise
je suis Lune je suis Taureau
l'ébouriffé l'échevelé
bousculant les constellations
dans sa course sauvage
le plus ancien des Lumineux
le mal c'était Hier Hier s'en est allé
la justice accourt sur mon front.

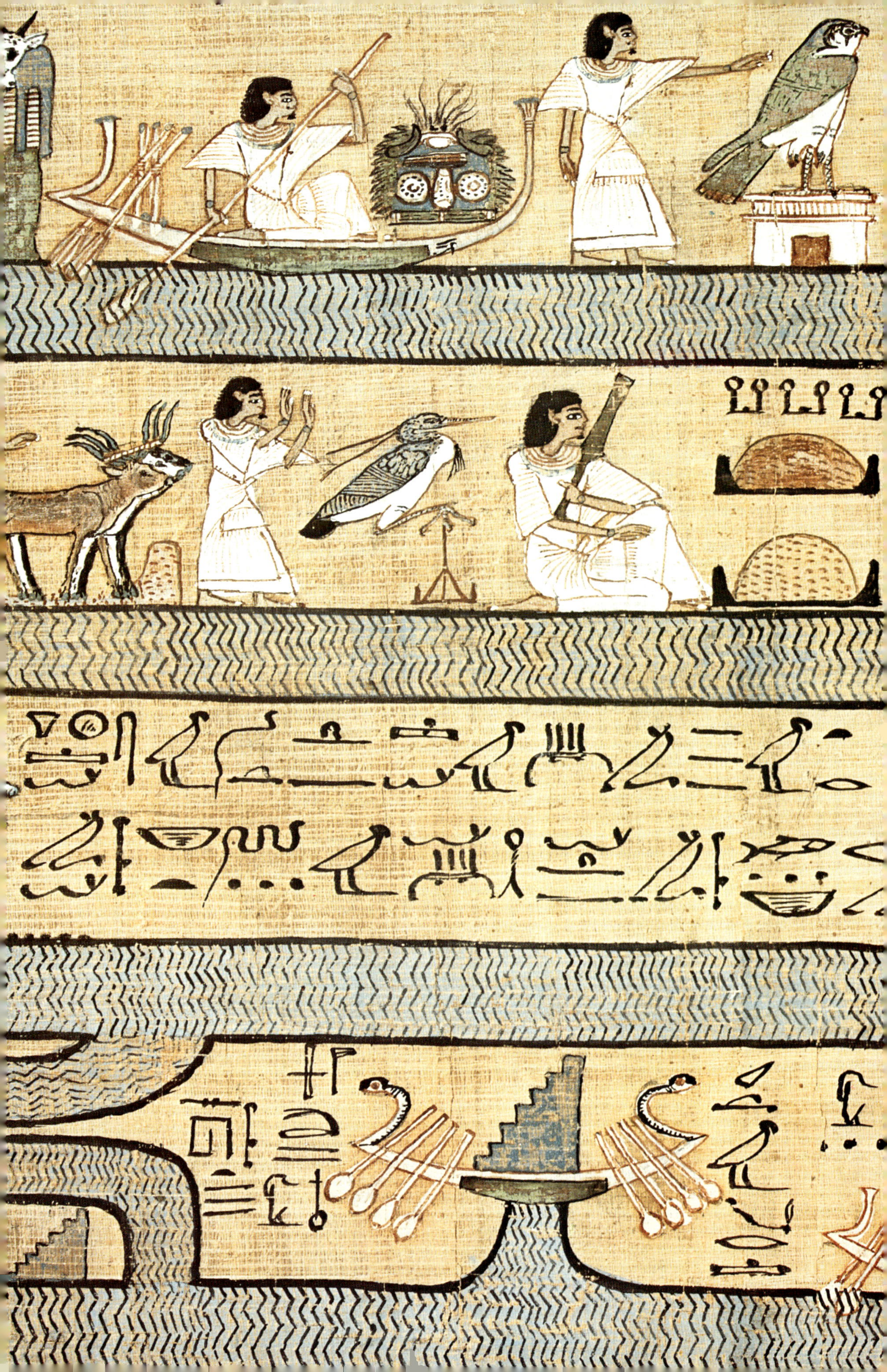

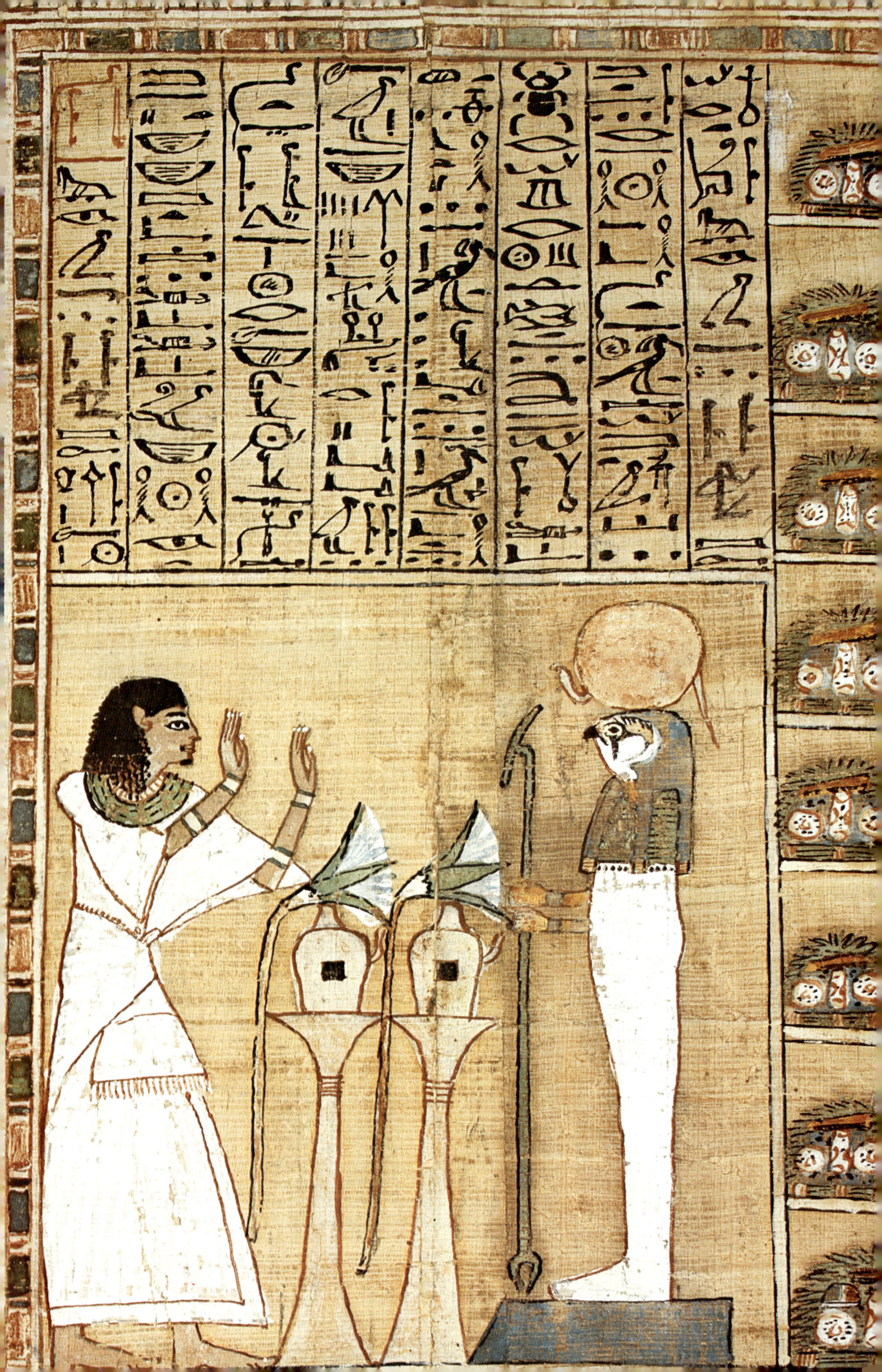

DIS-MOI MON NOM

        — Hé passeur ! réveille-toi amène le bac !

Passeur   Qu'y a-t-il ?

        — Amène le bac et vite attache les cordages !

Passeur   Qui es-tu ?

        — Le bien-aimé de son père.

Passeur   Pourquoi veux-tu traverser ?

        — Pour redresser la tête de mon père endormi
          je viens voir mon père.

Passeur   Le bac est en pièces dans le chantier.

        — Prends son babord et applique-le à sa poupe
          prends son tribord et applique-le à sa proue

Passeur   Avec ce ciel il y a du vent la barque n'a pas de voiles.

        — Va chercher le vit de Baba.

Passeur   Où faut-il le fixer ?

        — Là où ses jambes s'ouvrent.

Passeur   Qui es-tu ?

        — Un magicien.

Passeur   Es-tu complet ?

        — Je suis complet.

Passeur	Es-tu équipé ?
	– Je suis équipé.
Passeur	T'a-t-on remis en état les deux membres ?
	– Oui.
Passeur	Et quels sont ces deux membres ô magicien ?
	– L'épaule et la jambe.
Passeur	Connais-tu le chemin par où tu veux naviguer ?
	– Je le connais.
Passeur	Quel est-il ?
	– Le champ des canards.
Passeur	Qui te conduira ?
	– L'atmosphère et les vents.
Passeur	Qui dira ton nom devant l'Endormi ?
	– Celui dont le cœur est sain.
Passeur	Pourrais-je ne pas te l'amener cette barque ô magicien ?
	– Amène-la Passeur que je puisse sortir de cette terre funeste.
Voile	DIS-MOI MON NOM
	– Nout Ciel est ton nom
Rames	DIS-MOI MON NOM
	– Doigts d'Horus est votre nom
Ecope	DIS-MOI MON NOM

— Main d'Isis vidant le sang de l'œil blessé d'Horus est ton nom.

Banc   DIS-MOI MON NOM

— Qui préside aux jardins est ton nom.

Gouvernail   DIS-MOI MON NOM

— Rectitude est ton nom qui brille dans l'eau et la fend de ses deux ailes.

Quille   DIS-MOI MON NOM

— Jambe d'Isis que Râ trancha avec un couteau pour qu'elle lui amène la barque de nuit.

Passeur   DIS-MOI MON NOM

— Celui qui repousse est ton nom.

Vents   DIS NOTRE NOM PUISQUE TU VEUX CINGLER AVEC NOUS

— Vents qui sortez d'Atoum vers la narine du chef des occidentaux est votre nom.

Barque   DIS-MOI MON NOM

— Maître de la Double Terre est ton nom.

Poupe   DIS-MOI MON NOM

— Jambe d'Apis est ton nom.

Proue   DIS-MOI MON NOM

— Boucle fixée par Anubis lors de l'embaumement est ton nom.

Gaffe   DIS-MOI MON NOM

— Pilier de l'empire des morts est ton nom.

Charpente	DIS-MOI MON NOM
	– Ténèbres est ton nom.
Mât	DIS-MOI MON NOM
	– Celui qui a ramené l'œil après qu'il se fut enfui est ton nom.
Cabine	DIS-MOI MON NOM
	– Demeure du guide des chemins est ton nom.
Hunier	DIS-MOI MON NOM
	– Trachée artère d'Amsit est ton nom.
Fleuve	DIS-MOI MON NOM PUISQUE TU VEUX NAVIGUER SUR MOI
	– Celui que contemplent les maîtres est ton nom.

CAMPAGNE DES FÉLICITÉS

Vent d'est je respire ta chevelure
et je défais tes tresses vent d'ouest
par tes boucles je t'empoigne vent du nord
je sens battre tes cils vent du sud

Ô félicité campagne bien aimée
je pagaie à travers tes canaux
je suis fort je suis heureux
je laboure et je moissonne
la campagne des félicités

OUVREZ-MOI !

Le soir tombe
la barque de nuit dans la terre
est tirée par les haleurs.

Ouvrez-lui dieux il est pur
qu'il rentre après être sorti
il vous connaît il connaît vos noms
l'offrande est dans sa bouche
laissez-le passer

OUVREZ ! OUVREZ-MOI !

Nous offrons à la porte de chacune des sept salles
une cuisse et une tête de taureau rouge
quatre bols de sang extrait du cœur
seize pains blancs
huit gâteaux ronds
huit gâteaux ovales
huit galettes
huit cruches de bière
huit mesures de grains de blé
quatre bassins pleins du lait d'une vache blanche
de l'herbe verte
des figues vertes
de l'huile fraîche
du fard noir du fard vert
des grains d'encens à brûler

Première salle
portier agenouillé armé de deux couteaux
gardien à tête humaine huissier à tête d'épervier

portier tête qui tourne
gardien espion
huissier cracheur d'injures

OUVREZ-MOI !

Deuxième salle
portier à tête de crocodile armé de deux couteaux
gardien à tête de bélier huissier à tête de taureau

> *bras de fer*
> *tête tournoyante*
> *cracheur de feu*

OUVREZ-MOI !

Troisième salle
portier agenouillé à tête de scarabée tenant deux couteaux
gardien à tête de bélier huissier à tête humaine

> *portier mange-merde*
> *vigile vigilant*
> *préposé calomniateur*

OUVREZ-MOI !

Quatrième salle
dieu agenouillé à tête de chien tenant deux couteaux
dieu à tête de bélier dieu à tête humaine

> *tête repoussante*
> *gardien sur ses gardes*
> *huissier chien de garde*

OUVREZ-MOI !

Cinquième salle
dieu à tête de   tenant deux
tête de   tête de

> *mange-vermine*
> *lance-flammes*
> *hippopotame*

OUVREZ-MOI !

Sixième salle
    à tête de singe assis tenant deux
    à tête de bélier   à tête d'épervier

        grande gueule
        visage tordu
        tête tranchante

OUVREZ-MOI !

Septième salle

        le portier joue du couteau
        le gardien aboie
        l'huissier vide les âmes

OUVREZ-MOI !

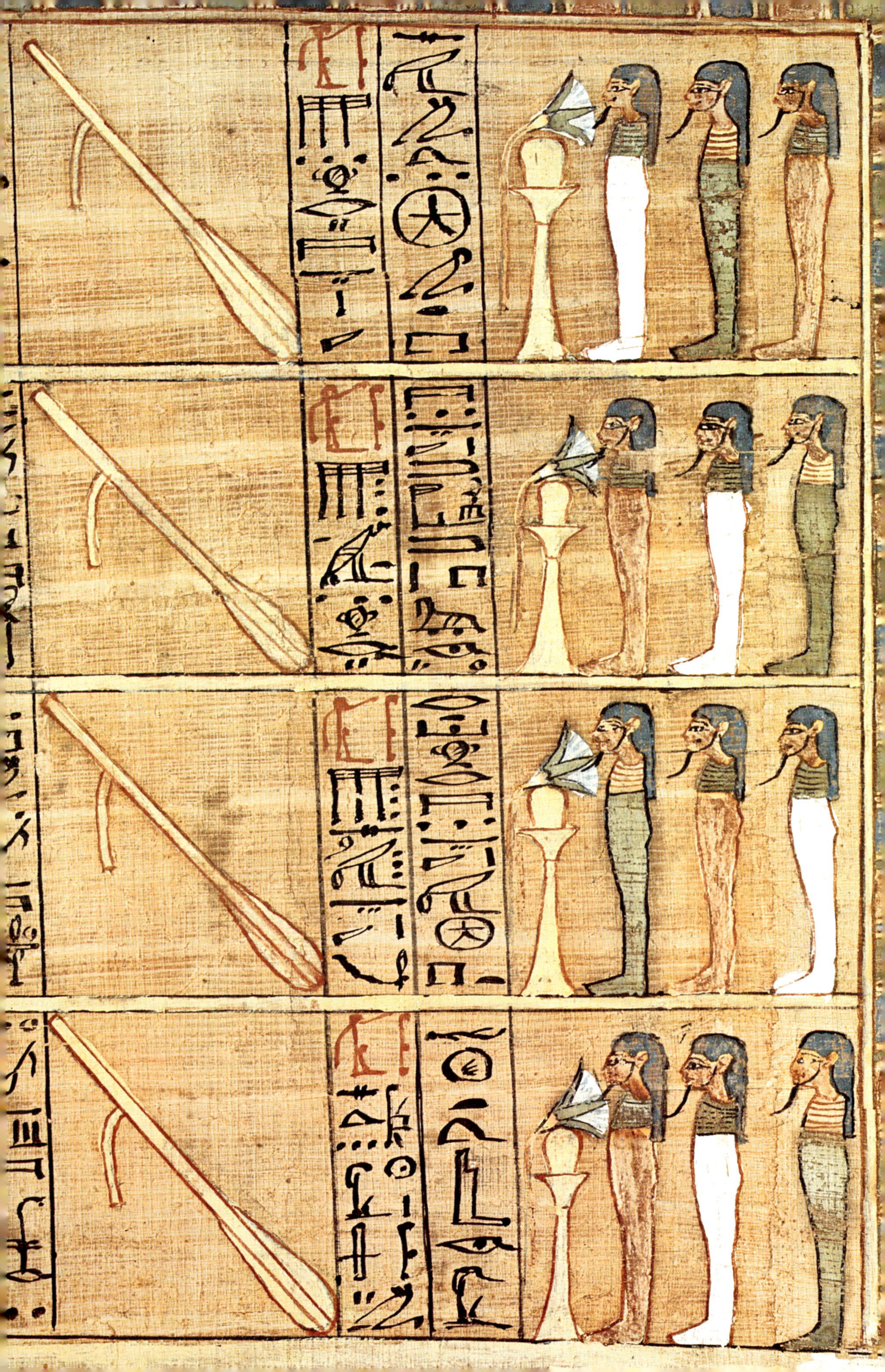

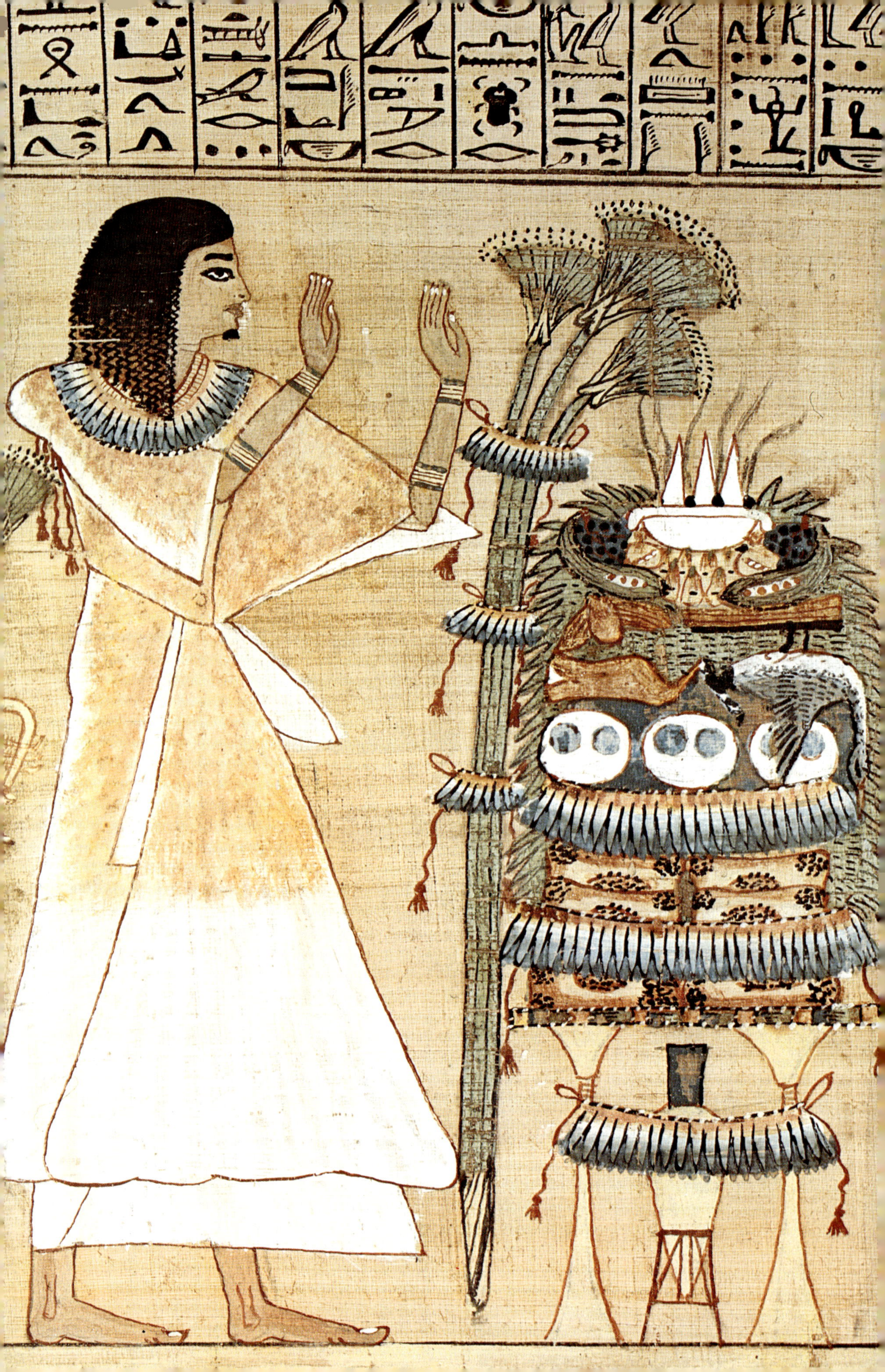

PESÉE DU CŒUR

La voix résonne d'un homme venu d'Égypte
    dit Anubis aux dieux du tribunal
il connaît nos chemins et nos villes
son odeur est celle d'un des nôtres
sentez

Il dit qu'il est venu voir les grands dieux
qu'il est un bienheureux

Salut à vous dieux qui siégez
dans cette salle de vérité et de justice
je suis venu voir les grands dieux
je vous connais je connais vos noms
je suis un Osiris

Alors que ta pesée ait lieu parmi nous
    dit Anubis
dans l'un des plateaux de la balance
tu déposeras ton cœur
dans l'autre je poserai la plume
de la Vérité et Thot
inscrira le résultat

Si les nœuds que tu as formés
pendant ton séjour dans le monde
ne sont pas devenus des montagnes
si tu as pu défaire ces nœuds
si ton cœur est aussi léger que la plume
le tribunal te sera favorable

tu seras proclamé innocent et conduit
devant Dieu-au-cœur-arrêté
dont la décision est sans appel.

As-tu une déclaration à faire ?

Je n'ai pas commis l'iniquité
je n'ai pas cherché à connaître ce qui n'est pas à connaître
je n'ai pas affligé
je n'ai pas affamé
je n'ai pas fait pleurer
je n'ai pas tué
je n'ai pas ordonné de tuer
je n'ai pas transgressé
je n'ai pas fait l'amour aux garçons
je n'ai pas fait l'amour dans les lieux saints
je n'ai pas multiplié les paroles en parlant
je n'ai pas été impérieux
je n'ai pas faussé les poids
je n'ai pas retranché au boisseau
je n'ai pas ôté le lait de la bouche des petits enfants
je n'ai pas privé le bétail de ses herbages
je n'ai pas piégé les oiseaux des dieux
je n'ai pas pêché de poissons dans leurs lagunes
je n'ai pas retenu l'eau pendant l'inondation
je n'ai pas opposé de digue à l'eau courante
je n'ai pas éteint le feu dans son ardeur
je n'ai pas fait obstacle à un dieu pendant sa sortie
je suis pur je suis pur je suis pur je suis pur

Ton cœur !

> *ô mon cœur de ma mère*
> *surmonte l'épreuve*

Anubis pose la plume de la Vérité
sur l'autre plateau de la Balance

Quarante-deux dieux retiennent leur souffle
puis respirent
la Balance n'a pas bougé

Thot a écrit

      INNOCENT

et la main dans la main d'Anubis
le nouvel Osiris
entend la voix d'Osiris

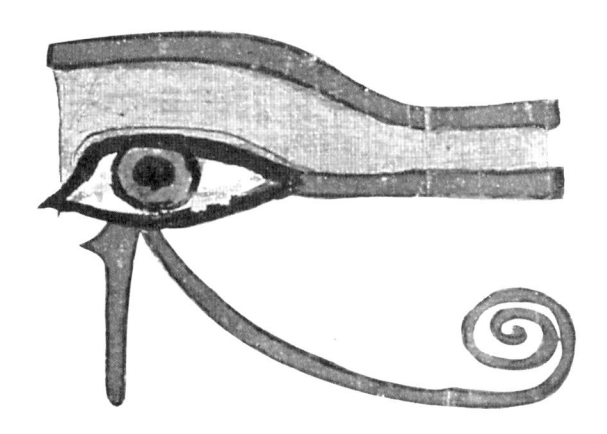

      PASSE TU ES PUR

III

PASSAGE DES VINGT ET UN PORCHES

Dans la barque de nuit
radieux
il franchit le royaume.

Salut ô premier porche du Dieu-au-cœur-immobile
j'ai fait le chemin je te connais
je connais le nom du dieu qui te garde
je me suis baigné dans l'eau où Râ se baigne
quand il se dévêt à l'orient du ciel
je suis parfumé à l'essence de cèdre
dans ma main ma canne est en bois de sycomore

PASSE TU ES PUR

Salut ô second porche du Dieu-au-cœur-arrêté
j'ai fait le chemin je te connais
je connais le nom du dieu qui te garde
je me suis baigné dans l'eau ou se baigne Osiris
quand la barque lui est amenée à l'ouest
je suis parfumé du parfum des fêtes
dans ma main ma canne est en bois

PASSE TU ES PUR

Salut ô troisième porche
je me suis baigné dans l'eau où Ptah se baigne
quand il navigue vers le sud
je suis parfumé d'huile de Libye
dans ma main ma canne

PASSE TU ES PUR

Salut ô quatrième porche du Dieu-au-cœur-arrêté
je me suis baigné dans l'eau où
je suis parfumé

PASSE TU ES PUR

Salut ô cinquième porche
je me suis baigné dans l'eau où Horus s'est baigné
quand il était prêtre pour l'ouverture
de la bouche

PASSE TU ES PUR

Salut ô sixième porche du Dieu-immobile
dans l'eau où s'est baignée Nephtys avec Isis
quand elles ont conduit le crocodile et ses petits

PASSE TU ES PUR
PASSE TU ES PUR
PASSE TU ES PUR
PASSE TU ES PUR
PASSE TU ES PUR
PASSE TU ES PUR
PASSE TU ES PUR
PASSE TU ES PUR
PASSE TU ES PUR
PASSE TU ES PUR
PASSE TU ES PUR
PASSE TU ES PUR
PASSE TU ES PUR
PASSE TU ES PUR
PASSE TU ES PUR

Salut ô vingt et unième porche du Dieu-au-cœur-immobile
j'ai fait le chemin je te connais
je connais le nom du dieu qui te garde

PASSE TU ES PUR

Je suis prêt
que mon âme vienne s'étendre sur moi

> *la lumière de la barque*
> *du jour qui approche*
> *te prend dans ses bras*

LUI C'EST MOI
JE SUIS RÂ

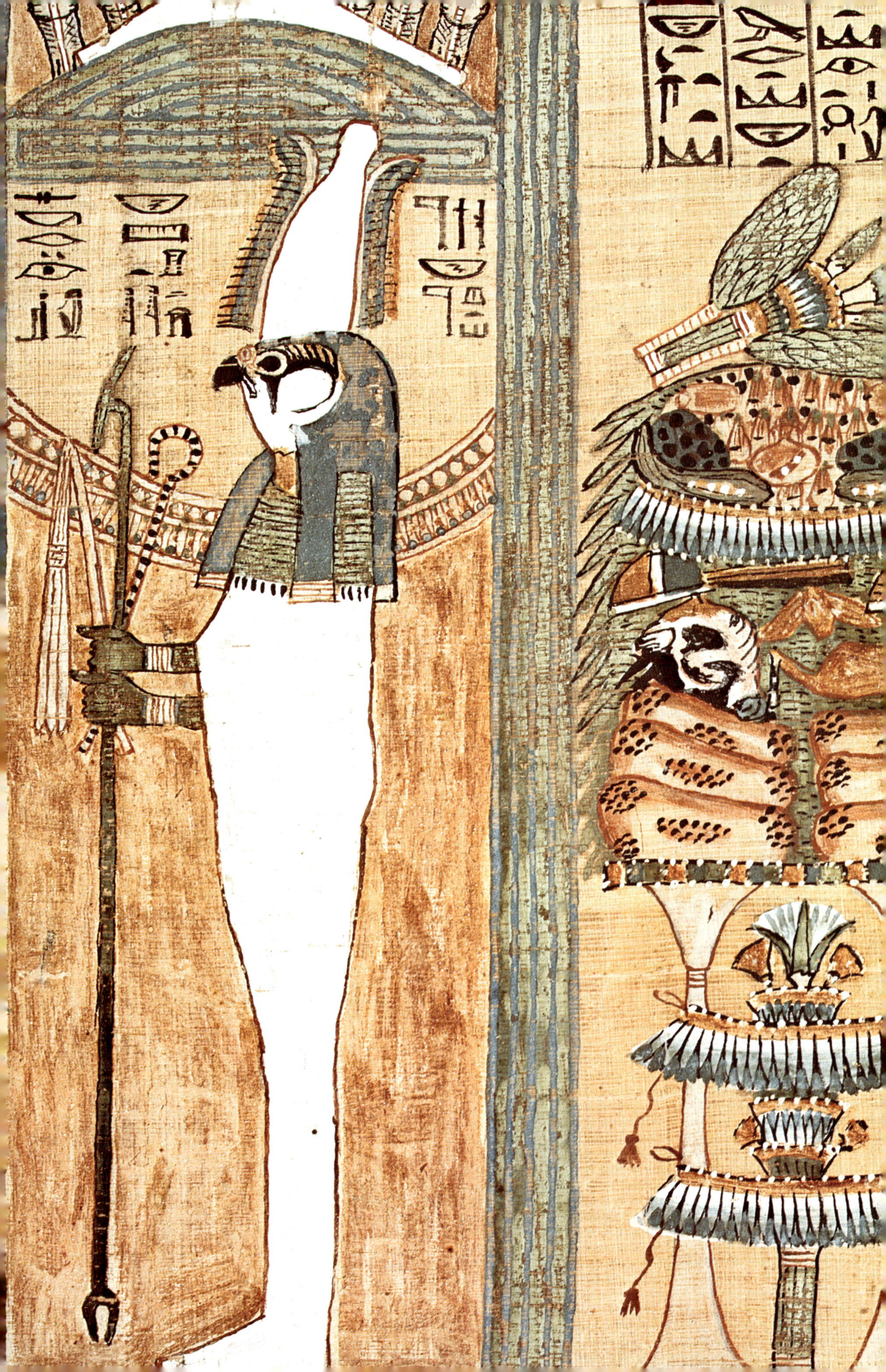

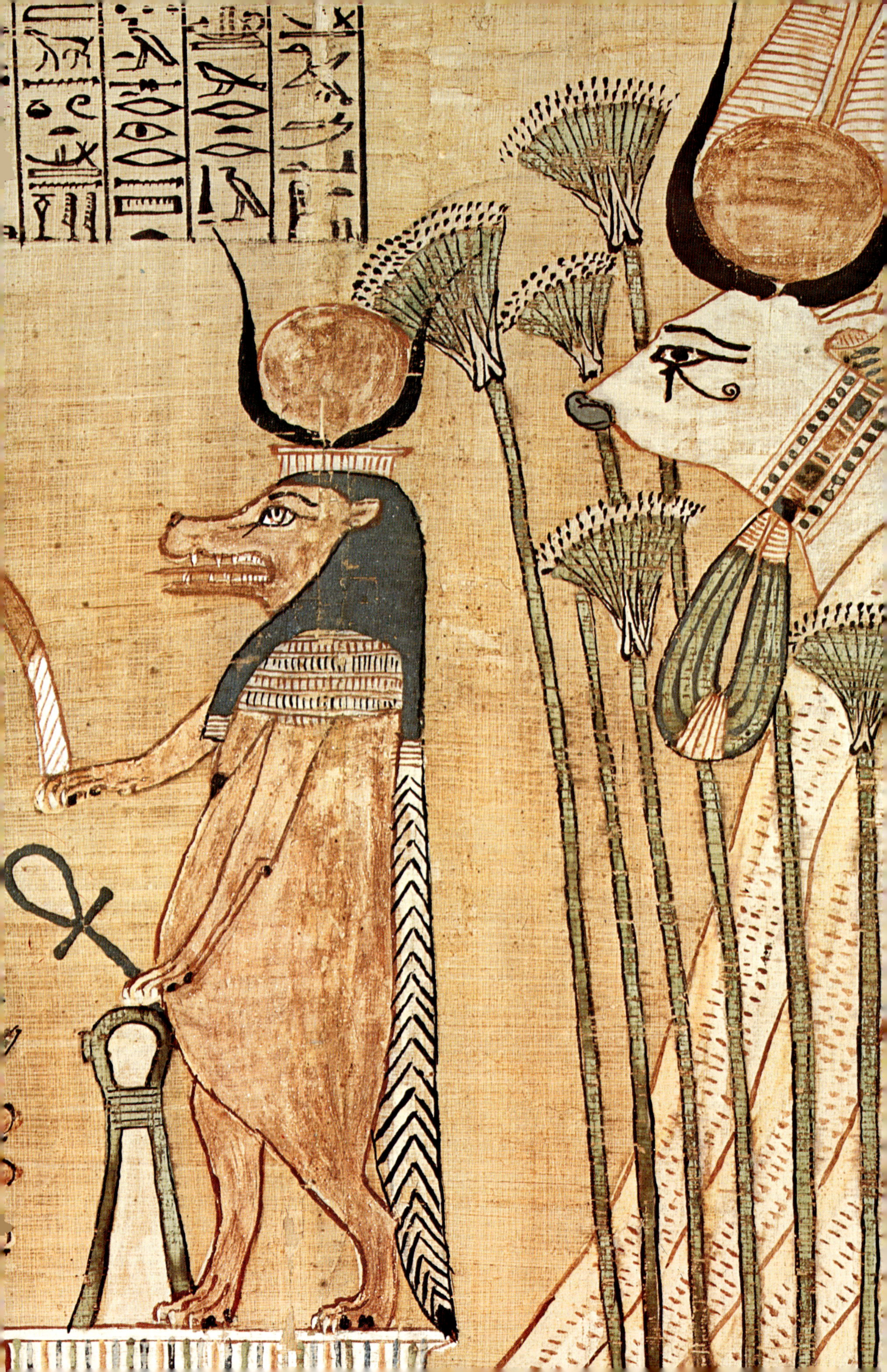

CORPS DIVIN

Sur terre les vivants pleurent
comme je pleure
comme nous te pleurons.

Sur ton passage les dieux se réjouissent

Ta beauté est une onde au repos

Dans ta bouche nos chants sont plus heureux
que les poissons dans la rivière
tes charmes plus nombreux que les vagues de la mer

Comme tu es beau
avec ta longue tresse de femme asiatique
tes cheveux noirs comme les portes de la nuit
parsemés de pierreries
et tes yeux de turquoise dans ton visage d'or
tes cils battent
tes paupières nous apportent le repos

Nous parlons de toi ton nom
est sur toutes nos lèvres
tu entends ce que nous disons

Comme tu es beau dans tes bijoux tes colliers
tes boucles d'oreille s'envolent en faucon
tes bracelets d'émeraude s'enroulent en cobra
un scarabée d'or repose au bout de ton collier de perles
et le nœud d'Isis entre tes seins

Mon nœud de rubis scintille entre tes seins

En perles de faïence
vertes bleues blanches jaunes rouges
fleurissent autour de ton cou
les pavots les bleuets les coquelicots

tes épaules de porcelaine étincèlent
ton dos tes vertèbres tes hanches sont cerclés d'or
tes fesses sont des œufs de cornaline

Ton parfum nous inonde de joie

Tes bras sont un lac
dans les roseaux de tes jambes aquatiques
les oiseaux font leur nid

Tes muscles adorent les étoiles
ton ventre est un ciel serein
ton nombril l'étoile du matin

La douzième heure de la nuit s'achève
   dit Râ
c'est bientôt la première
ma barque du jour approche
nous allons embarquer

Déesse du Ciel prends dans tes bras
   dit Orion
celui que j'apporte dans les miens

Dans mes bras je t'élèverai
je te frayerai le passage
   dit Nout
Aube Isis es-tu là ?

Oui mère bien-aimée

PÈRE ! MÈRE ! Je sens la brise

Le soleil se lève tu te lèves
tu es beau
tu brilles tu resplendis
tu es jeune
tu vas tu viens tu vogues
tu te lèves tu es beau
tu glisses tu brilles tu resplendis
félicité
tu es jeune tu vas
tu viens tu vogues tu te lèves
tu te couches tu navigues
tu te couches tu sors tu entres
à volonté
ton corps jeune tes muscles
jeunes tu entres
tu sors tu es
beau
compagnon du beau
jour
tu
es

Râ
je
suis
je viens j'arrive
je revis je monte je vis
je viens je suis
jeune
j'entre je sors je vis avec
toi
je suis beau
compagnon du beau
jour

Index bibliographique - Abréviations

ÄA — Ägyptologische Abhandlungen, Wiesbaden
APAW — Abhandlungen der Preußischen Akademie der Wissenschaften, Berlin
Atlas — Bilderatlas zur Religionsgeschichte — Die ägyptische Religion von Hans Bonnet, Leipzig-Erlangen 1924
Beckerath — Jürgen von Beckerath : Abriss der Geschichte des alten Ägypten, Darmstadt 1971 (alle Datierungen dieses Buches sind von Beckerath)
BiOr — Bibliotheca Orientalis, Leiden
Brunner Lit. — Hellmut Brunner : Grundzüge einer Geschichte der altägyptischen Literatur, Darmstadt 1966
Budge Fetish — E. A. Wallis Budge : From Fetish to God in Ancient Egypt, Londres 1934
CT — Adriaan de Buck, The Egyptian Coffin Texts, 7 Bde., Chicago 1935-61
Eggebrecht — Arne Eggebrecht : Zur Bedeutung des Würfelhockers in Festgabe Walter Will, Köln-Berlin 1966
Erman — Adolf Erman : Die Literatur der Aegypter, Leipzig 1923
Faulkner CT — Raymond O Faulkner : The Ancient Egyptian Coffin Texts, Vol. 1, Spells 1-354, Warminster 1973
Faulkner Pyr. — Raymond O Faulkner : The Ancient Egyptian Pyramid Texts and Suppl. of hieroglyphic Texts, Oxford 1939
GM — Göttinger Miszellen, Göttingen
GOF — Göttinger Orientforschungen, Wiesbaden
Grapow — Hermann Grapow : Das 17. Kapitel des ägyptischen Totenbuches und seine religionsgeschichtliche Bedeutung, Inaugural-Dissertation, Berlin 1912
Grieshammer — Reinhard Grieshammer : Das Jenseitsgericht in den Sargtexten — ÄA 20, 1970
Helck-Otto — W. Helck-E. Otto : Kleines Wörterbuch der Ägyptologie, Wiesbaden ²1970
Hornung, Amduat — Erik Hornung : Das Amduat oder die Schrift des verborgenen Raumes, 3 Bde., ÄA 7, 1.2.13; 1963-67
Hornung EuV — Erik Hornung : Der Eine und die Vielen, Darmstadt 1973
ICE — International Congress of Egyptology, Resumees der Referate, München 1976
Jensen — Hans Jensen : Die Schrift in Vergangenheit und Gegenwart, Berlin ²1958
Jéquier — Gustave Jéquier : Les frises d'objets des sarcophages du Moyen Empire, Le Caire 1921
Keel — Othmar Keel : Die Welt der altorientalischen Bildsymbolik und das Alte Testament, Zürich-Einsiedeln-Köln-Neukirchen 1972
Kees — Hermann Kees : Totenglauben und Jenseitsvorstellungen der Alten Ägypter, Berlin ²1965
Kêmi — Kêmi : Revue de Philologie et d'Archéologie Égyptiennes et Coptes, Paris
Köhler — Ursula Köhler : Das Imiut, 2 Bde., Wiesbaden 1975, GOF IV 4
Lanzone — Rodolfo Vittorio Lanzone : Dizionario di Mitologia Egizia, 4 Bde. I-III Turin 1881-86; IV Amsterdam 1975
LÄ — Lexikon der Ägyptologie, Wiesbaden
LÄS — Leipziger Ägyptologische Studien, Glückstadt-Hamburg-New York
Lexa — François Lexa : La Magie dans l'Égypte Antique, 3 Bde., Paris 1925
MÄS — Münchner Ägyptologische Studien, München-Berlin
Maspéro — Gaston Maspéro : Histoire Ancienne des Peuples de l'Orient Classique, 3 Bde., Paris 1895-99, Neudr. Akademische Druck-u. Verlagsanstalt, Graz 1968
Misc. Wilb. — Miscellanea Wilbouriana, New York

Morenz — Siegfried Morenz : Ägyptische Religion, Stuttgart 1960
Neumann — Erich Neumann : Die Große Mutter, Olten ²1974
Philae — Hermann Junker † und Erich Winter : Das Geburtshaus des Tempels der Isis in Philä, Vienne 1956
Pyr. — Kurt Sethe : Die altägyptischen Pyramidentexte, 4 Bde., Leipzig 1908-22
Pyr. Ubers. — Kurt Sethe : Ubersetzung und Kommentar zu den altägyptischen Pyramidentexten, 6 Bde., Glückstadt 1935-52
RÄRG — Hans Bonnet : Reallexikon der ägyptischen Religionsgeschichte, Berlin 1953
RdE — Revue d'Égyptologie, Le Caire, ab Bd. 7 : Paris
Roeder — Günther Roeder : Urkunden zur Religion des alten Ägypten, Jena 1915
Roeder, Zaub. — Günther Roeder : Zauberei und Jenseitsglaube im alten Ägypten, Zürich-Stuttgart 1961
Schäfer, Kunst — Heinrich Schäfer : Von Ägyptischer Kunst, hrsg. von Emma Brunner-Traut, Wiesbaden ⁴1963
Seeber — Christine Seeber : Untersuchungen zur Darstellung des Totengerichts im Alten Ägypten, MÄS 35 (1976)
Sethe, Amun — Kurt Sethe : Amun und die acht Urgötter von Hermopolis, APAW 4, 1929
Sethe, Dramatische Texte — Kurt Sethe : Dramatische Texte in alten Myterienspielen, Nachdr. d. Ausg. 1928, UGAÄ 10, Hildesheim 1964
SPAW — Sitzungsberichte der Preußischen Akademie der Wissenschaften, Phil.-hist.Kl., Berlin
Tb (Allen) — Thomas George Allen : The Egyptian Book of the Dead, Chicago 1960
Tb (Barguet) — Le livre des Morts des Anciens Égyptiens, Introd.; trad., comm. de Paul Barguet, Paris 1967
Tb (Budge) — Ernest Alfred T. Wallis Budge : The Book of the Dead, The Chapters of Coming Forth by Day, 2 Bde., Londres 1898
Tb (Lepsius) — Karl Richard Lepsius : Das Todtenbuch der Ägypter nach dem hieroglyphischen Papyrus in Turin, Leipzig 1842
Tb (Naville) — Edouard Naville : Das Ägyptische Totenbuch der XVIII, bis XX. Dynastie, 3 Bde., Berlin 1886, Neudruck, Akademische Druck-u. Verlagsanstalt, Graz 1971
UGAÄ — Untersuchungen zur Geschichte und Altertumskunde Ägyptens, Leipzig-Berlin; Nachdr. Hildesheim 1964
Wb — Wörterbuch der ägyptischen Sprache, hrsg. von Adolf Erman und Hermann Grapow, 6 Bde., Berlin u. Leipzig ²1957
Westendorf — Wolfhart Westendorf : Altägyptische Darstellungen des Sonnenlaufes auf der abschüssigen Himmelsbahn — MÄS 10, 1966
ZÄS — Zeitschrift für Ägyptische Sprache und Altertumskunde, Leipzig-Berlin

Table des illustrations

Vignette de la planche 2
Le soleil salué à son lever par les babouins est amené par le « vivant » pilier de Djed dans le royaume inférieur d'Osiris — 17

Vignette de la planche 2
Ani, suivi de son épouse, en adoration devant la table des offrandes — 18

Vignette de la planche 3
Ani et sa femme entrent dans la salle du tribunal — 27

Vignette de la planche 3
Anubis vérifie l'aiguille de la balance — 28

Vignette de la planche 3
Thot enregistrant le résultat de la pesée — 37

Vignette de la planche 4
Ani justifié est amené à Osiris par le dieu Harsiese — 38

Vignette de la planche 4
Ani, agenouillé sur une natte, lève la main en signe d'adoration — 47

Vignette de la planche 4
Osiris trône dans sa salle — 48

Vignette de la planche 6
Les pleureuses — 57

Vignette de la planche 7
Ani et le damier des métamorphoses — 58

Vignette de la planche 7
La momie d'Ani veillée par Isis et Nephthys — 67

Vignette de la planche 8
L'éternité — 68

Vignette de la planche 8
L'œil Wedjat et la vache du ciel — 77

Vignette de la planche 11
Ani et sa femme s'approchent des régions secrètes gardées par un démon à tête d'oiseau — 78

Vignette de la planche 11
Les démons — 87

Vignette de la planche 13
A gauche, de haut en bas, Osiris, Horus, deux yeux Wedjat et Thot. A droite, de haut en bas, Horus, Isis, Imsti et Hapi — 88

Vignette de la planche 16
   A gauche, le dieu des Morts, Anubis, tenant dans ses bras la momie d'Ani. A droite, Ani debout, tournant le dos à un billot de bois d'où sort un couteau … 105

Vignette de la planche 19
   Hymne de louanges à Râ … 106

Vignette de la planche 20
   Osiris et Isis … 115

Vignette de la planche 21
   Ani et le dieu Râ dans la barque solaire … 116

Détail de la planche 2
   Le disque du soleil élevé par deux bras qui sortent du signe de vie, placé sur le pilier de Djed, symbole d'Osiris … 133

Détail de la planche 3
   Horus … 138

Détail de la planche 3
   Thot, l'écrivain des dieux … 140

Vignette de la planche 27
   Le bélier … 141

Vignette de la planche 29
   Ani et sa femme devant les tables aux offrandes … 142

Détail de la planche 7
   Les lions de l'horizon, souvent désignés comme Schu et Tefnout … 143

Détail de la planche 22
   Le dieu Râ … 146

Détail de la planche 32
   Thot dessinant une grande plume de Maât … 148

Vignette de la planche 30
   Osiris et Isis devant les quatre fils d'Horus … 151

Vignette de la planche 32
   De haut en bas : deux déesses Maât, Ani devant Osiris, la pesée du cœur d'Ani, Thot … 152

Détail de la planche 6
   Anubis tenant la momie … 153

Détail de la planche 7
   La momie d'Ani … 159

Détail de la planche 19
   Ani et le dieu Râ … 161

Détail de la planche 13
   Horus … 167

Vignette de la planche 33
   « La mer de flammes » gardée par les babouins … 169

VIGNETTE DE LA PLANCHE 33
   A gauche, de haut en bas, le *Ba* d'Ani, qui a la forme d'un oiseau à tête humaine, la torche, l'« Uschebti ».
   A droite, de haut en bas, le fils d'Horus Hapi, Isis, et le fils d'Horus Kebeh-Senef   170

Détail de la planche 12
   Ani   172

Détail de la planche 7
   Le phénix, « gardien qui surveille ce qui existe »   175

Détail de la planche 25
   Un faucon doré avec le fouet royal   178

VIGNETTE DE LA PLANCHE 35
   Les Champs des Bienheureux   179

VIGNETTE DE LA PLANCHE 36
   Ani devant une divinité à tête de faucon   180

Détail de la planche 17
   Le nocher de l'au-delà   184

Détail de la planche 35
   Ani rame dans une barque qui porte une table dressée   185

Détail de la planche 11
   Démon à tête d'oiseau   188

VIGNETTE DE LA PLANCHE 36
   Les quatre régions du ciel   189

VIGNETTE DE LA PLANCHE 36
   Ani devant une table d'offrandes   190

Détail de la planche 8
   L'œil Wedjat   193

VIGNETTE DE LA PLANCHE 37
   Sur le coffre est étendu Sokaris, dieu des Morts de Memphis. La silhouette est celle d'Osiris, surmontée par la tête de faucon de Sokaris   199

VIGNETTE DE LA PLANCHE 37
   La déesse Hathor devant la vache du ciel   200

Table

Note de l'éditeur   9

PAPYRUS D'ANI

Une nouvelle naissance   13

Le Livre Sacré   23
    Les textes précurseurs   23
    Présentation systématique du Livre d'après Barguet   35
    Le tribunal de l'au-delà   40
    Déraison ou pensée profonde?   45
    Publications   46

D'un être à l'autre   50

Le papyrus d'Ani — Explication des vignettes   56

Planches 1 à 37   59 à 122

LA SORTIE AU JOUR

I

Ouverture de la bouche   131
L'œuf de vie   132
Osiris   134
L'œil d'Horus   137
Thot   139
Formules pour sortir intact   143
Combat de l'aube   144
Navigation de Râ   145
Traversée du monde inférieur   147
Scarabées   149
Noms de dieux   150
Passage   153

II

Ouverture de la bouche   157
Parole redonnée   160
Qu'est cela?   162
Abomination   168

Corps redonné — 171
Crocodiles — 173
Demain toujours — 174
Les douze transformations — 176
Dis-moi mon nom — 181
Campagne des félicités — 185
Ouvrez-moi — 186
Pesée du cœur — 191

III

Passage des vingt et un porches — 197
Corps divin — 201
Félicité — 203

Index bibliographique, abréviations — 207
Table des illustrations — 209
Table — 213

Collection
Les Reliquaires

Le Cœur d'Amour épris
Le Livre de la Chasse
Le Livre sacré de l'Ancienne Égypte
Les Grandes Chroniques de France
Le Bestiaire
La Bible de Prague
Girart de Roussillon
Tristan et Iseut

Achevé d'imprimer

Cet ouvrage, réalisé avec la collaboration
de l'Akademische Druck-U. Verlagsanstalt à Graz en Autriche
pour la reproduction des planches en fac-similé,
a été achevé d'imprimer
le 10 septembre mil neuf cent quatre-vingt-onze
sur les presses de imb **IMPRIMEUR** à Vesoul.

Dépôt légal : octobre 1991
ISBN 2-86594-031-4 - ISSN 0993-619X
N° d'édition : 100573. N° d'impression : 3856

Imprimé en France